AF720524

Stefanie Willers

DAS PARTY-SCHIFF

Erotischer Roman

Cover: Simone C. Franzius
Bildlizenzen: shutterstock
Korrektorat/Lektorat: Petra Liermann
Verantwortlich für den Inhalt des Textes
ist die Autorin Stefanie Willers
Satz, Herstellung und Distribution: Literaturprojekte gUG
Druck und Bindung: BoD, Norderstedt

ISBN: 978-3-948464-07-3

Alle Rechte liegen bei der Autorin
Copyright © 2020 Stefanie Willers

Die Deutsche Nationalbibliothek verzeichnet diese Publikation in der Deutschen Nationalbibliografie; detaillierte bibliografische Daten sind im Internet über http://dnb.dnb.de abrufbar.

Achtung:
Dieses Buch enthält detaillierte Beschreibungen von erotischen Situationen und sexuellen Handlungen mit einer entsprechenden expliziten Wortwahl. Dies kann für einige Leser anstößig erscheinen und ist für minderjährige Leser nicht geeignet. Dieses Werk ist ausschließlich für den Verkauf an Erwachsene bestimmt. Stellen Sie bitte sicher, dass Minderjährige keinen Zugriff auf dieses Werk erhalten.

Alle Ähnlichkeiten mit real lebenden Personen oder Geschehnissen sind rein zufällig. Dies ist eine fiktionale Geschichte.

Das Werk ist einschließlich aller seiner Teile urheberrechtlich geschützt. Jede Verwertung und Vervielfältigung des Werkes ist ohne Zustimmung der Autorin unzulässig und strafbar. Alle Rechte, auch die des auszugsweisen Nachdrucks und der Übersetzung, sind vorbehalten. Ohne ausdrückliche schriftliche Erlaubnis der Autorin darf das Werk, auch nicht Teile daraus, weder reproduziert, übertragen noch kopiert werden, wie zum Beispiel manuell oder mithilfe elektronischer und mechanischer Systeme inklusive Fotokopieren, Bandaufzeichnung und Datenspeicherung. Zuwiderhandlung verpflichtet zu Schadenersatz. Alle im Buch aufgeführten Angaben, Ergebnisse usw. wurden von der Autorin nach bestem Wissen erstellt. Sie erfolgen ohne jegliche Verpflichtung oder Garantie der Autorin. Sie übernimmt deshalb keinerlei Verantwortung und Haftung für etwa vorhandene Unrichtigkeiten.

INHALT

1. Frühling ... 7
2. Christine ... 19
3. Die Frühjahrsparty ... 26
4. Entkommen ... 38
5. Der Alte ... 49
6. Die Zeugen ... 59
7. Glühwein oder so etwas ... 66
8. Abhängig ... 73
9. Der Rummelplatz ... 80
10. Der schwarze Engel ... 84
11. Der Club ... 90
12. Korruption ... 98
13. Annäherung ... 102
14. Wie alles begann ... 111
15. Die Entscheidung ... 122
16. Verliebt ... 135
17. Glück und Unglück ... 143
18. Unter Vertrag ... 160
19. Die Western Lodge ... 171
20. Züchtigung ... 195
21. Eskalation ... 212
22. Skandal ... 234
23. Streit ... 247
24. Umbruch ... 256
25. Der Mord ... 263
26. Umbau ... 271
27. Die Flucht ... 276
28. Die Weihnachtsfeier ... 284
29. Prozess ... 291
30. Der Antrag ... 295

1. Frühling

Frühling! Wie liebte Henk van Mechelen diese Zeit! Endlich waren wieder Möpse und Ärsche zu sehen. Hinweg mit der dicken Winterkleidung, her mit den eng anliegenden Jeans, den freiherzigen Blusen und frechen Miniröcken.

Der Anblick der zahlreichen Hausboote in den Amsterdamer Grachten, auf denen es in unzähligen Blumenkästen gerade anfing zu blühen und zu grünen, war für die Touristen. Henk interessierten nur die Frauen. Wann immer er auf seinen Spaziergängen wie dem heute steife Nippel sah, die sich durch den dünnen Stoff der luftigen Blusen deutlich abzeichneten, stellte er sich vor, wie die Frühlingsgeilheit die Frauen willig machte. Er malte sich aus, wie sie gefügig taten, was und wie er es wollte. Und augenblicklich kamen auch in seiner Hose die Frühlingsgefühle hoch.

Auch in dieser Saison, 1994, die mit einem wunderbar sonnigen April begann, entdeckten seine Augen wieder ein lohnenswertes Ziel. Entschlossen überquerte Henk die schmale Straße. Eine der Damen, die er dort auf der anderen Seite sah, kannte er, den süßen Engel daneben aber nicht – noch nicht. Schwungvoll setzte er sich auf einen freien Stuhl zu den beiden jungen Frauen an den Bistro-Tisch, der wie die anderen des kleinen Cafés im Licht der warmen Frühlingssonne stand.

»Hallo ihr Schönen! Habt ihr Lust auf eine Party?«, fragte er ohne Umschweife und charmant lächelnd in die Runde.

»Hi Henk«, begrüßte ihn Birgit im Gegenzug auf Deutsch und strich sich eine Strähne ihrer langen, tiefschwarz gefärbten Haare aus dem schmalen Gesicht. Henk hatte den Eindruck, dass sie gleichzeitig erfreut war, ihn wiederzusehen, und doch sehr reserviert wirkte. Letztes Jahr war sie den

Sommer über seine Geliebte gewesen und hatte als Gelegenheitsstripperin in seinem Club gearbeitet, bis sie im Herbst wieder zurück in ihre Heimatstadt gefahren war. Wie bei dem ersten Treffen letztes Jahr trug sie einen kurzen, schwarzen Sommer-Minirock, der kaum das Höschen bedeckte, und eine tief ausgeschnittene, sommerlich-bunte Bluse, die ihre großen strammen Brüste gut zur Geltung brachte. Aber diese hatte er schon in der Hand gehabt und Birgit einige Monate im Bett. Jetzt war sie für ihn nichts Neues mehr. Doch mit ihr am Tisch saß eine junge Frau mit schulterlangem, blondem Haar. Dass Birgit ihm auf Deutsch geantwortet hatte, nahm er als Hinweis, dass ihre attraktive Begleiterin ebenfalls Deutsche war.

»Wer ist denn deine Freundin?«, fragte er Birgit, jetzt auch in ihrer Sprache, und lächelte gleich darauf die unbekannte Schönheit an. Ihm gefiel die Stupsnase und wie darum herum ein paar Sommersprossen ihr herzförmiges Gesicht verzierten. *Niedlich! So jung und wundervoll unverbraucht.*

»Das ist Tina. Wir sind beide gerade in Amsterdam angekommen«, stellte Birgit ihre Begleiterin vor. Gleich darauf meinte sie: »Tina, das ist Henk van Mechelen. Ich hatte dir von ihm erzählt.«

»Hi Tina. Nenn mich einfach Henk. Es freut mich, dich kennenzulernen.«

Die junge Frau faszinierte ihn auf Anhieb. Klar, die schlanken Beine, die eng sitzenden Hotpants und das helle Tanktop, das den Bauchnabel frei ließ und sich an die kleinen Brüste schmiegte, brachten seinen Schwanz dazu, begierig zu zucken. Aber da war mehr. Sie unterschied sich von den anderen Ausreißerinnen, die hier in der Stadt ankamen und dann als Bistrobedienung, Stripperin wie Birgit oder Straßennutte endeten. Die hier war definitiv anders. Ihre Augen strahlten, aber gleichzeitig schien sie die Welt nicht wirklich zu sehen.

Es bedurfte sicherlich mehr als die übliche Verführungskunst, um sie zu erobern und ins Bett zu bekommen. Eine verlockende Herausforderung, die Henk sogleich in Angriff nahm! Er berührte ihre Hand und führte sie in einer übertriebenen Geste für einen gehauchten Handkuss an seine Lippen. Ein zarter Duft stieg ihm in die Nase. Aufregend und verheißungsvoll. Henk räusperte sich. Voller Vorfreude ließ ihn dieser Duft an eine tropfnasse Möse und weit gespreizte Schenkel denken.

»Hey, willst du sie ewig festhalten?«, unterbrach Birgit seinen Tagtraum in einem genervten Tonfall. Sie ahnte wohl, dass sie neben ihrer Freundin bei ihm keine Chance hatte und dieses Jahr einen anderen Geldgeber finden musste.

Tina schien es dagegen zu gefallen, wie Henk ihre Hand hielt. Sie machte keinerlei Anstalten, sich ihm zu entziehen. Im Gegenteil: Ihre schmalen, aber sehr sinnlichen Lippen formten sich zu einem verzagten Lächeln, wobei sich kleine Grübchen bildeten. In den Augen von Henk machte die zarte Röte auf den Wangen sie nur noch begehrenswerter. Er strich einmal sanft mit dem Daumen über Tinas schmale Finger und ließ dann mit großem Bedauern ihre Hand wieder los.

»Woher kommst du?«, fragte er Tina.

Statt ihrer antwortete Birgit, die anscheinend eifersüchtig geworden war, und die Aufmerksamkeit wieder auf sich ziehen wollte. »Aus einer kleinen Stadt im Nordwesten. Wir haben uns in der Bahn kennengelernt. Sie ist zugestiegen und der Platz neben mir war der einzig freie im Großraumwagen. Ich fragte sie, wohin sie wolle, und so kamen wir ins Gespräch. Ich habe ihr davon erzählt, wie hier in Amsterdam Freiheit gelebt wird und dass es immer Möglichkeiten für Jobs gibt.«

Tina nickte einmal und blieb ansonsten sehr zurückhaltend. Die Mischung aus sexy, offenherziger Kleidung und ihrem schon fast schüchternen Verhalten reizte Henk aufs Blut. Die Vorstellung, ihre angenehme, helle Stimme einen Lustschrei ausstoßen zu hören, schickte eine Hitzewelle in seinen Unterleib. Er überlegte kurz, welche seiner Methoden er am besten anwenden sollte, und betrachtete Tina aufmerksam. Sie war auf jeden Fall eine überaus niedliche Beute. *Tina soll es für diesen Sommer sein,* versprach er sich in Gedanken.

Die Art, wie Tina immer wieder sehnsüchtig zum Nachbartisch hinübersah, an dem ein älteres Ehepaar sich sein üppiges Frühstück schmecken ließ, kannte Henk.

»Die frische Luft macht mich immer ganz hungrig. Euch auch?« Ohne eine Antwort abzuwarten, bestellte er drei Frühstücksgedecke, die prompt geliefert wurden.

Tina stürzte sich förmlich auf das Essen und auch Birgit langte kräftig zu. Henk nahm sich die Zeit, die beiden miteinander zu vergleichen. Während Birgit Mitte zwanzig war, schien Tina ihm um einige Jahre jünger. Sie musste aber schon volljährig sein, denn sonst wäre sie nicht auf der Fahrt von Deutschland nach Amsterdam durch die Grenzkontrolle gekommen. Die Kontrollen waren derzeit rigoros. Schon einmal ein Pluspunkt, dass sie volljährig war. Denn Henk wollte keine Minderjährige vögeln. Das machte nur Ärger. Wo Birgit dralle Formen aufwies, war Tina schlank und rank. Die beiden waren verschieden und doch ähnelten sie sich seiner Meinung nach in dem Hunger nach Leben. Und für ihn schloss dies das Verlangen nach Sex mit ein.

»Habt ihr beiden Lust, heute Abend zur Party auf mein Schiff zu kommen?«, wiederholte Henk sein Angebot. »Die Drinks gehen für zwei so hübsche Meisjes wie euch natürlich aufs Haus«, zwinkerte er den beiden Mädchen zu.

»Wo genau ist die Party?«, fragte Tina zwischen zwei großen Bissen.

»Auf der ›Petite Péniche‹, meinem schwimmenden Nightclub. Es ist ein umgebautes Binnenschiff aus dem Beginn des vorherigen Jahrhunderts.«

Birgit verdrehte die Augen, was ihm zeigte, dass er ins Labern geriet. Wie immer, wenn er über seinen Stolz, den 38 Meter langen und fünf Meter breiten ehemaligen Frachtkahn der Freycinet-Klasse aus Frankreich, zu sprechen kam. Sie wusste auch, dass er seinen Lustmolch in der Hose hin und wieder »Péniche« nannte, aber niemals hätte er seinen »Frachtkahn« »petite« im Sinne von »klein« genannt. Henk war stolz auf seine 1,83 Meter, seine dunkelblauen Augen und seinen kräftigen Körper. Die dunkelblonden Haare ließ er regelmäßig von einem Profi mittellang frisieren und er war stets sauber rasiert und gut gekleidet.

»Ich feiere mit einigen Freunden den Beginn der neuen Touristensaison. Das mache ich jedes Jahr am Wochenende nach Ostern. Und zu dieser Party haben nur ausgewählte VIPs Zutritt.« *Nun, ein wenig zu meinen Gunsten zu übertreiben, ist erlaubt,* dachte er mit einem innerlichen Schmunzeln.

Birgit setzte hinzu: »Henk kennt wirklich eine Menge Leute. Letztes Jahr waren bekannte Persönlichkeiten der Politik und Wirtschaft unter den Gästen.« An Henk gewandt fragte sie: »Sind die wieder dabei?«

Henk verstand die Frage hinter der Frage. Birgit hatte nicht nur als Stripperin gejobbt. Letztes Jahr hatte sie auf der Party für gutes Geld die Beine breitgemacht und sich von drei VIPs vögeln lassen. Henk wusste das, denn er hatte alles auf Videoband aufgezeichnet.

»Ja, die drei, an die du jetzt denkst, sind wie jedes Jahr dabei. Aber ich konnte die Gästeliste noch exquisiter und mondäner gestalten. Es wird sicher wieder viel … Spaß geben«, meinte er mit einem anzüglichen Grinsen.

»So eine Gelegenheit kann ich mir nicht entgehen lassen. Ich werde auf jeden Fall kommen«, beschloss Birgit. Gleich darauf erhob sie sich. »Vorher werde ich bei ein paar Bekannten vorsprechen, muss ja irgendwie an Knete rankommen.«

»Den einen oder anderen Auftritt kannst du gerne bei mir im Club haben«, versprach Henk ihr.

Birgit lächelte und meinte dann in einem fragenden Tonfall: »Tina und ich haben in der Pension, zu der das Café hier gehört, für die erste Nacht ein Gästezimmer gemietet. Wir würden gerne bleiben, das Zimmer ist nett und für jemanden wie dich sicher günstig zu nennen …« Sie ließ die unausgesprochene Frage im Raum stehen.

Henk winkte lässig ab. »Kein Problem, das übernehme ich.« Er würde Birgits Anteil später von ihrer Gage abziehen.

Birgit verabschiedete sich mit Küsschen auf die Wange von ihm. Dann nickte sie Tina zu und machte sich auf den Weg, sich einen Job zu suchen.

Tina warf ihm einen überraschten Blick zu. »Dann kann ich noch eine Nacht hierbleiben?«

»Sicher, und auch ein paar mehr, wenn wir uns heute Abend auf der Party sehen.« Solche Einkäufe waren Henk die liebsten.

Tina lachte. »Mit Birgit zusammen komme ich gerne. Erklärst du mir den Weg zu diesem Clubschiff?«

»Natürlich. Es ist ganz in der Nähe, nur die Gracht entlang. Man könnte es von hier aus sogar sehen, wenn der Kanal keinen Bogen machen würde. Wenn du magst, können wir einen kleinen Spaziergang dorthin machen.«

»Klasse!«

Als Tina aufstand, war Henk überrascht, wie klein sie war. Er überragte sie um einen ganzen Kopf. *Perfekt.*

Henk ging an die Rezeption des kleinen Hotels und bat die Dame hinter dem Tresen, ihm die Rechnung für das Frühstück sowie die Zimmerrechnung später zuzuschicken. Die beiden Mädchen sollten bleiben können, solange sie wollten. Die Dame nickte und notierte sich das Nötige. Tina hatte draußen gewartet und schaute ihm entgegen, als er wieder ins Freie trat. Henk lächelte ihr entgegen und bedeutete ihr, ihn zu begleiten.

Mit ihren Turnschuhen hatte Tina keine Mühe, auf den schmalen, mit Kopfsteinen gepflasterten Straßen entlang der Grachten mit ihm Schritt zu halten. Eigentlich war es mehr ein freudiges Hüpfen. Sie genoss offensichtlich die Sonnenstrahlen auf ihrer Haut und ihre Freiheit, während Henk sich an ihren nackten Beinen und dem Spiel der Muskeln ihrer straffen Oberschenkel erfreute. Doch nicht nur die Äußerlichkeiten reizten Henk, sondern auch Tinas Wesen faszinierte ihn. Sie war auf eine ganz natürliche Art neugierig, frech und fröhlich. Ihre Unbeschwertheit tat Henk gut. Ihr Lachen munterte ihn auf. Es war da aber auch noch etwas, was er nicht in Worte fassen konnte. Eine nie dagewesene Vorsicht ermahnte ihn, es mit Tina langsam angehen zu lassen. Er wollte sie mit einer Art Verlangen, die ihm eigentlich fremd war.

»Ich bin das erste Mal in Holland«, meinte Tina, fast entschuldigend dafür, dass sie sich interessiert umsah. Das Flair der Innenstadt schien sie zu begeistern. Immer wieder blieb sie stehen, betrachtete die bunten Fassaden mit den farbigen Akzenten um die Fensterrahmen, sah die zwei- und dreigeschossigen Häuser empor und entdeckte Details, mit denen die Besitzer ihre jahrhundertealten Häuser geschmückt hatten. Kleine Geschäfte, Boutiquen und Cafés luden die Touristen zum Verweilen ein. Tina sah neugierig in fast jedes Schaufenster.

Nach etwa zweihundert Metern näherten sie sich der Stelle, an der das Clubschiff lag. Ihr Weg führte zu einer schmalen Brücke über die Gracht. Auch hier, wie bei den Hausbooten, schmückten Blumenkästen die gusseisernen Geländer. Als Tina auf der Mitte der Brücke stehen blieb, sich an das Geländer lehnte und sich umsah, wanderte Henks Aufmerksamkeit zu ihrem knackigen Hinterteil in den engen Hotpants. Er spürte Verlangen. Die untere Stange des Geländers hatte, wie er aus Erfahrung wusste, genau die richtige Höhe, damit eine Frau sich dran festhalten und er sie von hinten nehmen konnte. Doch Henk verdrängte den Gedanken und wies mit der Hand auf sein Schiff, auf das man von der Brücke aus einen guten Blick hatte.

»Voilà, da ist sie, meine ›Petite Péniche‹. Auf ihr findet heute die Party für den Saisonbeginn statt. Den Sommer über ist das Schiff eine Cocktailbar. An Wochenenden finden auch besondere Events statt.«

Seine Augen wanderten stolz über das Schiff. Achtern befanden sich das niedrige Steuerhaus und daran anschließend Richtung Heck ein gedrungener Aufbau, der früher der Wohnbereich der Binnenschiffer gewesen war. Vom Steuerhaus nach vorne zum Bug lagen die ehemaligen Frachträume. Die Luken dazu waren verschlossen und verstärkt, sodass oben drauf eine durchgehende freie Fläche für Tische und Stühle zur Verfügung stand. Während der fast zwei Meter hoch aus dem Wasser ragende Rumpf im traditionellen Schwarz gestrichen war, strahlten die niedrigen Aufbauten in Rot mit goldenen Verzierungen um die Fenster.

Henk lenkte Tinas Aufmerksamkeit auf das andere Ufer. »Der Nightclub da vorne …« Er zeigte auf ein am gegenüberliegenden Ufer stehendes nachtblaues Gebäude. Der Name »Sangreal« stand in weißen Buchstaben auf einer dunkelroten Markise über dem Eingang »… gehört auch mir. Ab vierzehn Uhr ist der Loungebereich geöffnet. Wir servieren dort Cocktails und kleine Speisen. Perfekt zum Abhängen und Entspannen. Wer ausgiebig Tanzen möchte, findet am Abend ab zweiundzwanzig Uhr in der Kellerdisco seinen Platz.«

Wie jedes Mal, wenn Henk von der Brücke blickte, ärgerte er sich immer noch, keinen Liegeplatz am anderen Ufer, direkt vor dem »Sangreal«, bekommen zu haben. Wie bequem wäre es für die Gäste, einfach nur über die Straße zu gehen, anstatt den Umweg über die Brücke zu machen. Zu seinem Leidwesen stellte sich jedoch dieser Lahmarsch von Bürokrat in der Stadtverwaltung quer. Aber nicht mehr lange! Henk wusste, dass man mit Geld viele Menschen gefügig machen konnte. Und wenn nicht mit Geld, dann mit Erpressung.

Tina wippte mit dem Fuß, anscheinend schon ganz in Gedanken bei der Party.

»Was soll ich heute Abend anziehen?«, fragte sie unvermittelt und unterbrach Henk in seinen Gedanken. Ihre Augen leuchteten wie Sterne. »Ich kann doch nicht in diesen Sachen kommen, oder?«

»Ein enges Cocktailkleid wäre passend«, sprach Henk seine Vorstellung aus und schaute sie fasziniert an.

Plötzlich wurde Tinas Gesichtsausdruck ganz traurig. Sie senkte den Kopf und ihm wurde sofort klar, dass sie ausdrücken wollte, sich eine schicke Garderobe nicht leisten zu können.

Henk versuchte sich vorzustellen, wie Tina in einem engen Kleid aussehen würde. Ja, das war die Investition wert. Er legte ihr den Zeigefinger unter das Kinn und hob ihren Kopf. »Lass Henk das mal machen«, tröstete er sie. Aus einem Impuls heraus streichelte er mit dem Daumen über ihre Lippen. Für einen Moment blieb sie ganz still und ließ die Berührung geschehen.

Henk nahm die Hand weg und Tinas Augen strahlten. Mit dem Kopf deutete er zu einer Boutique in der Nähe.

»Komm, den Laden kenne ich. Da finden wir sicher etwas Hübsches für dich. Und dann kannst du in diese Boutique kommen, so oft du willst. Daddy zahlt«, sagte er mit schiefem Grinsen.

Begeistert rief sie: »Boah. Echt? Das ist ja klasse! Danke!« Sie umarmte ihn, gab ihm ein Küsschen auf die Wange und stürmte auf das Geschäft zu.

Henk schaute ihr fasziniert hinterher. Die kleine Glocke an der Ladentür klingelte leise, als er Tina folgte und eintrat. Die dunkelhäutige Verkäuferin begrüßte sie mit einem strahlenden Lächeln. Lieke war mit ihren eins achtzig fast so groß wie Henk. Die eng anliegende Jeans betonte ihre extrem langen, schlanken Beine. Sie kannte seinen Geschmack, sowohl was Kleidung bei Frauen betraf als auch sonst in anderen Belangen, und half Tina bei der Auswahl.

Während die beiden miteinander redeten, blickte Henk in einen der großen Spiegel. Die regelmäßigen Besuche im Fitnessstudio, wo er neben dem Krafttraining auch Kampfsport betrieb, zahlten sich aus. Den flachen Bauch mit Sixpack und den festen Hintern, den die Frauen so liebten, wollte er sich erhalten. Auch sonst sah man ihm seine 34 Jahre nicht an. Unternehmungslustig reckte Henk seinem Spiegelbild den glattrasierten, kräftige Kiefer entgegen. Birgit hatte einmal gemeint, seine dunkelblauen Augen würden dem ihrer Meinung nach kantigen Gesichtsschnitt eine liebenswerte Wärme verleihen. Henk sah sein Gesicht als ausdrucksstark statt hart an, doch bei den Augen gab er ihr recht.

»Hallo Henk! Dein Seidenhemd gefällt mir«, riss Lieke ihn aus der Selbstbetrachtung. Sie kam mit einem eleganten Hüftschwung auf ihn zu, als Tina mit ein paar Oberteilen in der Umkleide verschwand. »Hellblau steht dir«, meinte sie und strich mit einem Finger über seine Brust. »Sehe ich dich nachher oder bist du beschäftigt?« Sie deutete kurz mit dem

Kopf in Richtung der Umkleidekabine, in der Tina gerade verschwunden war.

»Mal sehen, wie weit ich bei ihr komme. Sie ist ganz frisch in der Stadt.«

»Pft. Ich verstehe nicht, was du an diesen jungen Hühnern findest. Vermisst du nicht unsere gemeinsamen Stunden?« Unverfroren fasste sie Henk in den Schritt.

Dieser genoss ihren Griff und lächelte sie an. »Du wirst ganz schön frech. Ich glaube, ich muss dir wieder einmal zeigen, wie sich eine Dame benimmt.«

Sie grinste anzüglich. »Versuch es doch. Wir werden dann ja sehen, ob du noch so gut darin bist, mich zu bändigen und zufriedenzustellen.«

Plötzlich trat Lieke wieder einen Schritt zurück und setzte ihre Verkäuferin-Miene auf. Sie musste es geahnt haben, denn nur Augenblicke später hörte Henk den Vorhang rascheln und Tina trat aus der Umkleidekabine. Er wäre beinahe gekommen, so sexy sah sie aus.

»Ist das okay?«, fragte sie und drehte sich einmal um die eigene Achse.

Okay war völlig ungenügend für diesen Anblick. Begriffe wie »umwerfend« oder »fantastisch« waren angebracht, dachte Henk. Es kostete ihn eine gehörige Anstrengung, nicht gleich hier in aller Öffentlichkeit über sie herzufallen. Das rote Poloshirt schmiegte sich wie eine zweite Haut an ihren Körper, betonte mehr ihre kleinen festen Brüste mit den kirschkerngroßen Brustwarzen, als dass der Stoff sie verbarg. Sie war für ihn das geilste Wesen auf der ganzen Welt. Sein Mund war staubtrocken und in seiner Hose pochte es so hart, dass es schmerzhaft wurde.

Ein innerliches Heulen wie von einem Wolf tönte kurz in Henks Kopf. Henk kannte das. Eine animalische Stimme, die ihn seit seiner frühesten Kindheit begleitete und sich von Zeit zu Zeit meldete. Ein innerer Wolf, immer bereit, um sein Revier zu kämpfen, und immer auf der Lauer, wenn es um Beute ging, insbesondere was Frauen anbelangte. Dieser Wolf wollte Tina ganz, er wollte sie besitzen, am liebsten auf immer einsperren und so oft nehmen, wie es ihm passte. Sie sollte mit Haut und Haaren ihm alleine gehören.

Henk verdrängte diese Gedanken in seinen Hinterkopf. Sonst legte er sich nie auf eine Frau fest. Abwechslung war seine Devise. Warum wollte er diese nun alleine und für länger? Er schüttelte den Kopf und sah Tina prüfend an. Dann sagte er: »Absolut umwerfend.«

Tina warf ihm eine Kusshand zu und ging wieder in die Umkleide, diesmal mit mehreren Abendkleidern. Lieke grinste Henk an. Offensichtlich freute sie sich schon auf den Moment, wenn er seine Kreditkarte zücken musste.

Mit zwei vollgepackten Einkaufstaschen ging es zwei Stunden später wieder zurück zur Pension, wo sich die Mädchen ein Zimmer teilten. Henk überlegte, mit Tina hochzugehen, als ihn jemand bei seinem Namen rief. Er erkannte Cindy, eine Angestellte aus seinem Club, und stoppte sofort. Sie sagte, sie habe schon nach ihm gesucht und er solle umgehend seinen Geschäftspartner anrufen. Es sei wirklich dringend. Henk verabschiedete sich notgedrungen von Tina und ging zur Rezeption des kleinen Hotels. Dort bat er um das Telefon und wählte die Nummer, die er auswendig kannte.

Sein Geschäftspartner Pedro Alvarez-Garcia fragte wütend, wo er denn bleiben würde. Für den Abend und die Party war noch einiges zu erledigen. Bedauernd unterließ Henk es, an Tina zu denken. Nachdem er den Hörer aufgelegt hatte, fluchte er unterdrückt. Hätte Cindy ihn nicht eine halbe Stunde später finden können?

2. Christine

Christine Fabor streckte sich. Die Sonnenstrahlen des frühen Morgens hatten sie geweckt. Oder war es der Duft von frisch gemahlenem Café gewesen, der aus der Küche kam? Augenblicklich wusste sie, dass Sergio bereits früh aufgestanden war und die Zwillinge versorgt hatte. Sue und Emma waren gerade sechs Monate alt und wachten morgens sehr früh auf. Oft übernahm er die erste Schicht. Ihr Lebensgefährte konnte als Manager nicht nur seinem Job in einem großen Hotel nachgehen, sondern organisierte auch seine kleine Familie mit Bravour. Und Christine liebte ihn dafür. Gerade als sie an ihn dachte, betrat er das Zimmer. So kräftig gebaut und mit diesen schönen Augen sah er zum Anbeißen aus, befand Christine. Er sah sie liebevoll an und kam auf das Bett zu, in dem sich Christine sofort spaßeshalber unter der großen Decke versteckte. Das Spiel aufnehmend, kroch Sergio von der anderen Seite unter die Bettdecke.

»Happy Birthday«, sagte sie liebevoll. Es war Samstag und zudem war heute sein Geburtstag. Die zweiundvierzig Jahre sah man ihm jedoch keineswegs an. Auch wenn die Lachfältchen um die Augen tiefer geworden waren, sein jugendlicher Geist voller Lebensfreude faszinierte Christine noch immer.

»Wo bist du?«, scherzte Sergio und griff nach ihr. »Zuerst frühstücken wir fürstlich! Und dann machen wir einen schönen Ausflug und heute Abend gehen wir essen! Ich habe schon den Babysitter organisiert und den Tisch reserviert.«

Christine lächelte. Hätte sie das alles nicht tun sollen? Aber er hatte sie ausschlafen lassen. Sein Organisationstalent war unschlagbar. Mittlerweile waren beide wieder unter der Decke hervorgekommen und küssten sich innig. Er strich ihr die dunklen Haare aus dem Gesicht, die sie halblang trug. Seine Hände massierten sie lange, während sie seine schöne Statur streichelnd bewunderte. Christine selber war immer noch schlank, wenn auch am Bauch die Geburt der Zwillinge deutlich zu sehen war. Auch ihre Brüste waren größer geworden und nicht mehr so fest wie früher. *Der normal Lauf der Zeit,* dachte Christine, die wusste, dass Sergio sie so mochte, wie sie eben war. Sie wusste, dass er sie seit ihrer ersten Begegnung gemocht hatte. Es hatte etwas gedauert, bis sie das begriffen hatte. Bis sie gewusst hatte, was Liebe überhaupt ist. In seine schönen Augen konnte sie ewig schauen. Seine Hände wirkten stets beruhigend und Christine streckte sich wohlig und atmete von Zeit zu Zeit zufrieden tief ein und aus. Als er an ihrem Becken und dann an ihrem Intimbereich angekommen war, hielt sie zwischendurch schon einmal die Luft an. Sergio war gut in dem, was er tat. Er war nie zu hastig oder zu langsam. Ausgiebig strich er über die Innenseite ihrer Oberschenkel und versenkte dann zwei Finger in sie. Sie war feucht. Doch dann legte er beide Hände rechts und links neben ihr Becken, beugte sich zu ihr herunter und reizte mit seiner Zunge ihren Kitzler. Wenn er seine Zunge am oberen Bereich spielen ließ und sie mit den Fingern befriedigte, war Christine schon oft gekommen. Doch morgens, so wusste Sergio, mochte sie die ganz normale Variante. Also versenkte er seinen Penis in ihre Vagina und bewegte sich erst langsam und dann immer schneller, bis sie gemeinsam kamen.

Als er sich zurückzog, lagen sie noch eine Weile nebeneinander und genossen das Beisammensein. Sie kannten einander nun schon fast sieben Jahre und seit fünf Jahren wohnten sie zusammen. Nachdem die Zwillinge geboren worden waren, währte die Ruhe nie lange; immer hatten die Zwillinge auch etwas dazu zu sagen, wie viel Zeit ihnen für andere Dinge blieb. Und so war es auch an diesem Morgen. Aber dennoch genossen die beiden das Leben hier in Südfrankreich in vollen Zügen. Sie wussten ja beide, wie kostbar es war.

Christine stand schnell auf, zog sich den Bademantel über und eilte zu den beiden Kleinen, die erst einmal eine dreiviertel Stunde zu versorgen waren. In dieser Zeit hatte Sergio geduscht, sich edel in eine neue Jeans und ein helles, kurzärmeliges Seidenhemd gekleidet und den Tisch fertig gedeckt. Christine gönnte sich ebenfalls eine Dusche, bürstete die dunklen Haare und zog ein weinrotes Sommerkleid an. Beide nahmen sich am Frühstückstisch erst einmal Zeit, gemütlich Kaffee zu trinken.

Sergio hatte sich angewöhnt, immer die Post zu sammeln und samstags zu öffnen. Was für ihn war, legte er in einen Korb, die Post für sie gab er ihr gleich und die gemeinsame Post las er beim Frühstück vor und sie sprachen darüber. Ob das eine Rechnung war, die dann in seinen Korb ging oder ihr gereicht wurde, oder ein Schreiben von gemeinsamen Freunden, Christine und Sergio hatten vereinbart, niemals Geheimnisse voreinander zu haben. Ihre Vergangenheit hatte sie gelehrt, dass Offenheit und Ehrlichkeit die beste Möglichkeit war, lange und glücklich zusammenzuleben. Besagte Vergangenheit hatten beide versucht zu verarbeiten und das hatte bisher fünf Jahre sehr gut funktioniert. Sie sprachen offen darüber, wer sie gewesen waren. Beide gingen regelmäßig zu den Treffen der Anonymen Alkoholiker und waren seit Jahren clean. Christine besuchte einmal im Monat eine Therapeutin.

Diese Vergangenheit, die sie abzuschließen versuchten, schien heute aber wieder da zu sein. Sergio fischte aus der Post einen Umschlag heraus und als er diesen öffnete, entnahm er ihm etliche Zeitungsausschnitte. Alle zeigten den Fall des »Ketten-Killers«, dessen Urteil nun endlich gesprochen worden war. Sechs Jahre nach der Anklageerhebung.

Das Urteil lautete unter anderem auf Erpressung, Zuhälterei, Drogenhandel, Bestechung und Mord. Dieser Mann hatte lebenslänglich verdient. Der ganze korrupte Haufen nebst Handlangern war ebenfalls verurteilt worden. Sergio und ihre Freundin Ursula hatten beide gegen diesen Mann ausgesagt. Christine selber hatte sehr lange im Krankenhaus gelegen und sich danach geweigert, in die Öffentlichkeit zu treten. Das war aber auch gar nicht nötig gewesen. Die Staatsanwaltschaft hatte viele eindrucksvolle Bilder ihres Aussehens von damals gemacht, die im Gerichtssaal für Aufsehen gesorgt hatten, wie Sergio ihr hinterher berichtet hatte. Die Fotos in der Presse hatte sie bis dahin nie sehen wollen. Doch es war fast unmöglich gewesen, sie zu ignorieren. Die Zeitungen waren voll davon gewesen. Und jetzt warf sie einen Blick auf die neueste Ausgabe. Natürlich kamen bei der Betrachtung der Bilder der nun erfolgten finalen Urteilsverkündung alle verdrängten Erlebnisse wieder hoch. Christine war blass geworden. Sie erinnerte sich nur allzu gut, wie alles geendet hatte.

Sergio hatte schon ihre Blässe bemerkt, stand auf, umrundete den Tisch und nahm sie in den Arm.

»Woher kam dieser Umschlag?«, fragte Christine besorgt.

»Hier steht als Absender Ursula Valesca aus Deutschland.«

Christine überlegte, dann nickte sie. Richtig, ihre Freundin musste geheiratet haben. Jetzt entnahm Sergio dem Umschlag noch eine Heiratsanzeige, zwei Visitenkarten, verschiedene Fotos und einen Brief von Ursula. Christine war erleichtert, dass sie die Absenderin des Umschlages kannte, und immer noch besorgt, dass irgendetwas sie zu sehr mitnehmen würde. Sie war sich nicht sicher, ob ihre Psyche schon stark genug für eine erneute Konfrontation war.

»Was schreibt sie denn?«

»Sie schreibt, dass sie dich gerne zu ihrer Hochzeit eingeladen hätte, wenn sie deine Adresse gehabt hätte. Sie sagt, als sie nun erneut bei der Schlussverhandlung ausgesagt hat, habe sie sehr oft an dich gedacht. Sie fügt noch an, dass sie dich sehr vermisst und gerne wiedersehen möchte.«

Christine bat um das Schreiben und Sergio reichte ihr den Brief. Dieser hatte in einem grauen Umschlag gesteckt. Die Post war an sie weitergeleitet worden. Ihre Freundin Ursula hatte eine ganze Menge geschrieben: Sie besaß nun einen kleinen Friseursalon in Norddeutschland. Auf einigen beiliegenden Fotos sah sie bedeutend besser als früher aus. Eine deutlich gesetztere schlanke Blondine schaute fröhlich in die Kamera. Nur eines hatte sich nicht geändert: Sie war stets von Menschen umringt.

»Ursula scheint sich ja wirklich nicht zu verstecken«, meinte Christine, die nun nach einem Brötchen griff.

»Und sie hat sogar mit einer Reporterin gesprochen«, ergänzte Sergio und setzte sich wieder. Er reichte ihr eine Visitenkarte mit dem Namen und der Nummer einer Frau weiter, die für eine bekannte Zeitschrift arbeitete. »Hier steht: ›Ruf die mal an!‹«

Christine runzelte die Stirn. »Das werde ich wohl eher nicht tun.«

Doch nachdenklich hatte sie der Hinweis schon gemacht. Es war noch gar nicht so lange her, dass ihre Therapeutin ihr geraten hatte, einfach mal ihre Geschichte aufzuschreiben. In der anfänglichen Zeit wollte sie nicht – doch heute schien ihr die Idee interessant. Und je mehr sie darüber nachdachte, desto plausibler wurde es. Christine rieb sich über die Schläfe, gerade so, als habe sie Kopfschmerzen.

»Um zwölf Uhr kommt der Babysitter«, unterbrach Sergio ihren Gedankengang.

Sie frühstückten zu Ende und redeten dabei eher über Belanglosigkeiten. Als sie fertig waren, räumten sie gemeinsam ab und das Geschirr in den Geschirrspüler. Wie immer kam der Babysitter pünktlich.

Sergio und sie bestiegen seinen kleinen roten Peugeot 205 und fuhren durch die Camargue. Beide liebten sie Salzseen, die vielen Flamingos, aber vor allem die Weite und das Licht dieser Landschaft, welches sich je nach Tageszeit ständig veränderte. Von Zeit zu Zeit tauchten die Salzseen und der Sonnenstand die Umgebung in unglaubliche Pastelltöne, welche sich sogar auf die Wolken auszudehnen schienen. Nach einer gemütlichen Spazierfahrt fuhren sie in das neu erbaute Odysseum-Einkaufscenter von Montpellier, welches mit mehreren Etagen und unzähligen Shops zum Einkaufen einlud.

Einige Stunden später schleppte Sergio geduldig ihre Tüten mit den gemeinsamen Einkäufen, während langsam die Abenddämmerung einsetzte. In einem kleinen Café tranken sie eine eisgekühlte Limonade. Dieser 10. Juli war ein schöner Sommertag. Es war heiß und windig. Und dementsprechend konnte man hier bis in den späten Abend hinein draußen verweilen. Eng umschlungen saßen sie gemütlich auf einer bequemen Bank und genossen den Sonnenuntergang. Vor ihnen lagen die Stufen zur »Futtermeile«, wo die verschiedensten Restaurants zu bestaunen waren.

„Sobald es kühler ist, gehen wir dort hinunter. Ich habe für zwanzig Uhr einen Tisch in einem typisch französischen Restaurant gebucht.« Sergio nahm Christine in den Arm, die sich wiederum an ihn schmiegte. »Gerne so ein herrliches Drei-Gänge-Menü«, freute sich Christine begeistert.

Satt und zufrieden kehrten beide gegen dreiundzwanzig Uhr wieder nach Hause zurück. Sie wussten schon, dass sie den Rest des Abends durch das Wohnzimmer vögeln und es später im Bett noch einmal tun würden.

Als sie die Treppe zu ihrer Wohnung hochgingen, sagte Sergio: »Wir haben es wirklich gut hier.«

Christine nickte. Sie wusste, was er damit sagen wollte. Es war ein schöner Tag gewesen. Und es war nicht nur die Wohnung. Diese befand sich gerade einmal eine halbe Stunde vom Meer entfernt. Was ihr Heim betraf, war es hier sehr gemütlich. Die Wohnung lag außerhalb des Küstenortes Le Grau du Roi in einem ruhigen Wohngebiet und in einem Zweifamilienhaus. Sie bewohnten das Obergeschoß. Die Treppe hinauf durch die Eingangstür und einen kurzen Flur kam man direkt in die Küche. Daran schloss sich ein schönes Wohnzimmer an. Der Blick ging hinaus auf weite Felder und Wiesen, durchsetzt mit kleinen Seen. Drei Zimmer hatte die Wohnung. Eines war ihr Schlafzimmer, ein anderes das Kinderzimmer. Links vom Flur ging eine steile Stiege auf den Dachboden. Diesen planten sie, einmal als Kinderzimmer auszubauen. Dann sollte das jetzige Kinderzimmer ein Büro werden, welches sie beide würden nutzen können. Aber es waren nicht nur die schöne Wohnung, ihre kleine Familie und die faszinierende Umgebung, die Sergio gemeint hatte.

Beide hatten vor gut fünf Jahren komplett neu anfangen müssen. Sie waren mit fast nichts nach Frankreich gegangen. Einerseits natürlich, weil Christine in Europa bleiben wollte. Andererseits aber auch, weil sie hier niemand kannte und niemand suchen würde. Dafür, dass sie sich in einem Zeugenschutzprogramm befanden, hatten sie wirklich ein schönes Leben.

3. Die Frühjahrsparty

Emsig und hoch konzentriert wurden die Partyvorbereitungen auf der »Petite Péniche« unter den Augen von Henks Geschäftspartner Pedro Alvarez-Garcia durchgeführt. Als studierter Eventmanager mit einer Menge Berufserfahrung wusste der schlanke Mann mit der dunklen Haut und den sanften Augen, wie selbst ein simples Frachtdeck zu einer einladend wirkenden Partyfläche gestylt werden konnte. Geboren in der Dominikanischen Republik, verstand er es, karibisches Flair in das pragmatische Amsterdam zu bringen. Seine Herkunft hatte ihm auch den Spitznamen »der Latino« eingebracht.

Für diese Party wies er an, dass Heizstrahler an Deck aufgestellt werden sollten. Zwar war es jetzt im April tagsüber überraschend und angenehm warm, doch nach Sonnenuntergang konnte es empfindlich kühl werden. Der frühe Termin für das Event lag an der Tradition von Henk, immer am ersten Wochenende nach Ostern in die Partysaison einzusteigen.

Voll in seinem Element gab Pedro Anweisungen. Henk reichte er ein Klemmbrett mit einer Checkliste. Henk nahm es entgegen und ging als erstes zur Bar im Steuerhaus. Dort tauschte er das Büroutensil samt Liste gegen einen Drink. Er drückte die Liste einfach dem Nächstbesten in die Hand und signalisierte, dass diese Arbeit zu erledigen sei. Der Angesprochene würde das schon tun.

Zufrieden mit sich und der Welt stieg er anschließend mit dem Glas in der Hand achtern die Treppe vom Ruderhaus in den ehemaligen Laderaum hinab. Der Bereich, in den die Gäste zuerst gelangten, war heute als Lounge eingerichtet, mit kleiner Tanzfläche, mehreren Sesseln und kleinen Beistelltischchen. Alles war schon einsatzbereit. Hinter der kleinen Theke am Achterschott überprüfte der Barkeeper gerade seine Vorräte. Vom Loungebereich führte ein schmaler Gang Richtung Bug, von dem zuerst die Toiletten abzweigten. Dahinter kamen noch die Türen zu drei Separees. Und ganz vorne befand sich eine Abstellkammer. Henk sah sich um: Alles war in bester Ordnung. Zufrieden ging er wieder an Deck und flirtete mit den Damen vom Catering, die ihre Tische aufbauten. Die Vorfreude auf das Kommende war fühlbar. Zuerst musste er die Gäste begrüßen, sich um einige Angelegenheiten kümmern, aber später würde er bestimmt die Gelegenheit haben, die Beziehung zu Tina zu festigen.

Als Gastgeber begrüßten Pedro und Henk ab 19 Uhr die ersten Gäste. Henk wusste, dass der eher introvertierte Pedro diesen Teil am liebsten ausgelassen hätte. Ganz im Gegenteil zu ihm, der Small Talk und lässiges Geplauder liebte. Doch zumindest beim Saisonbeginn musste Pedro, der ansonsten die von ihm geplanten Events lieber vom Hintergrund aus weiter organisierte, mit im Rampenlicht stehen.

Von Anfang an war die Stimmung heiter und beschwingt. Lampionketten zwischen den aufgespannten Sonnenschirmen und an der Reling beleuchteten das Oberdeck des Boots mit farbigem Licht. Überall standen Liegestühle und kleine Tischchen. Die unter den Sonnenschirmen hängenden Wärmestrahler verbreiteten angenehme Wärme. An der Bar, dem ehemaligen Steuerhaus im Heck, herrschte schnell reger Betrieb. Zu Beginn der Party war die Lounge unter Deck im ehemaligen Frachtraum kaum besucht. Aus Erfahrung der letzten Veranstaltungen wusste Henk, dass auch die noch weiter vorne liegenden Kabinen erst später, dann aber häufig frequentiert werden würden. Der Zugang zur Achterkajüte, früher der Wohnraum der Binnenschiffer, war noch abgeschlossen. Der Bereich beherbergte jetzt ein Spielzimmer der besonderen Art und war nur gegen einen entsprechenden Obolus zugänglich. Ausgefallene Events fanden dort regelmäßig statt. Henk fragte sich für einen Moment, ob Birgit sich wieder auspeitschen lassen oder für das Glücksrad melden würde. War sie überhaupt schon da? Und wo war Tina?

Bevor er Tina entdecken konnte, verlangte ein fetter Typ, der seinen hellgrauen, zivilen Anzug wie eine Uniformjacke trug und seine Hand packte und schüttelte, als wäre sie ein Pumpenschwengel, Henks Aufmerksamkeit. Es war Ruben van der Horst, ein hohes Tier bei der Polizei, den Henk durch kompromittierendes Material in der Hand hatte. Der stiernackige Kerl brachte zwar kein Geld ein, aber unter seiner Protektion hatte Henk mit seinen Geschäften freie Hand.

Der Mann beglückwünschte ihn zu der gelungenen Party, obwohl sie gerade erst angefangen hatte, während seine freie Hand auf dem Hintern von einer der Nutten lag, die für Henk arbeiteten. Dem glasigen Blick zufolge würde es nicht mehr lange dauern, bis er mit ihr unter Deck in einem der Separees verschwand. Henk lächelte still vor sich hin. Jasmin, wie sie sich neuerdings nannte, würde sicherlich den dreifachen Tarif verlangen und auch erhalten. Und er seinen Anteil.

Henk konnte ein offenes Grinsen nur mühsam unterdrücken, als er wenig später ein ungleiches Paar die Gangway hochgehen sah. Mijnheer van Straat, der Eigentümer einer Privatbank, der zu den Stammgästen seiner Frühjahrspartys gehörte, brachte dieses Jahr zum ersten Mal seine Ehefrau mit. Ihn verglich Henk insgeheim mit einem Schneemann. Auf dicken, kurzen Beinen thronte eine Kugel aus Bauch und Brust und darüber ein kugelförmiger Glatzkopf. Seine Nase leuchtete rot, beinahe wie eine Karotte, und war auch genauso lang wie das Gemüse. Es fehlte nur noch ein Zylinder als Kopfbedeckung. Einen Besen hatte er bereits in Gestalt seiner

Frau an seiner Seite. Mevrouw Marlies van Straat war hager und überragte ihren Ehemann um einen Kopf. Interessanterweise war ihr Blick durch die dicke Hornbrille eher neugierig anstatt missbilligend, was Henk angesichts ihrer katholischen Erziehung erwartet hatte. Das dunkelblonde Haar trug sie zu einem strengen Knoten gebunden, was gut zu dem sehr konservativen braunen Kostüm passte.

Nach den van Straats kamen andere wie Piet Paulsen, ein vielversprechender Politiker, der sich – dank Henks großzügigen Spenden – auf den Stadtversammlungen vehement dagegen aussprach, die Bordelle aus dem Innenstadtbereich zu verbannen.

An diesem Abend konnte Henk sich anders als sonst nicht auf die Gespräche konzentrieren. Er war nervös: Soweit er wusste, waren weder Tina noch Birgit bisher eingetroffen.

Immer wieder wanderten seine Gedanken zu Tina. Das kannte er gar nicht von sich. Egal wie hübsch eine Tusse war, sein Sex- und Jagdtrieb hatte das Spiel um Macht und Einfluss bei den Reichen und Mächtigen bisher nicht stören können. Bei Tina war es anders. Doch so gern er nach ihr gesucht und mit ihr in einer der Kabinen verschwunden wäre, die Arbeit rief und hatte Vorrang.

Noch spielte die Musik oben an Deck und alle Gäste amüsierten sich hervorragend. Ein kurzer Check bestätigte, dass die Lounge unter Deck, mit Ausnahme von dem Barkeeper am Tresen, gerade menschenleer war. Perfekt für seine Zwecke. Henk wies den Barkeeper an, den Zugang bis auf Weiteres zu sperren, und bat Visser, den Ressortleiter für Stadtplanung, Abteilung Wasserwege, auf ein Gespräch unter Deck. Der Mann war Mitte fünfzig und vom Aussehen her so langweilig und durchschnittlich wie sein grauer Anzug. In der Lounge standen in einer Ecke mehrere rote, mit Plüsch bezogene Sessel rund um eine Shisha. Beide machten es sich dort gemütlich.

»Mijnheer van Mechelen, was hat mir die Ehre einer Einladung auf ihre wohlbekannte Frühlingsparty verschafft?«, strahlte ihn Visser an.

»Ich möchte endlich dieses Schiff direkt vor meinem Club liegen haben«, kam Henk direkt zur Sache. »Es nervt mich und meine Gäste, immer die halbe Straße hinuntergehen zu müssen, über die Brücke und dann den Weg zurück. Wissen Sie, wie viele Gäste ich verliere, weil sie auf dem Weg lieber in einen anderen Club anstatt ins ›Sangreal‹ einkehren?«

Visser winkte ab. »Aber Mijnheer van Mechelen, Sie wissen doch, dass das nicht geht. Die Uferbefestigung der Gracht auf der Seite Ihres Clubs ist baufällig. Im Sanierungsplan wurde festgelegt, dass dieser Abschnitt in drei Jahren an die Reihe kommt. Bis dahin müssen Sie sich noch gedulden.«

Henk lehnte sich vor und zischte ihn an: »Ich will mich aber nicht gedulden.« Gleich darauf lehnte er sich wieder zurück. Mit einer übertriebenen Geste zog er einen Umschlag schwungvoll hervor und legte ihn auf den Tisch. »Dies hier wird sicherlich eine Änderung in der Sanierungsreihenfolge bewirken.«

Visser blickte sich panisch um, ob sie beobachtet würden. Voller Entrüstung schob er den Umschlag von sich weg. »Mijnheer! Ich lasse mich nicht mit Geld bestechen!«

Das hatte Henk schon gewusst. Süffisant lächelte er den Mann an. »In dem Umschlag ist kein Geld.«

Visser sah erst verwirrt, dann ängstlich aus. Nach Henks aufmunterndem Nicken griff er nach dem Umschlag und öffnete ihn. Einige Fotos fielen heraus. Eines zeigte Visser, wie er eine Kokainspur schnupfte. Ein anderes, wie er Geschlechtsverkehr mit einem offensichtlich minderjährigen Mädchen hatte. Ein weiteres Foto, eine Vergrößerung, offenbarte das Gesicht der Tochter des Polizisten van der Horst.

Visser wurde aschfahl im Gesicht. »Sie, Sie …«, stotterte er.

»Ja, ich habe gefilmt.« Natürlich nicht persönlich, aber die versteckte Kamera war von einem Handlanger auf seine Anweisung hin platziert worden.

»Was wollen Sie?«, japste Visser.

Henk lehnte sich zurück und nahm einen Zug aus der Wasserpfeife. Langsam blies er den Rauch Richtung Decke. »Ich würde es sehr begrüßen, wenn demnächst eine Mitteilung veröffentlicht wird, dass mit der Renovierung des rechten Grachtufers zügig und noch dieses Jahr begonnen werden wird.« Er machte eine Pause. Mit einem Ruck, der Visser völlig überraschte, beugte Henk sich vor, bis sein Gesicht beinahe die Nasenspitze seines Gegenübers berührte. »Wir wollen doch keineswegs, dass etwas anderes veröffentlicht wird. Oder?«, zischte er den Ressortleiter für Stadtplanung, Abteilung Wasserwege an.

Erschrocken versuchte Visser sich im Sessel kleiner zu machen. »Nein, auf keinen Fall! Das wäre mein Ruin!«, jammerte er.

»Nur Ruin? Ruben van der Horst ist für seinen Jähzorn stadtbekannt. Stellen Sie sich einmal vor, was er mit Ihnen anstellen würde, wenn er wüsste, was Sie mit seiner Tochter gemacht haben.«

Visser wurde noch blasser. Für einen Moment hatte Henk die Befürchtung, er würde mit einem Herzanfall gleich ganz abtreten.

»Das sind nur Standbilder von einem Film. Sie können sie gerne behalten. Das ganze Videoband liegt natürlich sicher und an einem geheimen Ort.« Die Shisha blubberte leise, als Henk einen weiteren Zug nahm. »Sehen Sie zu, dass noch in diesem Jahr das Ufer saniert wird und ich den Liegeplatz wechseln kann. Dann erhalten Sie das Band.«

Visser nickte, stand, ohne ein weiteres Wort zu verlieren, auf und ging. Die Bilder ließ er liegen.

Zufrieden lehnte Henk sich im weichen Sessel zurück. Das war Arbeit gewesen. Es wurde Zeit, dass er sich selber Spaß gönnte, dachte er. Er steckte die belastenden Fotos wieder ein und ging gemächlich an Deck. Dort sprach er locker und unaufmerksam mit den Gästen während er nach Tina Ausschau hielt. Endlich sah er einen vertrauten blonden Haarschopf. Das knappe Cocktailkleid aus der Boutique stand Tina hervorragend! Sogar noch besser, als er es sich vorgestellt hatte. Augenblicklich kam Leben in seinen Unterleib.

»Kennst du die?«

Pedros Frage riss Henk aus seiner Betrachtung. Er hatte gar nicht bemerkt, dass sein Freund und Geschäftspartner neben ihn getreten war.

»Ja, ich habe sie eingeladen.« Henk brauchte das »um sie mir zu angeln und ins Bett zu holen« nicht auszusprechen.

Pedro musterte die junge Frau, die jetzt ein paar Meter von ihnen entfernt stand, eindringlich und gab einen bewundernden leisen Pfiff von sich. »Die würde mir auch gefallen.«

Henks Kiefer spannte sich an. Pedro sollte sich besser von seinem Revier fernhalten. Tina war seine Beute, grollte der Wolf in ihm. Erst als Pedro ihm eine »Gute Jagd« wünschte, um sich dann einem Gast zuzuwenden, entspannte sich Henk wieder.

Eigentlich wollte er nun Tina begrüßen, jedoch nahmen einige Männer, die ganz von ihrer eigenen Wichtigkeit überzeugt waren, ihn ganz in Beschlag.

Langsam entwickelte sich Frust bei Henk. Er schüttelte die lästigen Gäste mit ihrem ermüdenden Gebrabbel ab und ging unter Deck, um es anders anzugehen. Noch immer war es hier fast menschenleer, obwohl er den Bereich gleich nach dem Gespräch mit Visser wieder freigegeben hatte.

Er winkte seinen langjährigen Kumpel Sandy zu sich heran, der sich gerade mit dem gelangweilten Barmann hinter dem Tresen unterhielt.

Sandy war die ersten sechs Jahre des Clubs Henks Chef-Barkeeper, Erfüllungsgehilfe und Mädchen für alles gewesen. Vor einem Jahr hatte er dann ein Massage- und SM-Studio am Rand der Innenstadt dank der Protektion von einem der Großen des Milieus übernommen. Trotzdem hielt Sandy sich immer noch häufig im »Sangreal« oder auf dem Partyschiff auf, arbeitete bei besonderen Gelegenheiten mit Henk zusammen – weniger der guten, alten Zeiten wegen als vielmehr, um Kontakte zu knüpfen. Doch seit der Übernahme des SM-Studios entwickelte sich der 25 Jahre alte Sandy mehr und mehr zu einem Konkurrenten. Seinen Spitznamen verdankte er seinem sandfarbenen Haar, der sonnengebräunten Haut und seiner ganzen Ausstrahlung. Sowohl seine Figur als auch seine Kleidung riefen förmlich »Beach- und Surfboy«. Jedes Mal, wenn man ihn ansah, erwartete man, einen kleinen Sandstrand unter seinen Füßen zu sehen. Einzig die doppelte Edelstahlkette, die er als Gürtel trug, und die Ledertasche für Handschellen deuteten dezent darauf hin, dass er statt Surfen lieber in seinem SM-Studio selbst Hand an die devote Kundschaft legte.

Henk deutete mit dem Kopf Richtung Niedergang. »Oben ist ein Mädchen. Sie hört auf den Namen Tina und ist wahrscheinlich mit Birgit gekommen. Sie ist sehr jung, hat blonde Haare und eine Stupsnase mit ein paar Sommersprossen drumherum. Sie trägt ein wahnsinnig sexy, eng anliegendes, schwarzes Kleidchen. Bring die mal zu mir.«

Sandy nickte kurz und verschwand.

Wie Tina den Niedergang heruntertänzelte, war schon eine Show für sich. Zuerst sah Henk nur die High Heels. Dann kamen die schlanken Beine, die in hauchdünnen Nylons mit

Strumpfband steckten. Unter dem Saum des schwarzen Cocktailkleids blitzte ein dunkelroter Schlüpfer auf.

Sie sah sich in dem Dämmerlicht suchend um, entdeckte ihn und kam lächelnd auf Henk zu.

»Du bist hier tatsächlich der Boss?«, begrüßte sie ihn.

»Hast du etwas anderes erwartet? Komm her zu mir!« Henk zog sie auf seinen Schoß. In der rechten Hand das Cocktailglas, legte er den linken Arm um ihre schmale Taille. »Wenn du etwas haben möchtest, brauchst du es nur zu sagen«, versprach er ihr.

Sie schmiegte sich an ihn.

»Hilfst du mir? Der Barkeeper will mir meinen heutigen Lieblingsdrink, diesen ›Heaven's High‹, nicht mehr geben.« Sie zog einen Schmollmund und sah einfach hinreißend süß aus.

Henk schüttelte den Kopf und klärte sie auf, dass der Drink Liquid Ecstasy enthielt. Trank man zu viel davon, kehrte der aufputschende Effekt sich um und man würde einschlafen.

Sie sah ihn staunend und anerkennend an und grinste dann.

»Was hast du denn sonst noch so anzubieten?«, fragte sie.

»Einiges, davon auch einen richtig harten, steifen …«, er machte eine Pause, »… Drink.«

Sie lehnte sich dichter an ihn und er spürte ihre Haare an seinem Hals. »Den möchte ich.«

Die Antwort gefiel ihm. Wenn sie ihren Drink hatte, würde er testen, wie bereit sie war. Oder besser gleich?

Er winkte Sandy heran, der direkt hinter Tina die Treppe heruntergekommen war, und bestellte für Tina einen Drink mit Kirschlikör und Tonic Water. Das würde sie sicher mögen.

Als man ihr den Drink überreichte, nahm Tina einen kräftigen Schluck von ihrem Cocktail und leckte sich sinnlich über die Lippen. Sichtlich zufrieden und dankbar kuschelte sie sich an Henk.

Sein steifes Glied begann zu pochen. Doch Tina saß immer noch auf seinem Schoß. Es war unmöglich, dass sie nicht bemerkte, was in seiner Hose los war. Henk benutzte beide Hände, um ihr die Haare im Nacken beiseitezuschieben, damit er sie dort küssen konnte. Vorsichtig knabberte er an ihrem Ohrläppchen, dann flüsterte er ihr leise zu: »Die Spezialität des Hauses steht dir zur Verfügung.«

Er zog ihren Rock etwas höher. Dass ihm Sandy, der mittlerweile am Tresen stand, dabei zusah, störte ihn nicht. Im Gegenteil: Sexuelle Handlungen vor den Augen anderer zu begehen, erregte Henk nur noch mehr. Er befeuchtete seine Finger, indem er sie in seinen Drink tauchte, beugte sich vor und ertastete Tinas Möse. Seine Finger glitten hinein und die junge Frau atmete heftig ein. Ziel erreicht. Sie war bereit. Er schob Tina von seinem Schoß hinunter. Doch bevor er überlegen konnte, wo und wie er den maximalen Spaß bekam, verlangte etwas – jemand – anderes seine Aufmerksamkeit.

Die wütende Furie, die gerade den Niedergang herunterkam und in die Lounge stürmte, war Birgit. Der sarongähnliche Rock in Sommerfarben und die weiße Bluse, die sie unter dem Busen zusammengeknotet hatte und die den Bauchnabel frei ließ, standen ihr gut. Der stechende Blick, mit dem sie sich umsah, dagegen weniger.

Als sie ihn und vor allem Tina bemerkte, funkelte sie Henk giftig an. Diesen kratzte das keinen Deut. Birgit war zwar nett und gut im Bett. Dieses Mädchen auf seinem Schoß dagegen war einmalig. Henk wollte jetzt nur Tina. Eine andere kam gar nicht infrage. Besitzergreifend legte er die rechte Hand auf Tinas Brust. Als Birgit sah, wo seine Hand lag, holte sie scharf Luft. Dann schoss sie wie eine wildgewordene Flipperkugel auf Henk zu.

»Lass die Hände von meiner Freundin!«

Doch Sandy ging dazwischen. Er hatte die Eskalation geahnt und überwand die kurze Distanz vom Tresen zur Sitzecke mit schnellen Schritten. Mit einem harten Griff packte er die tobende Birgit, zog sie zurück und hielt sie fest. Erst als Birgit sich sichtlich entspannte, ließ Sandy sie wieder los.

Kaum stand sie wieder vor Tina, fauchte Birgit sie an: »Werd' mal nüchtern!« Tina streckte ihr vorwitzig die Zunge raus. Birgit zickte weiter. »Tina, du bist sturzbesoffen und weißt nicht mehr, was du tust. Du kommst jetzt mit, ich bring dich ins Hotelzimmer.«

Entschlossen ging Birgit auf Tina zu und sah Henk herausfordernd an. Den Blick kannte er an ihr. Dieser besagte nur eines: »Versuch nur, mich aufzuhalten. Dann mache ich eine Szene, auf dass deine Party platzt.«

Henk knirschte mit den Zähnen. Das verdammte Weibsstück wusste genau, wie wichtig ihm gerade dieses Fest war. Sie für ihre Dreistigkeit, ihn zu stören, angemessen zu bestrafen, kam für den Moment leider nicht infrage, das musste warten. Die Gelegenheit würde sich aber schon ergeben.

Oder würde die Strafe von anderer Seite kommen? Er hörte, wie Sandy leise zu Birgit sagte: »Hör mal gut zu. So eine Nummer leistest du dir nicht, solange du bei mir in meinem Studio arbeitest. Sonst kannst du den Deal, den wir am Nachmittag geschlossen haben, vergessen. Ist das klar?«

Birgit nickte. Sandy wandte sich kurz Henk zu und hob fragend die Augenbraue. Sie kannten sich so gut, dass Worte unnötig waren. Henk gab Sandy ein Zeichen und beauftragte ihn, dafür zu sorgen, dass Birgit, ohne weiteres Aufsehen zu erregen, von Bord ging. Birgit packte Tina fest am Arm und schleifte sie hinter sich her. Scheiße, dass Tina damit auch außer Reichweite war. Henk fluchte.

Wütend schmiss er mit der rechten Hand sein Glas gegen die nächstgelegene Wand, wo es mit einem lauten Klirren zerbrach. Henk ignorierte das angerichtete Desaster und stand auf. Irgendjemand würde das schon aufräumen und saubermachen. Im Spiegel hinter der Theke überprüfte er sein Aussehen. Er richtete den Anzug. Dabei beschloss er, an etwas anderes zu denken. Er schüttelte den Kopf und richtete seine Gedanken auf das belauschte Gespräch. Soso, da hatte Birgit aber schnell einen neuen Job gefunden. Henk nahm sich vor, mit ihr darüber zu sprechen. Er war sich nicht sicher, ob sie wusste, auf was sie sich mit einem Job in Sandys SM-Studio eingelassen hatte. Denn seitdem Sandy sein eigenes Studio besaß, hatte er sich verändert. So als hätte die Studioübernahme eine brutale Ader in ihm freigelegt, war ihm zugetragen worden. Diese zunehmende Gewaltbereitschaft, über die man tuschelte, beunruhigte Henk.

Noch ein letzter Blick in den Spiegel. Wieder zufrieden mit sich selber ging er dann den Niedergang hoch und mischte sich unter die Partygäste. Die Nacht war noch jung, die Party ging jetzt richtig los. Henk sah sich nach Beute um. Nach kurzer Zeit entdeckte er die junge Frau vom Catering, mit der er bereits bei den Vorbereitungen geflirtet hatte. Es dauerte nicht lange, dann konnte er sie nach unten führen, wo sie sich sogleich seinen Vorlieben hingab. Die großzügige Geldsumme würde sie darüber schweigen lassen, was genau er mit ihr trieb.

Um zwei Uhr nachts verabschiedete Henk zusammen mit Pedro die letzten Gäste. Zum Schluss des Abends schaltete Henk die zahlreichen Kameras, die in so gut wie allen Räumen verteilt waren, aus und sicherte die Filme. Sein privater Tresor bei sich zu Hause beinhaltete schon eine schöne Sammlung an Erpressungsmaterial. Diese neuen Bilder würde er am nächsten Tag sichten und sortieren.

4. Entkommen

»Wie sind Sie eigentlich dem ›Ketten-Killer‹ entkommen?«

Christine verdrehte die Augen und stöhnte innerlich. Was für eine Frage! Aber was hatte sie eigentlich erwartet? Dass man sie als Mensch und nicht als Skandal betrachtete? Diese Art von reißerischen Fragen waren typisch für Reporter. Sie hatte damals eine Menge Erfahrung mit Vertretern der Presse gemacht. Feingefühl war hier Mangelware. Schicksale von Menschen wurden zu werbewirksamen Überschriften umformuliert. Einzig der Skandal zählte. Aber nun hatte sie die Dame angerufen, eingeladen und diese hatte sich sofort auf die Reise zu ihr nach Frankreich gemacht. *Selber schuld also,* schalt sich Christine. Nun musste sie erneut da durch.

Es war etwa einen Monat her gewesen, seit Sergio und sie lange darüber geredet hatten, ob sie dies nun tun sollte oder nicht. Es konnte alte Wunden aufreißen, mit jemandem über die Vergangenheit zu sprechen, doch war es auch gleichzeitig ein Weg der Heilung, sich alles einmal von der Seele zu reden und es sogar aufzuschreiben. Nach zahlreichen Gesprächen – auch mit ihrer Therapeutin – hatte Christine beschlossen, zunächst das Erlebte selber zu Papier zu bringen. Doch war sie ins Stocken geraten, da sie sich an vieles weder erinnern konnte noch wollte. Nach mehreren Anläufen hatte sie dann doch die Nummer der Reporterin genommen und gewählt. Und sofort einen Termin vereinbart. Die Journalistin wollte sich im August extra die letzten beiden Wochen Urlaub nehmen und diesen in der Camargue verbringen. Keine so gute Idee, weil in den großen Ferien die Unterkünfte exorbitant teuer und freie Zimmer eher selten waren. Aber Sergio hatte mit seinen guten Beziehungen zu den Hotels der Umgebung noch ein gutes Zimmer für zwei Wochen organisiert. Pünktlich zum vereinbarten Termin hatte es am späten Freitagvormittag an der Tür geklingelt.

Die Reporterin war mittelgroß und hager. Ihre dunkle Kleidung war unscheinbar. Ihre braunen Haare, die graue Ansätze an den Schläfen hatten, trug sie zu einem strengen Pferdeschwanz gebunden. Christine hatte sie hereingelassen und ihr einen Platz auf einem der Stühle der Sitzgruppe im Wohnzimmer angeboten. Dort hatte sie sich gesetzt und ihr Notizbuch gezückt. Das erste was sie sagte, war nahezu eine Headline der Bildzeitung. Christine schnaubte nur. Jetzt schaute die Reporterin Christine interessiert durch eine dicke Brille an:

»Ich weiß natürlich, was öffentlich gesagt wurde. Aber ihre Version interessiert mich mehr.«

Jetzt klang die Reporterin, als würde sie selber sich gerne auf anderer Leute Kosten gruseln. Und irgendwie war sie ein wenig zu schnell an der Story dran. Sollte man sich nicht erst einmal kennenlernen?

Empört wandte sich Christine zu ihr um. Doch dann bewegten sich die Zwillinge und Christines Aufmerksamkeit richtete sich auf die andere Seite des Tisches.

Sergio hatte sich nach dem Frühstück verabschiedet und war zur Arbeit gefahren. Christine hatte die Zwillinge versorgt, die nun schlafend direkt in Sichtweite in einem eigens dafür erstandenen Wagen lagen. Süße dunkelbraune Löckchen fingen an, auf den Köpfen ihrer Töchter zu entstehen, es war ein zuckersüßer Anblick, wie sie so dalagen. Beide hatten die dunklen Haare und die dunklen Augen des Vaters geerbt. Christines Blick war milder geworden. Sie setzte sich auf das Sofa schräg gegenüber und taxierte die Reporterin, doch die sprach schon weiter.

»Ich selber war nur bei der Urteilsverkündung. Ich habe also nur wenige Fotos gesehen. Doch die waren schon schlimm genug.« Jetzt klang schon mehr Mitgefühl in ihren Worten. Doch Christine war immer noch vorsichtig. Die schlechten Erfahrungen hatten sie geprägt. Die Staatsanwaltschaft hatte genug Fotos gemacht, sodass sich die Menschen im gesamten Gerichtssaal regelmäßig schockiert zeigten. Die Presse hatte auch einen Beitrag dazu geleistet, dass die Teile ihres Lebens so zusammen gepuzzelt worden waren, wie es für die Leserschaft nach Meinung der Auflagenmacher am besten gewesen war. Viele dieser Artikel hatten kaum die Wahrheit enthalten, keines der Opfer wirklich geschützt und die meisten waren nur auf Stimmungsmache aus gewesen. Also hatte Christine sich geschworen, bei einem eigenen Interview und in Zukunft immer auf Nummer sicherzugehen. Daher hatte sie zuvor mit der Journalistin die folgende Bedingung vereinbart, die sie jetzt wiederholte:

»Zuerst geben Sie mir die schriftliche Einverständniserklärung, dass nichts, aber auch gar nichts ohne mein Wissen und meine Zustimmung veröffentlicht wird und dass ich immer das Recht der Erstveröffentlichung habe sowie jedes Recht am Text selber.« Da sie sich in einem Zeugenschutzprogramm befanden, hatte die Reporterin auch eine Verschwiegenheitserklärung unterschreiben müssen und geschworen, weder Namen noch Aufenthaltsort preiszugeben.

Die Reporterin nickte. Sie bückte sich zu einer dicken Aktentasche, die sie mit hereingeschleppt hatte, und entnahm ihr einige mit einer Klammer zusammengebundene Blätter.

»Bitteschön. Ich habe schon unterschrieben. Fehlt nur noch Ihre Unterschrift.«

Das konnte sie ja im Beisein von Sergio machen, dachte sich Christine und ließ die Unterlagen auf dem Tisch liegen. Dann beeilte sie sich, die gestellte Frage zu beantworten. Denn wenn sie diese Damen nun schon im Wohnzimmer sitzen hatte, musste sie auch tun, was sie sich vorgenommen hatte. Sie seufzte.

»Ganz ehrlich? Ich bin ihm nicht entkommen.«

Ihre Rettung war eher ein Zufall gewesen. Im Nachhinein verstand sie gar nicht mehr, wie sie sich dem Ganzen überhaupt hatte ausliefern können. Unfassbar naiv hatte sie sich in die Nähe eines Verbrechers gebracht. *Man stelle sich das vor. Wie blöde kann man sein? Beruhige dich,* schalt sie sich innerlich. Schließlich war sie nicht die Erste gewesen. Aber wohl hoffentlich die Letzte, der dieser Mann etwas antat.

»Wie meinen Sie das?«, unterbrach die Reporterin ihre Gedanken.

»Wo fange ich da an«, überlegte Christine laut. *Am Anfang vielleicht? Aber an welchem Anfang? Dem allerersten Treffen oder dem Anfang vom Ende.* Sie entschied sich für Letzteres, weil die Reporterin auch dort eingestiegen war. Sie begann kurz vor Ende der Story, direkt vor dem eigentlichen Mord.

»Ähm, ich hatte einen Zusammenbruch.« Aber weiter kam sie nicht. Das Erlebte ließ sie augenblicklich eine Hand an die Kehle legen, als würde sie immer noch Würgemale spüren. Ihre eigenen erstickten und panischen Schreie gellten ihr in den eigenen Ohren. Christine schüttelte den Kopf, gerade so, als wollte sie die aufkommenden Bilder verscheuchen. Sie stockte. Hustete. Sie ermahnte sich weiterzureden. Dabei übersprang sie jedoch die schlimmsten Minuten ihres Lebens. Sie verschloss erneut die Augen vor dem, was sie vergessen wollte. Sie begann direkt nach dem Geschehen emotionslos und bruchstückhaft weiterzuerzählen:

»Er packte mich einfach ins Auto und fuhr los. Allerdings kam er nicht weit. In Belgien, im Hafenviertel von Antwerpen, suchte er sich ein Motel. Meinen Informationen zufolge buchte er sein Zimmer dummerweise auf seine Kreditkarte.

Er hatte wohl unterschätzt, wie schnell die Fahndung hinter ihm her gewesen war.«

Details wollte und konnte sie nicht aussprechen. Er hatte sie hochgezerrt, ihr einen Mantel übergeworfen und sie zum Auto geführt. Wie eine Puppe hatte sie sich fremdgesteuert auf den Beifahrersitz gesetzt. Doch dann hatte der Entzug eingesetzt und sie hatte Krampfanfälle bekommen. Das »Herumzappeln« hatte den Mann verärgert. Auch konnte sie in solchen Phasen immer ihre Klappe nicht halten. Sie neigte dann dazu, ihn zu provozieren. Also hatte er kurzerhand auf einem Parkplatz gehalten, ihr eine Überdosis gegeben, einen Knebel in den Mund gesteckt und sie in den Kofferraum gepackt. Am Motel angekommen, hatte er sich zunächst den Zimmerschlüssel geholt und das Zimmer aufgeschlossen. Danach hatte er sie aus dem Kofferraum geholt und auf das vordere Bett gelegt. Die Ärzte sagten später, dass sie die Nacht nicht überlebt hätte, wenn man sie nicht befreit hätte. Christine ermahnte sich, zumindest einige ihrer Gedanken auch laut auszusprechen:

»Er trug mich aus dem Kofferraum ins Zimmer und lud mich auf dem vorderen Bett ab.«

Zum ersten Mal konnte sich Christine ein wenig von den Geschehnissen distanzieren. Sie begann sich von außen zu betrachten, gerade so wie eine ältere Version ihrer Selbst auf ein kindlicheres Ich geschaut hätte. Erstaunt bemerkte Christine, wie in ihr plötzlich Mitleid mit sich selber aufkam. Das fand sie interessant. Denn sie hatte sich gemerkt, was ihre Therapeutin ihr dazu gesagt hatte. Nämlich, dass sie wie die Trauerphasen bei einem Todesfall, die gleichen Stadien nach ihrem Entzug durchlaufen würde: Verleugnung, Zorn, Verhandeln, Depression und Akzeptanz. Sie hatte aber gesagt, dass die Depression durchaus häufig zuerst kam und das Verhandeln oft eine Selbstverleugnung war. Die Trauer vor der Akzeptanz war oftmals ein sehr gutes Zeichen, hatte die Therapeutin gemeint. Diese war eine ältere Frau, die über sehr viel Lebenserfahrung verfügte und lange Zeit in exotischen Ländern Informationen zu Lösungsansätzen bei Trauma-Patienten gesammelt hatte.

Christine hatte sich ihre Stufen der Heilung gemerkt. Sie selber hatte die Depression zuerst gehabt, dann war sie über ihre Verleugnung und das ewige Verhandeln unfassbar zornig auf sich selber geworden. Sie hatte niemals »Nein« sagen können. Hatte sich oft selber boykottiert und war ständig rückfällig geworden. Von Haus aus hatte sie nie gelernt, für sich selber einzustehen und Grenzen zu setzen. Das hatte damals dazu geführt, dass andere ständig ihre Grenzen missachteten und sie die Wünsche anderer zu ihren eigenen gemacht hatte.

Christines Gedanken machten einen weiteren Sprung in die Vergangenheit. Sie besah sich ihre Kindheit und wie sie mit der Therapeutin darüber geredet hatte. Die verständnisvolle Dame hatte sie sogar des Öfteren in den Arm genommen, wenn sie geweint hatte. Christine erinnerte sich daran, dass sie neben dem Ärger über sich selber auch eine ganze Menge mit ihren Eltern aufzuarbeiten gehabt hatte. Sie konnte die Parallelen sehen.

Ihr Vater hatte sie und ihre Mutter misshandelt und vergewaltigt. Ihre Eltern waren nur mit sich beschäftigt gewesen. Sie stritten sich in einem fort. Der Vater hatte getrunken und war dann auf ihre Mutter losgegangen. Ständig wähnte er sich im Recht. Ihre Mutter hatte dem nie etwas entgegenzusetzen. Sie fühlte sich ständig schuldig. Ihre Mutter flüchtete sich in Christines Kindheit lieber in den Alkohol und in die Tablettenabhängigkeit. Mit ihrer Mutter hatte sie weder reden noch rechnen können. Während Christine verwahrloste: Um nicht dem Vater über den Weg zu laufen, trieb sie sich auf der

Straße herum. Um etwas Geld in der Tasche zu haben, stahl sie einige der Medikamente, die sie in riesigen Mengen im Zimmer ihrer Mutter gefunden hatte. Diese verkaufte sie am Bahnhof. Dort lernte sie dann diverse Typen kennen, die ihr zeigten, wie man auch Gras vertickte. Fast zwei Jahre hatte sie sich als Teenager auf der Straße herumgetrieben. Doch pausenlos träumte sie von einem besseren Leben. *Nur weit weg,* hatte sie gedacht. *Irgendwo neu anfangen.* Und dann hatte sie die erstbeste Möglichkeit ergriffen. Sie war aus Deutschland weg nach Amsterdam gegangen. Doch wiederholte sie das Schicksal ihrer Eltern. Sie hatte sich in das Umfeld dieses Monsters gebracht und war ebenso drogensüchtig und ein Alki geworden wie ihre Mutter.

Es war sehr schwer gewesen, nicht mehr sich selber die Schuld an dem zu geben, was passiert war. Danach hatte ihr die Therapeutin geholfen, keinen Hass mehr auf ihre Eltern zu schieben, weil die ein mieses Vorbild abgaben. *Ich musste Eigenverantwortung lernen.* Christine seufzte, sie war ganz in Gedanken versunken gewesen. Verantwortung. Ja, die Verantwortung für ihr Leben wollte sie nie wieder jemand anderem überlassen.

»Möchten Sie etwas zu trinken?« Christine stand auf und schaute die Reporterin fragend an. Sie hatte eh den Faden verloren und da konnte sie eine Unterbrechung gut gebrauchen.

»Gerne, ein Wasser.«

Christine ging in die Küche hinüber und holte eine Flasche Badoit aus der Kiste neben dem Kühlschrank. Mit der Flasche in der Hand kehrte sie ins Wohnzimmer zurück, stellte die Wasserflasche auf dem Tisch ab und holte zwei Gläser aus dem Vitrinenschrank in der Ecke. Nachdem sie beide Gläser auf den Tisch gestellt hatte, schenkte sie sich ein und schob dann die Flasche in Richtung ihres Gastes. Diese konnte sich selber einschenken, beschloss sie. Christine wollte in ihrem Leben nie wieder jemanden bedienen, den sie nicht wirklich kannte. Als die Reporterin ihrer Aufforderung nachkam, nahm Christine einen großen Schluck aus ihrem Wasserglas.

»Wo waren wir stehen geblieben?«

Die Dame ihr schräg gegenüber schaute auf ihre Notizen und erwiderte sachlich: »Was passierte im Motel in Belgien?«

»Was mich betrifft, nicht mehr viel«, erklärte Christine. »Er wollte gerade die letzte Tasche aus dem Auto holen. Als er vor die Tür trat, wurde er sofort verhaftet. Soweit bekannt, war der Haftbefehl augenblicklich, nachdem die Leiche entdeckt worden war, ausgestellt worden. Er war auch europaweit gesucht worden, aber erst, als er die Grenze schon passiert hatte. Die belgische Polizei war jedoch nach dem Anruf der Kreditkartengesellschaft sehr schnell vor Ort.«

Die Journalistin schaute irritiert auf das Blatt vor sich. »Wirklich? Er stellte sein Auto direkt vor dem Motelzimmer ab und zahlte dann noch mit Karte? Einfacher hätte er es der Polizei ja wohl kaum machen können!« Sie schmunzelte und auch Christine musste lächeln. Ja, für einen, der flüchten wollte, war das wirklich kein guter Plan gewesen. Zumindest nicht für ihn. Sie selber war somit schlussendlich aber frei gewesen.

Christine nickte. »Ich kam sofort ins Krankenhaus.« Christine konnte sich noch dran erinnern, dass sie Lärm vor der Tür gehört hatte. Die Tür wurde geöffnet und grelles Licht strömte herein. »Sofort auf den Boden!«, schnauzte jemand. Doch danach war alles wie ausradiert. Später hatte man ihr erzählt, ein Polizist wäre völlig verschreckt aus dem Zimmer gekommen und habe gesagt, man solle sofort einen Krankenwagen schicken. Aber auch an den Transport hatte Christine keinerlei Erinnerung. Sie war erst Tage später im Krankenhaus erwacht. Die Diagnose war lang gewesen. Christine hatte beim besten Willen keine Lust, sich daran zu erinnern, wie sehr ihr dieses eine Jahr im Ausland geschadet hatte.

»Ich blieb ungefähr drei Wochen auf der Intensivstation.« Danach hatte sie noch einige Wochen im Krankenhaus gelegen, bevor sie in die Entzugsklinik umgelagert worden war. »Und bin dann anschließend in meine Heimatstadt zurück«, ergänzte Christine ihren vorangegangenen Satz. Doch nun hatte sie keine Lust mehr weiterzuerzählen. Ihr war übel geworden. Schnell trank sie ein weiteres Glas Mineralwasser und stand dann auf.

Dass es genau in diesem Moment an der Tür klingelte, half Christine ungemein. Es war zwar nur der Paketbote mit einer Bestellung für sie, aber damit war die Fragestunde beendet und sie war heilfroh, als die Frau die Wohnung verließ.

»Bis Montag um dieselbe Zeit?«

Christine nickte nur und verabschiedete sich höflich. Da sie jetzt Hunger hatte, ging sie hinüber in die Küche und bereitete sich ein Sandwich zu. Danach machte sie sich daran, die Zwillinge zu versorgen. Den ganzen Nachmittag widmete sie sich ihren Kindern, die in der Wohnung herumkrabbelten, spielte mit ihnen, ließ sie gewähren, aber hatte immer ein Auge auf das Geschehen. Die beiden waren bewundernswert ausgeglichen. Die erste Zeit über hatten Sergio und sie diesen Kindern genau die Liebe gewidmet, die sie selber nie haben konnten. Abwechselnd hatten sie ein Baby auf die eigene Brust gelegt, um es den Herzschlag der Eltern fühlen zu lassen. Stets hatten sie Körperwärme, Behaglichkeit, Geborgenheit geschenkt und Vertrauen vermittelt. Die Belohnung für eine extreme Anfangszeit fast ohne Schlaf und viel Stress waren nun zwei ausgeglichene kleine Wesen, die kaum je weinten. Jetzt begannen sie zu brabbeln und alles Neue zu bestaunen und anzufassen.

Christine erledigte die Hausarbeit und spielte mit den Kleinen. Dann lud sie sie ins Auto, fuhr zum Hypermarché, um einzukaufen. Danach fuhr sie mit ihren Kindern an den Strand von Canon. Dort spielten sie im Sand, bis sie müde waren. Auf dem Rückweg zum Auto besorgte sie beim Bäcker noch ein obligatorisches Baguette. Christine hatte sich jede Menge Kochbücher für französische Küche gekauft und lernte fleißig, wie man die vielen frischen Gemüsesorten zubereitete und herrliche Soßen zauberte. Gegen Abend hatte sie ein schmackhaftes Mahl zubereitet und pünktlich auf dem Tisch, als Sergio von der Arbeit nach Hause kam. Glücklicherweise konnte Sergio mit dem Fahrrad zur Arbeit fahren. Das, so sagte er, hielt ihn fit und sie hatte tagsüber das Auto.

Wie so oft redeten sie am Abend über alles, was am Tage so geschehen war. Sergio brachte immer Anekdoten über die Gäste des Hotels mit nach Hause. Und Christine redete zumeist über die Zwillinge und ihre Fortschritte und was sie am Tag so unternommen hatten. Doch heute kam noch der Besuch der Journalistin zur Sprache.

Irgendwann waren sie des Themas müde und räumten gemeinsam die Küche auf. Nachdem auch die Zwillinge ins Bett gebracht worden waren, kehrte Ruhe ein. Sie setzten sich ins Wohnzimmer an die geöffnete Fensterfront. Zwar hatten sie keinen Balkon, aber eine wunderschöne Aussicht. Christine hatte sich eine Kiste alkoholfreien Wein bestellt, den sie sogleich verkosteten. Christine kuschelte sich tief in seinen Arm.

»Weißt du, damals habe ich mich auf den ersten Blick in dich verliebt.« Sergio schmunzelte. Dann umarmte und küsste er sie. Zwischen den Küssen wurde Christine kurz wieder ernst und sagte: »Ich danke dir!« Denn auf seine Art hatte er sie gerettet.

»Du bist mein Lebenselixier!«

Als er sie langsam auf dem Sofa auszog, setzte er nach jeder noch so kleinen Handlung einen Kuss auf ihren Körper. Seine eigenen Sachen zog er schneller aus. Dann setzte er sich mit dem Rücken gegen die hohe Armlehne des Sofas und streckte ein Bein auf dem Sofa aus, das andere stellte er auf dem Boden ab. Christine, die immer noch mit dem Rücken an der gegenüberliegenden Seite lehnte, blickte direkt auf seinen erigierten Penis. Sie rutschte ein wenig dichter an Sergio und verwöhnte ihn mit den Händen, bis Sergio anfing, wohlig zu seufzen. Dann legte sie ihre Hände neben dem eigenen Kopf als Stütze ab und Sergio zog ihre Beine zu sich. Er beugte sein bestes Stück ein wenig herunter und schob ihn direkt in ihre Möse, die ihm langsam entgegenkam. Er zog Christine so lange zu sich hin, bis beide heiß waren. Kurz trennten sie sich wieder, dann ließen sie sich vom Sofa auf den Fußboden fallen, der mit einem dicken Teppich ausgestattet war. Dort trieben sie es den Abend über weiter, bis beide das Gefühl hatten, rundum zufrieden zu sein.

Und schon war es wieder Schlafenszeit. Bevor sie einschlief, hörte Christine ihn noch einmal sagen: »Ich liebe dich!«

5. Der Alte

Am Morgen nach der Party auf der »Petite Péniche« saß Henk bei sich in seinem Penthouse beim morgendlichen Kaffee und überlegte, ob er Tina noch am gleichen Tag besuchen oder sie ein wenig zappeln lassen sollte, als das Telefon klingelte. Verwundert nahm er den Hörer ab und staunte, als er die Stimme seiner Mutter erkannte. Seit Jahren bestand der Kontakt nur noch aus einsilbigen, alles andere als ernst gemeinten Grüßen zu den Geburtstagen und zu Weihnachten. Warum sie jetzt, noch dazu an einem Sonntag, an dem sie normalerweise mit dem Ausrichten eines Frühschoppens in der eigenen Hafenkneipe im fernen Eemshaven beschäftigt war, bei ihm anrief, war Henk ein Rätsel.

»Der Alte ist im Provinzkrankenhaus. Sieht nicht gut aus. Wollte ich dir nur sagen.«

Fast hätte seine Mutter das Gespräch beendet, die wusste, wie egal ihm der Alte war. Er hielt sie schnell davon ab aufzulegen und erfuhr dann, was passiert war. Sein Vater hatte bereits vor mehr als zwei Wochen einen Schwächeanfall gehabt und sich dann im Krankenhaus eine Lungenentzündung zugezogen. Die Antibiotika schlugen nicht richtig an, es kam durch den Katheter noch eine Blasenentzündung hinzu. Sein Zustand hatte sich so verschlechtert, dass er an diesem Sonntagmorgen auf die Intensivstation des Groninger Krankenhauses verlegt worden war.

Alles andere als begeistert machte Henk sich auf den Weg zu seiner Mutter. Von Amsterdam aus ging es quer durch die Niederlande nach Eemshaven, der nordöstlichsten Ecke des Landes. Aber das schlechte Verhältnis zu seiner Mutter war nichts im Vergleich zu dem mit seinem Vater. Henk hasste seinen Vater für all das, was dieser ihm in der Jugend angetan hatte, und im Gegenzug verachtete der Vater den seines Erachtens nichtsnutzigen Dandy und Lebemann.

Da seine Mutter vor Jahren ihren Führerschein wegen Trunkenheit am Steuer verloren hatte, musste er sie zuerst in Eemshaven abholen, bevor sie zum gut 30 Kilometer entfernten Groninger Krankenhaus fuhren.

Nach der Anmeldung bei der Intensivstation und dem Nachweis, dass er ein Angehöriger war, wurde ihm der Zutritt gewährt. Er wusch sich die Hände mit Desinfektionsmittel und betrat das abgedunkelte Zimmer. Henk erkannte die fahle Gestalt in den Laken nicht wieder. War das der Mann, der ihn in seiner Kindheit ständig verprügelt hatte? Der Mann, der ihm jegliche Bildung verwehrte, indem er Henk bei der ersten Gelegenheit von der Schule nahm, damit er in der gammeligen Hafenkneipe arbeiten konnte? Bitterkeit stieg in Henk auf.

»Das geschieht dir recht«, flüsterte er seinem Vater zu. Er betrachtete die reglose Gestalt eine Weile, dann ging er und wartete auf seine Mutter.

Während er im Wartezimmer saß, stöhnte er innerlich. Er konnte sie nicht einfach hängen lassen. Sie war schließlich seine Mutter. So sah er eine Menge Fahrerei auf sich zukommen.

Auf ein tägliches Pendeln zwischen Amsterdam, Eemshaven und Groningen hatte er allerdings keine Lust. Also nahm er sich ein Hotelzimmer in Groningen. Nur gut, dass er wusste, wo in der Stadt Pokerrunden stattfanden. Er brauchte das Spiel so sehr wie Sex. Vielleicht sogar noch mehr.

In den folgenden Tagen war er dann häufig im Krankenhaus. Nicht um seinem Vater beizustehen, wie die Krankenschwestern dachten. Nein, um ihn jeden Tag zu verfluchen und nachzusehen, ob der alte Mann wirklich auf dem Weg ins

Grab war. Es war ihm zuzutrauen, alleine aus Starrsinn wieder gesund zu werden.

Für Tina hatte Henk nicht die Zeit, die er ihr eigentlich widmen wollte. Was ihn besonders ärgerte. Um den Kontakt nicht vollständig zu verlieren, fuhr er trotz der Entfernung in unregelmäßigen Abständen für einen halben Tag zurück nach Amsterdam. Gleich bei der ersten dieser Stippvisiten stellte er sie Pedro und den anderen im Club vor.

Wenn Henk bei seinen kurzen Aufenthalten Tina traf, blieb er distanziert. Selbst in dieser vermaledeiten Zeit war Tina noch die geilste Frau, der er je begegnet war, doch seine Gedanken verweilten bei seinem Vater. Henk wurde wütend. Mehr noch: Abgrundtiefer Hass brodelte in ihm. Selbst am Rand des Grabes schaffte es der Alte, in Henks Leben reinzupfuschen. So, wie er es immer versucht hatte. Wenn Henk gewusst hätte, nicht erwischt zu werden, hätte er die Schläuche aus dem gebrechlichen Wrack herausgerissen und die Maschinen ohne zu zögern abgeschaltet.

Es war Sonntag, der 10. April gewesen, als er den Anruf seiner Mutter erhalten hatte. Dann, eine Woche später, am Montag, kam der langersehnte Tag, an dem er die Intensivstation betrat und ihm dort gesagt wurde, dass sein Vater vor einigen Stunden verstorben sei. Die Krankenschwester, die ihm die Nachricht überbrachte, war etwas verwundert, dass Henks Mutter, die telefonisch benachrichtigt worden war, dies ihrem Sohn nicht mitgeteilt hatte.

Erleichterung wollte sich bei Henk dennoch nicht breitmachen. Ein Zweifel nagte an ihm. Als wäre es möglich, dass sein Vater von den Toten zurückkehren könnte. Missmutig fuhr er zur Wohnung seiner Eltern. Das kleine Häuschen, in dem sie zur Miete wohnten, lag am Stadtrand, in der Nähe des Hafens und der Hafenkneipe, die seine Eltern betrieben hatten.

Seine Mutter saß apathisch am kleinen Küchentisch, eine halb geleerte Genever-Flasche neben sich. Henk seufzte. Der Anblick war ihm schon in seiner Jugend nur allzu vertraut gewesen. Da würde er wohl die Organisation der Beerdigung alleine durchführen müssen. Oder besser: Ein Beerdigungsinstitut finden, das den lästigen Papierkrieg und den ganzen Rest für ihn machen konnte. Wieder war sein Vater schuld, dass er, Henk, zusätzliche Arbeit hatte.

Henk fühlte, wie sich in den letzten Tagen mit jeder Kleinigkeit rund um die Krankheit seines Vaters in seinem Körper zusätzlicher Druck aufgestaut hatte. Selbst mit dem Tod des Alten war es nicht zu Ende. Der Frust wurde übermächtig. Er musste etwas dagegen tun. Ihm fiel nur eine Tätigkeit ein, die ihm Erleichterung verschaffen konnte. Wenn er nur bei dem Verhältnis mit Tina weitergekommen wäre und sich nicht diese Distanz aufgebaut hätte! Aber es gab eine Alternative.

Direkt von der Wohnung seiner Mutter fuhr er die dreieinhalb Stunden nach Amsterdam, an den Rand der Innenstadt zu Sandys Studio. Ziemlich einfallslos stand über dem Eingang »Mistress Dominique – Erotik-Massagen und SM-Studio«.

Es war eines dieser typischen Amsterdamer Gebäude – schmal, aber weit nach hinten reichend. Wie jedes Mal, wenn er das Haus sah, sagte Henk sich, dass Sandy verdammt viel Glück gehabt hatte. Nur wenige schafften es, in einer der größeren Organisationen mit mehreren Bordellen und Clubs Fuß zu fassen. Sandys Mäzen und Patron hatte ihn mit der allein verantwortlichen Führung des Studios betraut. Allerdings fragte Henk sich, woher Sandy das Geld gehabt hatte, um sich in die Organisation einkaufen zu können. Er hatte seinem ehemaligen Chefbartender und »Mädchen für alles« jedenfalls, als dieser noch für ihn gearbeitet hatte, nicht so viel gezahlt, dass es dafür auch nur annähernd gereicht hätte. Und jetzt hatte sich Sandy zusätzlich ganz oben, im dritten Obergeschoß, auch noch ein luxuriös eingerichtetes Loft geleistet.

Im Foyer im Erdgeschoß begrüßte ihn eine leicht bekleidete junge Frau, die ihm den Weg zur Bar wies. Sandy hätte noch eine Besprechung, käme aber gleich.

Henk hatte sich gerade auf den Barhocker gesetzt, da öffnete sich bereits die Tür zum Hinterzimmer. Die Frau, der Sandy zum Abschied die Hand gab, erzeugte bei Henk einen kalten Schauer der Bedrohung. Sie kam ihm vage vertraut vor. Dabei war sie nicht gerade sein Typ: Anfang vierzig, dunkelbraune, lockige Haare, die ihr bis auf die Schultern fielen. Das Gesicht war eher kantig, die Nase für seinen Geschmack zu groß, die Figur hager. Sie sah für ihn griechisch aus. Dann machte es bei ihm »Klick«. Er erinnerte sich an die Auftragskillerin Loretta Salino in dem Film »Der Clou«. Diese Frau hier in Sandys Studio sah der Filmfigur verblüffend ähnlich. Sie trug sogar eine Waffe. Das kleine Schulterholster war gut verborgen unter der Jacke des Designerkostüms, aber da sie diese nicht geschlossen hatte, hatte Henk bei einer Bewegung von ihr einen kurzen Blick darauf erhaschen können. Bevor er weiter darüber nachgrübeln konnte, was diese Frau, die Härte ausstrahlte, mit Sandy zu tun hatte, begrüßte dieser ihn mit einem strahlenden Lächeln.

»Du hier? Was verschafft mir die Ehre?« Der legere, maßgeschneiderte Anzug im Freizeitlook betonte seinen durchtrainierten Körper und unterstrich das Image des beneidenswert gut aussehenden Surf- und Beachboys.

»Was wohl?«, gab Henk genervt zurück. Er wollte seinen Druck abbauen und kein Gespräch führen.

»Nein, ehrlich, was willst du? Eine Massage oder etwas Härteres? Du weißt doch, bei mir im Schuppen gibt es beides.«

Innerlich zuckte Henk zusammen. So geringschätzig Sandy auch über sein Studio sprach, so wusste Henk doch, dass Sandy das zweite Obergeschoß zu einem Atelier hatte umbauen lassen. Außerdem hatte er sich einen privaten Bondage-Raum einrichten lassen, der so manchen mittelalterlichen Kerker wie ein harmloses Kinderzimmer aussehen ließ.

Sandy schob Henk eine Flasche Amstel-Bier zu. »Hier, aufs Haus.«

Während Henk einen tiefen Zug nahm, fing Sandy an, von den Diensten, die seine Dominas, Zofen und Sklavinnen den Kunden anboten, zu schwärmen. Gerade Letzteres, devote Frauen für Doms, waren recht selten in der Szene des bezahlten Sex. Zumindest verglichen mit den unzähligen Angeboten von Escort Ladys und ganz normalen Prostituierten. Stolz erzählte Sandy, dass es seine Spezialität sei, systematisch Frauen abzurichten und zu Sklavinnen zu machen. Um sie dann der zahlenden Kundschaft anzubieten. Henk hörte nur mit halbem Ohr hin und sah sich suchend um.

»Suchst du jemanden Bestimmtes?«, fragte Sandy.

»Ich habe gehört, das Birgit hier arbeitet. Eine Massage von ihr käme mir sehr gelegen.«

Sandy nickte und sah kurz in einen Kalender unter dem Tresen: Birgit war frei. Henk zahlte seine 200 Gulden – ein Rabatt wurde ihm weder gewährt, noch hatte er ihn erwartet – und ließ sich von Sandy in den Kontaktbereich im Erdgeschoß führen. Birgit entfuhr ein überraschter Laut, als sie erkannte, wen ihr Boss als zahlenden Gast zu ihr führte.

Sandy betonte: »Eine Body-to-Body Massage, mehr hat er nicht bezahlt«, und ließ sie alleine.

Birgit führte ihn in den hinteren Bereich des Studios, wo sich die Massage- und Themenzimmer befanden. Schweigend ließ sich Henk von ihr den Mantel abnehmen. Birgit wollte ihn an einen Kleiderhaken hängen, doch Henk nahm ihn ihr ab und drapierte ihn über ein Bild. Fragend sah sie ihn an.

»Ich mag keine Zuschauer – zumindest heute und hier nicht.« Auf Birgits fragenden Blick erklärte er: »Sandy hat überall Kameras versteckt. Wusstest du das nicht?«

Henk selber hatte mit dem Equipment, das auf dem Partyschiff versteckt war, Sandy auf die Idee gebracht. Birgit zuckte nur mit den Achseln, sagte aber nichts.

Henk zog sich aus und legte sich erwartungsvoll auf die überbreite und sehr stabile Massageliege.

Birgit ließ mit einem Lächeln ihren Seidenkimono vom Körper gleiten. Darunter trug sie schwarze Reizwäsche. Dann trat sie an die Liege und begann eine intensive Massage. Henk war erstaunt, wie enthusiastisch sie ans Werk ging. Sinnlich, lockend, verführerisch. Sie schmiegte ihren Körper verlangend an ihn. Er kannte Birgit. Wusste, wann sie etwas spielte, um zu gefallen, und wann sie tatsächlich selber Spaß hatte. Das hier fiel eindeutig in die zweite Kategorie.

Doch einfach nur dazuliegen und die Massage zu genießen, lag ihm nicht. Dazu hätte er die Kontrolle abgeben müssen. Der Frust-Druck wurde wieder stärker.

»Deine ›Péniche‹ sieht so aus, als müsste sie dringend in einen Hafen, um ihre Ladung loszuwerden«, neckte Birgit ihn, während sie an seinem guten Stück zu Gange war.

»Stellst du dich zur Verfügung?«

»Na na«, schnalzte Birgit missbilligend mit der Zunge, »Hausregel Nummer 1: Der Kunde bekommt nur das, wofür er bezahlt hat. In deinem Fall eine Massage mit einem händischen Happy End.«

»Weißt du, wie scheißegal mir das ist?« Unvermittelt griff er nach Birgit.

»Hey, ich bin doch nicht dein Spielzeug«, rief sie. Doch ihre Stimme klang heiser und erregt. »Zusätzlich 100 Gulden?«

Henk überdachte ihre Frage nicht lange. Ohne Umschweife stand er auf, drehte Birgit so, dass sie sich an der Massageliege abstützen konnte, und stieß seinen über und über mit Massageöl bedeckten Steifen von hinten in sie.

»Ich habe dich so vermisst«, stöhnte Birgit auf. »Leg noch mal 100 Gulden drauf, dann zeige ich dir eine Stellung, die dir richtig gefallen wird«, keuchte sie.

Der Fick wird es wert sein, dachte sich Henk. Birgit kannte ihn, wusste, was ihn erregte. Er brummte zustimmend.

Seine Erwartungen wurden mehr als erfüllt. Birgit zeigte ihm, dass in jedem Raum ein Korb mit SM-Utensilien stand und jedes Zimmer über zwei Stangen nebst Befestigungsmaterialien verfügte. Birgit hatte seit dem letzten Jahr einiges dazugelernt. Sie zog sich sinnlich aus. Dann hieß sie ihn, eines ihrer Beine ausgestreckt an einer der Stangen, das andere angewinkelt am Fußboden zu fesseln. Henk band ihr die Hände auf dem Rücken zusammen und Birgit legte sich nach hinten ab. Jetzt lag ihre Möse gut in seinem Sichtfeld; leicht schräg würde es Birgit bestimmt auch sehr gefallen.

Henk war sehr zufrieden, dass er es Birgit ordentlich besorgen und seinen Frust in wenigen Minuten abbauen konnte.

Birgit bat ihn anschließend eindringlich: »Verrat Sandy nicht, dass wir es miteinander getrieben haben. Es geht nicht nur um das Geld, von dem er eigentlich einen Anteil bekommen müsste. Er behandelt uns wie sein Eigentum und wenn jemand mit seinen Sachen spielt, ohne dass er seine Erlaubnis gegeben hat, wird er schnell eifersüchtig. Und vor allem darf er nie erfahren, dass wir es ohne Gummi gemacht haben. Sandy hat eine panische Angst vor AIDS.«

»Keine Sorge, das bleibt unter uns. Und pass auf dich auf. Sandy hat sich seit letztem Jahr verändert. Ich habe gehört, er würde hier im Studio immer eine Peitsche mit sich herumtragen und auch davon Gebrauch machen.« Er verschwieg das

Gespräch, das er kurz vorher mit Sandy geführt hatte, und dessen Behauptung, er würde Frauen systematisch zu Sklavinnen trainieren. Aber Birgit konnte auf sich selber aufpassen.

Henk kannte die Gefahren einer HIV-Infektion und benutzte Kondome, wann er es für angebracht hielt. Aber Sandys Angst hielt er für übertrieben. Er selber glaubte sich bei den unverbrauchten, jungen Mädchen, die er liebend gerne aufriss, oder bei Frauen, denen der in dieser Hinsicht vertraute, sicher.

Er verabschiedete sich von ihr mit einem Kuss. Befriedigt und entspannt suchte er anschließend im Telefonbuch nach einem Beerdigungsinstitut und beauftragte es mit der Einäscherung seines Vaters. Schon am kommenden Freitag sollte es soweit sein.

Henk verschwieg auch in den folgenden Tagen Pedro und seinen Angestellten gegenüber den Tod seines Vaters und das ganze Drumherum. Das Thema »Vater« brachte ihn jedes Mal, wenn er darüber sprach, zur Weißglut. Es machte keinen Sinn, das Verhältnis zu seinen Leuten damit zu belasten.

Als er in dieser Zeit Tina traf und mit in den Club nahm, unterhielt er sich freundlich mit ihr, doch im Kopf überlegte er, was ihn die Beerdigung kosten würde und wer sich fortan um seine Mutter und die alte Hafenkneipe in Eemshaven kümmern würde.

Vier Tage später war es endlich vorbei. Das zigmal wiederholte »Gecondoleerd!« der Trauergäste klang noch in seinen Ohren. Benthe Peeters, die jüngere Schwester seiner Mutter, hatte sich bereiterklärt, sich um diese zu kümmern. Eine Belastung weniger für Henk. Die alte Hafenkneipe seiner Eltern würde, wie auch schon während der Zeit, als Henks Vater im Krankenhaus gelegen hatte, von einem Angestellten weitergeführt werden, den Henk schon gekannt hatte, als er noch ein kleiner Junge gewesen war. Auch gut.

Insgesamt war es eine angemessene Trauerfeier an diesem Freitag. Als Sohn musste Henk ein paar Worte sagen. In geheuchelter Anteilnahme beschrieb er den Toten als »guten und treu sorgenden Ehemann und Vater« und wäre beinahe an den Worten erstickt. Doch von diesem Moment abgesehen, ging der Gottesdienst schnell vorbei. Während die Verwandten und Bekannten anschließend in dem Trauerraum beisammenstanden und Schnittchen aßen, wurde der Sarg zum Verbrennungsofen gebracht. Henk spürte seltsamerweise Befriedigung. Er musste sich zwingen, ein breites Grinsen zu unterdrücken.

Nach der Feier bat Henk die Angestellten des Beerdigungsinstituts, ihm die Urne zu zeigen, bevor sie später beigesetzt werden würde. Er betrachtete das schlichte Keramikgefäß und ein Gefühl der Genugtuung durchströmte ihn. Sein Vater war zu Asche verbrannt! Niemals wieder müsste er ihn sehen. Henk ballte die Fäuste und hätte beinahe die Arme triumphierend in die Höhe geworfen. Der Alte war weg!

Beschwingt setzte er sich in seinen Wagen. Endlich hatte er Zeit und einen klaren Kopf, um sich wieder anderen Dingen und vor allem Tina widmen zu können.

6. Die Zeugen

»Sie waren also tatsächlich bei dem Mord anwesend?«, fragte die Reporterin und startete damit gleich mit dem Hauptanklagepunkt, welcher dem Ketten-Killer schlussendlich das Handwerk gelegt hatte. Das war aber auch Christines schlimmster Tag in ihrem Leben, den sie gerne vergessen wollte. Doch sie hatte sich ja versprochen, sich dem, was im November 1994 geschehen war, noch einmal zu stellen. Die Reporterin saß nun den zweiten Tag in ihrem Wohnzimmer, bereit, sich Notizen zu machen.

»Mehr oder minder«, antwortete Christine wahrheitsgemäß. »Aber ich habe meine Aussage schriftlich zu Protokoll gegeben.«

Eigentlich hätte sie die Hauptzeugin sein sollen. Doch sie war weder gesund genug noch bereit gewesen, diesem Mann noch einmal zu begegnen. Aber dann hatte die Staatsanwaltschaft gemeint, die Fotos wären völlig ausreichend. So musste sie nicht vor Gericht aussagen.

»Die beiden anderen haben vor Gericht ausgesagt«, ergänzte sie und hoffte erneut, dem Thema ausweichen zu können. Sergio hatte ihr viel davon erzählt, was er und Ursula zu Protokoll gegeben hatten.

Christine stand unschlüssig im Raum und überlegte: Heute wollte sie mit Sergio in der Stadt mittagessen. Er hatte von Zeit zu Zeit eine ausgedehnte Mittagspause. Immer dann, wenn er am Abend länger arbeiten musste. In diesen Fällen trafen sie sich in einem Restaurant in der Innenstadt von Les Saintes-Maries-de-la-mer und aßen dort gemütlich zu Mittag. Und verbrachten die vier Stunden seiner Pause zusammen. Oft gingen sie noch einmal kurz zum Strand hinunter, um dort zu kuscheln und zu baden. Daher plante sie heute, die möglichen Arbeiten jetzt schon zu erledigen. Entschlossen begann sie, das Bügelbrett hervorzuholen und samt Bügeleisen im Wohnzimmer aufzustellen.

»Es stört Sie sicher nicht, dass ich arbeite, während wir sprechen?«

»Natürlich nicht!«, beeilte sich die Journalistin jetzt zu sagen und stellte ihren Stuhl ein wenig um, damit sie sich noch anschauen konnten.

»Ihr Ehemann hat also die Polizei informiert?«

Christine hatte keine Lust, die Reporterin zu korrigieren, dass es so nicht stimmte und sie und Sergio noch nicht verheiratet waren. Sie lebten hier unter falschem Namen und konnten und durften zur Zeit nicht ehelichen.

Christine tat, als habe sie die Frage nicht gehört, und stellte den Korb mit Bügelwäsche näher an das Bügelbrett und arbeitete konzentriert weiter.

Doch die Dame ihr schräg gegenüber ließ nicht locker.

»Wie haben Sie das Ganze nun erlebt?«

Gar nicht, dumme Kuh!, wollte Christine sie anfahren und atmete erst einmal tief durch. Die Reporterin war berufsmäßig kalt, aber sie war genervt. Einerseits wollte sie sich dem stellen und andererseits eben nicht. Christine zwang sich, den Mund aufzumachen:

»Bei der Erzählung muss ich etwas ausholen ...« Doch wieder verzettelte sie sich. Denn so, wie die Reporterin gefragt hatte, würde sie die Geschichte von hinten nach vorne erzählen müssen. Aber auch gut. Also, was war kurz vor dem Mord gewesen?

Eine lange Zeit – wie ein Albtraum, dem man nicht entrinnen konnte, weil man sich dazu verpflichtet hatte. Er musste sie für bestimmt drei Wochen bei sich eingesperrt haben. Sie hatte sich allem gebeugt, was er sagte und tat. Sie hätte ihn niemals aus eigenem

Antrieb verlassen können. In diesen Wochen der Gefangenschaft im damaligen Oktober hatte er ihr verboten, in seiner Wohnung Kleidung zu tragen und – wenn er in Sichtweite kam – in Kindspose auf ihn zu warten. Wenn sie davon abwich, hagelte es drastische Strafen. Er hatte einen Tisch in das Zimmer gestellt, in dem sie schlafen sollte, und sie bekam nur unregelmäßig Essen; nämlich nur, wenn er Zeit hatte. Eine lange Kette hatte er an ihren Fuß gebunden, damit konnte sie gerade so das Bad erreichen und ein paar Schritte aus ihrem Zimmer heraustreten. Andere Räume, geschweige denn die Eingangstür oder das Telefon, waren unerreichbar gewesen.

Mehrfach hatte die ermittelnde Taskforce versucht, Christine zu kontaktieren, um an Beweise zu gelangen. Doch das hatte das erste Mal schon nicht funktioniert und fruchtete auch da nicht.

Sie war von ihrem Peiniger mehr als nur abhängig. Er hatte sie völlig unter seine Kontrolle gebracht. Sie glaubte an den Teufel, glaubte, es sei eine Sünde, aufzubegehren. Sie hatte sich sprichwörtlich fast zu Tode gefürchtet, ohne sich dessen bewusst zu sein.

Das Bügeleisen dampfte und Christine wurde sich bewusst, völlig in Gedanken versunken gewesen zu sein. Doch sie hatte das Bügeleisen sauber abgestellt, während sie einfach auf das Wäschestück vor sich gestarrt hatte. Christine gab sich einen Ruck und ging hinüber zum Tisch. Dort schenkte sie sich ein Glas Wasser ein. Dieses Mal hatte sie die Flasche bereits auf den Tisch gestellt, bevor der Besuch gekommen war. Dann ließ sie sich in einen Sessel fallen und sah die Reporterin geradeheraus an. Diese bemühte sich, den Stuhl, auf dem sie selber saß, wieder so zu rücken, dass sie ihrerseits Christine wieder anblicken konnte.

»Die Taskforce ermittelte schon eine ganze Weile gegen ihn. Wegen Drogenhandel und Zuhälterei. Doch solange sie nichts in der Hand hatten, passierte auch nichts.« *Dieser Umstand hatte weder der Taskforce noch ihrer damaligen Freundin Ursula gefallen. Naijke West, die mit der Taskforce eng zusammen gearbei-*

tet hatte, und Ursula hatten auf eigene Faust etwas dagegen unternehmen wollen. Denn beide Frauen wollten Christine gerne retten.

Christine lächelte versonnen. Sie wusste nicht, ob sie beide wegen ihres Leichtsinns ausschimpfen musste oder diese beiden Damen einen Orden verdient hatten.

»Naijke West begann auf eigene Faust zu ermitteln.«

Naijke hatte sich bei ihr als Sozialarbeiterin ausgegeben. Doch war sie eigentlich für die Taskforce tätig gewesen. Sie hatte erst Ursula und dann Sergio angesprochen. Das waren die Einzigen, die je zu Christine durchgedrungen waren und gut mit dem Verdächtigen bekannt waren. Also hatte sich die Staatsanwaltschaft auf diese beiden gestürzt, denn weitere Verdächtigungen kamen auf.

Ursula war sofort bereit gewesen, etwas gegen diesen Mann zu unternehmen. Sergio hatte man einen Deal angeboten. Er konnte aus der Szene aussteigen. Jedes noch so kleine Delikt war damit hinfällig gewesen. Er selber sollte nie belangt werden. Wenn er mit der Staatsanwaltschaft kooperierte, sollten sogar seine Gelder nach Abschluss des Verfahrens freigegeben und ausgezahlt werden.

»Soweit ich weiß, war es Naijkes Idee, in das Haus einzudringen und Kameras zu installieren. Doch ohne hinreichenden Verdacht bekam sie keine Erlaubnis zur Überwachung. Also besorgte sie sich den Zugang selber und machte Fotos. Damit bekam sie die Erlaubnis, Kameras zu installieren.«

Die zensierten Fotos waren später in der Presse erschienen. Es gab nur das Problem, überhaupt an den Schlüssel heranzukommen, erinnerte sich Christine. *Dafür bestach Ursula eine Bedienstete, die sie kannte und von der sie wusste, dass sie zu manipulieren war. Als er einmal recht betrunken an der Bar saß und sein Jackett wie üblich über einen Stuhl gehangen hatte, wurden die Schlüssel entwendet. Die Bedienstete gab Ursula den Hausschlüssel und diese beeilte sich, eine Kopie anfertigen zu lassen. Sie hatten es gerade so geschafft, den Schlüssel wieder in die Tasche zurückzustecken, bevor der Typ aufgestanden war.*

Es dauerte eine Weile, aber dann hatte Ursula raus, wann der Psychopath das Haus verließ. Ab sofort benutzte sie den Hausschlüssel, um regelmäßig nach Christine zu sehen und mit ihr zu reden. Und sie redeten viel und lange, immer nachmittags, wenn der Verdächtige weg war. Naijke stand stets Schmiere, während Ursula bei Christine war. Irgendwann hatte sie Christine so weit, dass sie sie von der Kette befreien durfte. Aber nur, als sie versprach, die auch immer wieder zu befestigen, wenn sie ging. So konnte Christine immer bestätigen, dass sie die Fessel niemals angefasst hatte. Fortan konnten sie sich zum Reden in einen gemütlicheren Raum setzen. Es hatte sehr lange gedauert, bis es ihnen gelang, eine Videodoku zu drehen.

»Diese Fotos und Videos gab Naijke der Taskforce und diese legte sie der Staatsanwaltschaft vor, die daraufhin eine Überwachung mit Kameras genehmigte.«

Die Kameras wurden nun offiziell an einem Nachmittag installiert. Christine wusste noch, dass sie zitternd im Bett gelegen hatte. Niemand hatte sie dazu überreden können, ihr Zimmer zu verlassen. Wie dumm sie gewesen war. Dumm und drogensüchtig. So abhängig, dass man sie mit Gewalt hätte fortbringen müssen. Doch das taten Naijke und Ursula leider auch nicht. Wäre sie gleich gegangen oder hätte man sie einfach entführt, wäre vielleicht nichts von dem passiert, was geschehen war, dachte sie heute. Aber vielleicht wäre sie auch nur zu ihm zurückgekehrt und hätte ihn gewarnt. Ihr wäre in dieser Zeit alles zuzutrauen gewesen. Und so geschah nichts und doch so viel.

»Das Problem war, dass der Typ paranoid wurde und seine Wohnung in eine Festung umwandelte. So war es plötzlich unmöglich geworden, die Wohnung zu betreten. Nur durch einen Getränkeboy und seine wöchentlichen Lieferungen ließen sich Briefe einschmuggeln.«

Immer nur hinein, Christine antwortete nie. Doch eines Tages zwang ihn ein Wasserrohrbruch, seinen Standort zu verlassen.

»Die Taskforce legte den Zugriff auf den siebten November.« *Aber das alles war dann gründlich schiefgegangen.*

Christine setzte wieder an: »Der Mann wurde sofort zur Fahndung ausgeschrieben. Am Abend hatten sie ihn dann.« Was im Motel geschehen war, hatte sie ja schon das letzte Mal erzählt. Christine war erschöpft, denn sie hatte mehr preisgegeben als je zuvor. Außer mit ihrer Therapeutin und Sergio hatte sie mit niemandem diese Details geteilt.

Nachdem Christine ihre Bügelwäsche fertig hatte, ging sie diese wegräumen. Die Journalistin ließ sie einfach sitzen. Sie räumte so lange in der Wohnung herum, bis es Mittag war und der Termin somit beendet.

Als die Journalistin das Haus verließ, war sie froh, diese erst Mittwoch wiedersehen zu müssen. Pünktlich traf der Babysitter ein. Sie gab noch kurze Instruktionen und verließ dann mit ihrer Badetasche das Haus. Jetzt freute sie sich auf ein schönes Mittagessen mit Sergio und einen langen Nachmittag am Strand. Ihr Mann musste am späten Nachmittag wieder zur Arbeit und Christine plante, einfach mal länger alleine am Strand zu liegen. Das würde ihr guttun.

Sie kam erst am späten Abend nach Hause und bedankte sich bei dem Babysitter, der die Kleinen schon ins Bett gebracht hatte. Sie selber ging erst einmal lange ins Bad, gönnte sich ein leichtes Abendessen und ging früh zu Bett.

Mitten in der Nacht erwachte sie erschrocken. Panisch öffnete sie die Augen und richtete sich auf.

»Nur ein Albtraum, Liebes«, flüsterte Sergio neben ihr.

Es musste also bereits nach Mitternacht sein, wenn er schon zu Hause und im Bett lag. Sergio küsste sie und kuschelte sich ganz dicht an sie.

»Ich weiß, dass du immer noch Albträume hast, immer mal wieder schreckst du nachts auf. Träumst du oft von dem Mord?«

7. Glühwein oder so etwas

Der verhasste Vater endlich tot und begraben, die Mutter in der Obhut ihrer jüngeren Schwester: Henk atmete befreit auf. Endlich hatte er den Kopf wieder frei. Zwei Wochen waren seit der Party auf dem Schiff vergangen. Schon seit Tagen grollte der Wolf in ihm frustriert, dass er sich in der Zeit um alles Mögliche gekümmert hatte, nur nicht um Tina. Dass er Tina schon früh eingeladen hatte, an dem mittäglichen Essen der Belegschaft teilzunehmen, war das Mindeste gewesen. Mittlerweile war sie dort Stammgast und hatte sich mit der Belegschaft gut angefreundet.

Henk wollte neu beginnen. Dieser Samstag Ende April eignete sich hervorragend dafür. Er traf Tina wie erwartet im Club an. Sie flirteten wie am ersten Tag miteinander und in wenigen Minuten war die Distanz, die sich in den beiden vergangenen Wochen aufgebaut hatte, wieder verschwunden. Henk mixte für Tina persönlich einen fruchtigen Cocktail. Sie kuschelte sich an ihn und sie tauschten Küsschen und kleine Streicheleinheiten aus.

Während Tina ihn glücklich anstrahlte, wurde Henk erneut bewusst, dass diese junge Frau etwas ganz Besonderes war. Bisher hatte niemand ihn so angesehen. Schmachtend, verlangend oder berechnend, die Blicke kannte er. Aber nie war jemand einfach glücklich darüber, in seiner Nähe zu sein. Dieses Gefühl wollte er auskosten.

In bester Stimmung lud er Tina schließlich am Abend zu sich nach Hause ein. Er wollte ihr nun auch zeigen, wie er wohnte. Tina konnte es nicht wissen, aber diese Einladung war etwas Besonderes. Nur wenige ausgewählte Frauen hatte er mit zu sich nach Hause genommen.

Tina willigte ohne zu zögern ein.

Henk telefonierte kurz mit seinem Concierge-Hausservice, dann führte er sie zu seinem Wagen, der ein wenig abseits des Clubs geparkt stand. Tina klatschte überrascht in die Hände, als sie sein Auto sah. Es war ein amerikanisches Cabriolet – ein riesiger Lincoln Continental Convertible Baujahr 1978, der so gar nicht in die schmalen Gassen der Amsterdamer Innenstadt passte. So deplaziert er war und so angeberisch er wirkte: Tina gefiel das Gefährt. Bewundernd strich sie mit den Fingern über die handgefertigte schwarze Lederausstattung, bevor sie sich hineinsetzte.

Während der Fahrt zu seiner Wohnung legte Henk besitzergreifend die rechte Hand auf ihren Oberschenkel. Im Gegenzug lehnte sie sich tiefer in den Sitz, öffnete die Beine und schloss die Augen. Er massierte ihren Schenkel und wanderte mit der Hand bis in ihren Schritt. Zufrieden wie ein Kätzchen summte sie leise vor sich hin.

Zu seinem größten Bedauern musste er gleich darauf wieder mit beiden Händen das Lenkrad ergreifen, der Stadtverkehr erlaubte kein lässiges Cruisen mit Petting.

Das Viertel, in das er schließlich einbog, bestand aus vier- und fünfgeschossigen Wohnblocks, die verstreut in einer parkähnlichen Landschaft standen. Großzügige Grünflächen wechselten sich mit kleinen Baum- und Buschansammlungen, fast schon kleinen Wäldchen, ab. Mehrere Teiche und kleine Seen waren mit schmalen Wasserläufen verbunden. Eine ideale Umgebung für Spaziergänge oder um sich einfach nur zu entspannen.

Henk parkte den Wagen in der Tiefgarage von einem der höheren, fünfgeschossigen Wohnblöcke.

»Nur ein Appartement und kein Schloss?« Tina klang enttäuscht, als sie den Lift betraten.

»Du wirst schon sehen!«, flüsterte er in ihr Ohr. Er steckte seinen Vorrangschlüssel ins Schloss im Panel, drehte ihn nach rechts und drückte dann den obersten Knopf. Grinsend meinte Henk: »Das komplette zweistöckige Penthouse oben auf dem Gebäude gehört mir, inklusive Dachgarten und direktem Liftzugang.«

Mit dem üblichen leisen »Ping« hielt der Fahrstuhl an. Die Tür glitt beiseite und gab den Weg in einen Flur frei. Hier befanden sich links und rechts Einbauschränke für Schuhe und Mäntel. Henk half Tina aus ihrer Jacke und hängte diese zusammen mit seiner in den linken Schrank. Dann nahm er aus einer reichhaltigen Auswahl von Hausschuhen ein passendes Paar und gab sie Tina. Henk wechselte ebenfalls sein Schuhwerk. Genau gegenüber vom Lift, am anderen Ende des Flurs, befand sich die eigentliche Haustür. Henk wählte den Hausschlüssel von seinem Schlüsselbund und schloss die schwere Tür auf, die sich mit dem ihm vertrauten, typischen Geräusch öffnete.

Sie traten in einen großen offenen Bereich ein. Henk liebte das Gefühl der Freiheit, das ihm seine Wohnung vermittelte. Foyer, Küche und Wohnzimmer wurden statt durch Wände nur durch unterschiedliche Bodenbeläge voneinander abgegrenzt.

Durch die Eingangstür gelangte er mit Tina direkt in das mittlere Drittel der Etage. Gegenüber befand sich die Tür zum Gästezimmer mit eigenem Bad. Links von der Gästezimmertür stand im Eingangsfoyer eine große Anrichte an der Wand und links daneben führte eine geschwungene Treppe in das obere Stockwerk. Vor der Treppe ging es nahtlos in den gefliesten Küchenbereich über, der das linke Drittel der Etage einnahm. Weniger die üblichen Schränke in Hochglanzweiß unter und über der großzügigen Arbeitsplatte zogen die

Aufmerksamkeit der Besucher auf sich als vielmehr ein frei stehender Tresen samt Barhockern.

Das rechte Drittel der Etage nahm der Wohnbereich ein, dessen Einrichtung aus einem großen Tisch mit zwei Dreier-Sofas, einer Bar mit eingebauter Stereoanlage, einem Kamin in der Ecke und einer großen Zimmerpalme an der Fensterfront bestand.

Die Stirnwand des Wohnbereiches war komplett aus Glas mit einer Schiebetür, die auf die Dachterrasse führte. Von hier konnte man bei gutem Wetter das Meer in der Ferne erblicken.

Eine architektonische Besonderheit war das obere Geschoß. Es erstreckte sich nur über das mittlere und linke Drittel der Wohnung, während über dem Wohnbereich eine Dachschräge einen luftigen, hohen Freiraum schuf.

»Komm, setz dich. Ich hole dir noch einen Drink. Diesmal etwas Warmes«, sagte Henk freundlich, aber bestimmt, und deutete dabei auf das Sofa. »Ich mach dir einen Punsch. Das dauert nur ein paar Minuten.«

Tina setzte sich, stand dann aber gleich wieder auf. Sie wollte sich lieber umsehen. Wie auf dem Partyschiff hingen überall in der Wohnung Bilder mit Stellungen aus dem Kamasutra.

»Kuhstellung?«, kicherte sie, als sie die Bildunterschrift entzifferte.

Henk war ihr gefolgt und meinte: »Ich mag die Stellung. Da habe ich die führende Rolle und bestimme sowohl den Rhythmus als auch die Tiefe, mit der ich eindringe.« Er lächelte. »In der Stellung ist ein wirklich sehr tiefes Eindringen möglich.« Henk erinnerte sich, wie Birgit aufgestöhnt hatte, als er sie letztes Jahr das erste Mal so von hinten genommen hatte.

Bei der nächsten Zeichnung sah Tina näher hin. »Schwimmende Fische?«, fragte sie mit schiefgelegtem Kopf.

»Das ist etwas für Frauen, die es lieben, ihrem Partner völlig ausgeliefert zu sein.« Es kratzte in seiner ausgetrockneten Kehle. Der Gedanke, es mit Tina zu treiben, machte ihn sofort heiß. Der Wolf in ihm zog die Lefzen hoch und entblößte die Reißzähne. Heute würde Tina ihm nicht entkommen.

Er ging weiter in die Küche und bereitete den Glühwein auf dem Herd zu. Das Pulver, welches er zusätzlich in ihren Becher schüttete, würde sie seines Wissens nach niemals herausschmecken. Er wollte sie entspannt und willig. Er ging mit dem Becher Glühwein ins Wohnzimmer und drückte ihn Tina mit den Worten »Vorsicht heiß« in die Hand. Dann ging er zur Bar und mixte sich selbst einen Whiskey Sour.

Im Kamin prasselte das Feuer, welches von dem Hausservice, den er vor der Abfahrt aus dem Club angerufen hatte, vorbereitet worden war. Sie setzten sich gemeinsam auf das Sofa und schauten eine Weile in die tanzenden Flammen. Er beobachtete, dass Tina stetig an ihrem Heißgetränk nippte. Sein Blick huschte nach oben zur Decke. Eine Idee durchzuckte ihn. Während er ihr Anekdoten aus dem Club erzählte, rückte er immer näher an sie heran. Seine Finger berührten erst ihren Hals, dann tauchte seine Hand in ihren Ausschnitt. Unter den Fingern konnte er ihre Brustwarzen fühlen, die hart geworden waren. Eine Weile streichelte er sie, dann knöpfte er langsam ihre Bluse auf. Er küsste sie auf den Bauch, während eine Hand in ihren Schritt glitt und Tina machte ihre Beine breiter. Überrascht bemerkte er, dass sie keinen Slip unter ihrem kurzen Rock trug. Versuchsweise schob er zwei Finger in ihre Möse, um zu testen, wie feucht sie war. Tina stöhnte wonnig. Ihr Gesäß glitt seiner Hand entgegen. Henk musste sich bremsen, nicht sofort über sie herzufallen. Langsam richtete er sich wieder auf und bat sie, ihr Getränk zu trinken, während er sich umziehen wollte.

Als er nach kurzer Zeit nur mit einem Kimono bekleidet wieder ins Wohnzimmer kam, hatte sie ihre Tasse bereits auf dem Tisch abgestellt. Ihr Augen leuchteten wie Kristalle. Henk wusste, dass er jetzt alles mit ihr machen konnte. Doch er wollte eine gute Erinnerung in ihr Gehirn pflanzen, welche sie ihm später wohlgefälliger machen würde.

Er küsste Tina erneut – diesmal knapp unterhalb des Bauchnabels. Als er jetzt wieder zwei Finger in ihre Möse schob, tat er es schon fester. Tina atmete heftiger. Ja, sie war bereit für ihn. Henk setzte sich auf den Couchtisch genau zwischen die Beine von Tina. Dabei öffnete sich sein Kimono und sein Gemächt kam drängend zum Vorschein. Die Damen nannten in gut gebaut. Und auch Tinas Blick hing bewundernd an seinem besten Stück. Langsam drückte er den Oberkörper von Tina in die Kissen der Couch, während er ihren Unterleib zu sich hinzog. Er spielte mit seiner Eichel an ihrer Klitoris, bis Tina vor Wollust stöhnte. Erst als er feststellte, dass beide feucht genug waren, zog er sie langsam zu sich heran. Er drang so vorsichtig vor, dass Tina die Initiative ergriff und mit dem Körper weiter in seine Richtung rutschte. Erst jetzt nahm er seine Hände zu Hilfe und zog sie gänzlich auf seinen Schwanz. Er genoss es, die feuchte Höhle zu spüren, bevor er begann, sich selber immer wieder vor- und zurückzubewegen. Er konnte warten, erst einmal musste ihre Lust entfacht werden, ermahnte er sich.

Er bevorzugte eigentlich etwas anderes und wieder huschte sein Blick nach oben zur Decke.

Doch dann bemerkte er, dass er die Dosis der Droge in Tinas Getränk ein wenig zu stark angesetzt hatte. Ihr Bewusstsein setzte aus. Frustriert bemerkte er, wie ihre Augen glasig wurden. Der Entschluss war schnell gefasst. Die Vorrichtung an der hohen Decke hatte sie übersehen. Eine Kette ließ sich per Fernbedienung direkt über dem Sofa herunterlassen. Die Stange daran konnte an jede Frau angepasst werden. Geübt befestigte er ein Fußgelenk an der einen Seite der Stange und das andere Gelenk an der anderen Seite. Nun drückte er wieder auf die Fernbedienung und Tinas Beine drifteten nach oben, während ihr Rücken noch bequem auf dem Sofa lag. Als Beine und Becken einen neunzig Grad Winkel bildeten, ließ er die Fernbedienung los. Tina hatte sich nicht wirklich bewegt. Henk nutzte die Gelegenheit und trat an ihren Hintern, die Möse lag nun vollends entblößt direkt unterhalb seines Blickfeldes. So mochte er es: Der Winkel war perfekt. Schnell drang er in Tina ein. Seine Instinkte verließen ihn nie. Mit schnellen Stößen half er ihr, so lange wach zu bleiben und wollüstige Töne auszustoßen, bis er selber kam. Dank der Droge würde Tina hiervon kaum mehr als ein seltsamer, aber schöner Traum in Erinnerung bleiben. Er selber hatte sich Erleichterung verschafft, wenn auch noch nicht das Vergnügen, welches er sich mit Tina bereits auszumalen begann. Das nächste Mal würde er es besser machen, versprach er sich.

8. Abhängig

Die Reporterin hatte es sich einmal wieder in Sergios und Christines Wohnzimmer gemütlich gemacht. So langsam schien sie sich in ihrer Rolle wohler zu fühlen. Die Dame hatte am Vorabend angerufen, dass sie an diesem Mittwoch gerne erst am Nachmittag käme, und Christine war es recht gewesen.

Munter hatte die Reporterin zunächst erzählt, eine Tour mit einem Jeep durch die Camargue gemacht zu haben, die ihr sehr gut gefallen habe. Aber auch Christine wurde aufgeschlossener. Wieder holte die Frau ihren Ordner aus der Tasche und begann ohne Umschweife mit den Fragen.

»Mir war so, als habe hier gestanden, sie seien von dem »Ketten-Killer« zweimal gefangen genommen worden? Wie das?«

Christine holte tief Luft. Es war ein heißer Augusttag und die Sonne schien. In der Wohnung kühlte eine Klimaanlage die Luft auf eine angenehme Temperatur herunter. Das Problem mit dieser Art von Fragen war, dass sie die Geschichte von hinten nach vorne oder in thematisch sortierten Blöcken erzählte. Außerdem fehlte der Journalistin der Einblick in und das Wissen über die Szene. Doch stellte sie immer nur oberflächliche Fragen. Christine beschloss, sie erst einmal aufzuklären:

»Im Bereich der BDSM gibt es in der Regel immer einen Dom und einen Sub. Der Vertrag regelt das Verhältnis und die Stellung. Stoppzeichen definieren, wie weit eine Session gehen kann.« Die Journalistin schaute sie fragend an. Christine fuhr fort: »Ich spreche jetzt nicht von einer offiziellen Definition, sondern von dem, wie es zu meiner Zeit gelebt wurde.

Da war es so, dass es bei reinen Bondage-Spielen nur um das Fesseln oder Gefesseltwerden ging. Freiwillig und mit deutlichen Absprachen. Dabei kann der Reiz des Ganzen durchaus nur im passiven Erleben liegen. Damit meine ich, dass im gefesselten Zustand jegliches Gefühl verstärkt wird. Somit kann ein Orgasmus verlängert und intensiviert werden. Hier ist auch der fließende Übergang von reinen Fesselspielen zu BDSM, wo es immer einen dominierenden Part und einen Untergeordneten gibt. Dabei kann der Reiz durchaus auch grenzwertig sein. Bei der Drosselung der Luftzufuhr erleben viele den Höhepunkt intensiver. Je weniger ein Mensch zu fühlen imstande ist, desto mehr Schmerzen braucht er, um zu fühlen. Ob ich mich nun ritze oder schlagen lasse, es ist immer dasselbe: Das Körpererleben ist gestört, denke ich.« Christine schaute irritiert zur Journalistin hinüber, die sich auf die Stuhlkante gesetzt hatte und ihr fasziniert zuhörte. »Drogen gehören nicht zwangsläufig dazu, waren aber dort Normalität. Und ich spreche hier nur vom Jahr 1994 in Amsterdam. Mittlerweile mag es anders sein. Aufputschmittel lagen damals in der dortigen Clubszene quasi überall herum und wurden in die Drinks der Mädchen geschüttet. Von der Tablettenabhängigkeit ist es nur ein kurzer Weg zu härteren Drogen, und von Kokain zu Heroin. Bedingt durch die Drogen fühlte ich persönlich kaum mehr irgendetwas. Daher benötigte ich immer größere Reize. Und die Hemmschwelle sank, um diese auch zu erreichen. Zuerst waren das nur verbotene Dinge wie Sex in aller Öffentlichkeit oder an ungewöhnlichen Orten oder im Schaufenster.« Christines Blick schien wie in weiter Ferne. »Und wissen Sie, wer für das Glücksrad nominiert wurde, der hatte quasi als Einführungsritual Heroin zu spritzen. Ein solcher Abend brachte viel Geld. Und damit konnte man sich wieder Drogen kaufen.«

Die Journalistin machte Anstalten zu fragen, was das »Glücksrad« war, aber Christine redete schon zusammenhanglos weiter.

»Natürlich waren es auf der einen Seite die Drogen. Um welche zu bekommen, hätte ich damals alles getan. Also tat ich, was ein Dealer wollte und wann er es wollte. Nur, um wieder eine Dosis zu bekommen. Zusätzlich gibt Bondage ein geiles Gefühl, vor allem, wenn der Dom sein Handwerk versteht. Auf eine merkwürdige Art macht auch das abhängig. Der Dom braucht einen Sub und der Sub einen Dom. Die Rollen scheinen wie gemacht, um sich ausleben zu können. Und so gefällt man sich irgendwann in der Rolle und testet die Grenzen immer weiter aus. Reizt einander, um wieder einen Kick zu erhalten. Und so weiter. Solange das Spiel klare Absprachen hat, ist alles in Ordnung. Schräg wird es, wenn keinerlei tatsächliche Freiwilligkeit mehr vorhanden ist.« Christine machte eine kleine Pause. Sie trank einen Schluck Wasser und redete dann weiter, als wäre plötzlich ein Damm geplatzt. Als ob die Information fließen musste, um weggeschwemmt zu werden. »Zuerst war alles einvernehmlich. Er zeigte mir, was BDSM wirklich ist.«

In dieser ersten Zeit hatte er darauf geachtet, dass beide ihren Spaß hatten und die Grenzen erweiterten. Christine war ehrlich genug sich einzugestehen, dass ihr nichts davon missfallen hatte.

»Er wies mich in der ersten Zeit in die Geheimnisse des leichten BDSM ein und ich war eine willige Schülerin. Ganz im Gegensatz zum zweiten Mal. Der Umschwung kam mit vielen Problemen. Und seine Tätigkeiten machten ihn immer gewaltbereiter.«

Christine machte eine Pause. Sie dachte daran, wie er sie zum ersten Mal hart angefasst hatte. Die Grenze zwischen Sex und Gewalt war irgendwann gesprengt worden. Viele Stunden der Schulung hatte sie gehabt, alles mit sich machen zu lassen. Sie hatte gelernt, duldsam und sittsam zu sein, den Dom als Meister zu akzeptieren und für jede Sünde sofort zu büßen.

»Er legte mich im wahrsten Sinne des Wortes an die Kette. Eine lange Kette verband den Bettpfosten mit meinem rechten Bein. Die Kette war gerade lang genug, dass ich das Bad erreichen und einige Schritte aus dem Zimmer gehen konnte. Jeden Versuch der Zuwiderhandlung seiner Befehle bestrafte er.«

Und natürlich hatte er sie mit Drogen belohnt. Er hatte sie völlig in seiner Macht gehabt und sie hätte damals alles für diesen Mann getan. Fassungslos betrachtete sie heute ihr altes Ich. Sie hatte keine Entschuldigung für ihr damaliges Tun.

»Er hatte eine besondere Musik, die er immer abspielte, wenn die Session beginnen sollte. Dann hatte ich mich auszuziehen.«

Grundsätzlich hatte er es immer gerne von hinten getan. Weswegen sie sich in seinem Spielzimmer immer gleich an den Bock gestellt und die Beine gespreizt hatte. Nahm er das Spiel auf, hatte er ihre Hände fixiert, die Augen verbunden und es ihr ordentlich besorgt. Hatte er eine andere Session gewollt, hatte er sie mit anderen Geräten vertraut gemacht.

Die Journalistin blätterte ihren Block um, was Christine kurz aus ihrer Erzählung heraushob. Doch sie senkte ihren Blick gleich wieder.

»Also, das erste Mal war alles einvernehmlich. Eine Art Schulung, wie ein Training, und immer mit viel Spaß verknüpft, bei dem auch ich Vergnügen spürte. Doch das zweite Mal war einige Wochen nach der Western Lodge und einem Aufenthalt im Krankenhaus. Die Grenze des Freiwilligen war schon durch die Drogen verwaschen, nun wurde sie offensichtlich überschritten. Hier spricht man dann von systematischer Vergewaltigung, Essensentzug als Bestrafung und Drogen als Belohnung. Das Abrichten zur allzeit willigen Sklavin. Wenn ich seinen Wünschen nicht entsprach, hagelte es drastische Strafen. Seine Spiele wandelte er ab. Permanent hatte ich ein Halsband, Arm- und Fußmanschetten zu tragen, damit er mich jederzeit fesseln konnte. Jetzt wurden die Fesselungen brutaler. Allerdings müssen Sie wissen, dass aufgrund von Opiaten Schmerzempfinden keinerlei Bedeutung mehr für mich hatte. Die Drogen vernichteten die Empfindsamkeit, ich fühlte tatsächlich: nichts. Viele der Sessions wandelten sich in drogeninduzierte Halluzinationen, die von der Realität nicht mehr zu unterscheiden waren. Was ich weiß, ist: Wenn man mich schlussendlich nicht da rausgeholt hätte, wäre ich 1994 gestorben. Wenn die Psyche sich gegen den Körper richtet, dann stirbt auch irgendwann der Körper.«

Die Journalistin nickte. Auch wenn klar wurde, dass sie nicht wirklich verstanden hatte, was Christine erzählt hatte. Aber auch Christine wusste nicht, ob das Erzählte Sinn gemacht hatte. Denn sie hatte in ihrer Erzählung zwischen zwei Männern hin und her gewechselt. Sie hatte die Männer verwechselt. Oder waren sie sich ähnlich gewesen? Und ab wann waren sie sich so ähnlich geworden, dass man sie verwechseln konnte?

»Sie waren also zweimal im Krankenhaus in dem einen Jahr?«, fragte die Reporterin und riss Christine erneut aus ihren Überlegungen.

Fast atemlos und nahezu ohne Punkt und Komma setzte Christine an: »Richtig. Das erste Mal nach der Western Lodge. Das sollte eigentlich Erholung sein. Doch dann lief alles aus dem Ruder und alle Grenzen wurden gesprengt. Denn der eine Mann war am Samstagmorgen in meinem Zimmer gewesen und wir hatten uns jeder einen Schuss gesetzt. Wir alle waren völlig zugedröhnt. Am Sonntag eskalierte es und die beiden Männer brachten mich fast um. Die Schwester hatte im Anschluss im Krankenhaus nach positivem Drogentest sofort die Polizei geholt. Die wollte den Fall jedoch sofort fallenlassen, aber das alarmierte die Fahnder der Taskforce und ließ diese nur noch hellhöriger werden. Denn der Korruptionsverdacht gegen die örtliche Polizei lag schon vor.«

Die Taskforce hatte sich sehr für Christine interessiert. Sie glaubten, hier endlich jemanden aus dem Insiderbereich vor sich zu haben, den sie umdrehen konnten. Die extra für diesen Fall eingerichtete Sondereinheit suchte noch nach Kronzeugen. Ein gefährliches Unterfangen, da im Umfeld des »Ketten-Killers« niemand gegen ihn aussagte. Diese und ähnliche Informationen prasselten in den ersten Tagen im Krankenhaus auf Christine ein, die schon wieder mit einem Entzug zu kämpfen hatte. Zwei Polizisten hatten sie befragt. Und heute hätte sie sich verdammen können, nicht gleich sofort den Ausstieg gewagt zu haben.

»Der zweite Krankenhausaufenthalt war nach dem Mord und während der gesamten Zeit der Verfahrensaufnahme gegen den ›Ketten-Killer‹.« Jetzt hatte Christine die Nase voll von diesem Thema. Alles, was sie damals getan hatte war ihr heute irgendwie peinlich. Sie hatte sich der Gehirnwäsche derart unterzogen, dass sie bis heute nichts fühlte, wenn sie über diese Vergangenheit sprach. Alles schien weit weg und die Erinnerungen verschwommen. Und irgendetwas stimmte mit ihrem Gehirn nicht, sagte sie sich. Sie brachte Dinge durcheinander, verwechselte Leute und stellte daher Tatsachen unverständlich dar. Sie brauchte einen klaren Kopf.

»Kommen Sie mit auf einen Ausflug?«, fragte sie und die Journalistin stand sofort auf.

»Ja, gerne. Ich lade Sie zu einem Eis ein.«

Christine war froh, dass der Babysitterin in der Nähe wohnte und spontan war. Innerhalb kürzester Zeit wurde abgemacht, dass sie die Zwillinge dieses Mal zu ihr bringen sollte. Das war Christine sehr recht. Augenblicklich hatte sie den ganzen Abend frei und konnte sich mit der Journalistin einmal unterhalten und fragen, was sie so bewegte. Die hatte noch gar nichts von sich selber erzählt. Jetzt wollte Christine zur Abwechslung sie mal löchern. Außerdem, so sagte sie sich, sollte sie sich so langsam mal ihren Namen merken, damit sie diese in Gedanken nicht immer nur »die Journalistin« nannte.

9. Der Rummelplatz

Leise klingelte der Wecker. Henk streckte sich und dachte an den gestrigen Abend mit Tina. Nur schade, dass er ihr zu viel von dem Pulver in den Glühwein getan hatte. Gleich nachdem er sie genommen hatte, war sie eingeschlafen. Er hatte sie ins Gästezimmer getragen und ins Bett gelegt, um sich dann im oberen Stockwerk des Penthouses, wo sich sein Schlafzimmer und Bad befanden, zur Nachtruhe zu legen. Er hatte eine feste Angewohnheit, die er nie brach: Sein Schlafzimmer und Büro im Penthouse waren für andere tabu. Das waren die Orte, die ausschließlich ihm vorbehalten waren. Mit vielen Frauen hatte er es getrieben, aber nur wenige hatten sich das Privileg verdient, von ihm in sein Penthouse eingeladen zu werden. Und keine hatte sein Schlafzimmer von innen gesehen. Für den Sex gab es die restliche Wohnung, insbesondere das Gästezimmer und den Bondage-Raum, von dem Tina zur Zeit noch nichts wusste.

Er stand auf und ging nur mit Boxershorts und T-Shirt bekleidet hinunter in den Küchenbereich. Er wollte auf keinen Fall, dass Tina an diesem Morgen auf ihn warten musste.

Wie geplant war Tina noch nicht aufgestanden. Während Henk das Frühstück vorbereitete, lief nebenbei das Radio. In der Wettervorhersage war von Regen die Rede, doch nach einem Blick aus dem Fenster bezweifelte er die Richtigkeit.

In dem Moment kam Tina tänzelnd aus dem Gästezimmer und Henk vergaß Radio und beinahe auch die Rühreier in der Pfanne. Tina sah in dem weißen, sehr kurz geschnittenen Bademantel einfach zum Anbeißen aus. Er bat sie, sich in der Wohnung umzusehen, bis er mit den Vorbereitungen fertig war. Henk machte ihr noch schnell einen Milchkaffee. Tina nahm den Becher entgegen und ging zur Glasfront.

Wenige Minuten später stürzte sie sich genussvoll auf das Frühstück. Henk schmunzelte.

Jetzt, wo Tina hellwach war, wollte er nach dem Essen noch einen Nachtisch der besonderen Art. Es war auch ein Test, ob sie tatsächlich das Mädchen war, das zu ihm passte. Seine Erwartung wurde bestätigt. Tina ging ohne zu zögern auf sein spezielles Verlangen ein, für dessen Umsetzung er diesmal lediglich den Gürtel ihres Bademantels benutzte. Er fesselte ihre Arme unten an der Anrichte im Foyer und nahm sie von hinten. Genau so hatte er es sich mit ihr vorgestellt. Sie war heiß, niedlich und sie ging auf seine speziellen Gelüste ein. Was in ihm den Wunsch auf intensivere Erfahrungen weckte.

Nach diesem morgendlichen Fick schickte er sie ins Gästezimmer, damit sie sich frisch machen und anziehen konnte. Dort im Schrank hing eine Auswahl aktueller Frauenkleidung in verschiedenen Größen. Sicherlich war etwas Passendes für Tina dabei.

Henk ging nach oben in seinen privaten Bereich. Vom Duschen erfrischt, kleidete er sich chic ein. Er liebte das Gefühl von teuren Stoffen auf der Haut.

Sie waren beinahe gleichzeitig wieder im Wohnbereich. Als Henk ihr sagte, was er für den Tag geplant hatte, leuchteten Tinas Augen auf.

»Hast du wirklich ›Rummel‹ gesagt? So ein Freizeitpark mit Achterbahn und allem Drum und Dran?« Ihre Stimme klang, als würde sie sehr interessiert sein.

Er bestätigte grinsend. Tina jubelte. Ihr Gesicht strahlte vor Vorfreude. Sie fiel ihm um den Hals und gab ihm einen Kuss auf die Wange.

»Na, dann wollen wir uns mal ins Vergnügen stürzen.«

Auf dem Weg zum Auto hakte sie sich bei ihm ein. Henk lächelte. Der Tag begann vielversprechend.

Eine Stunde später erreichten sie den Vergnügungspark. Schon auf dem Parkplatz fiel ihm auf, dass er für einen Sonntag überraschend schwach besucht war. Wahrscheinlich aufgrund der schlechten Wettervorhersage, dachte er. Doch es störte weder ihn noch Tina, im Gegenteil: So gab es keine langen Warteschlangen bei den Fahrgeschäften.

»Wow!«, staunte Tina. Nicht weit vom Eingang des Parks begrüßte eine Achterbahn die Besucher und lud zum ersten Abenteuer ein. Nur Minuten später saßen sie auf einer Kunstlederbank und entschwebten Richtung Himmel.

»Entschwebten« war das falsche Wort: Sie ratterten auf Schienen langsam einen steilen Hügel hoch. Ein kurzer Moment des Zögerns, dann stürzte sich der Achterbahnwagen in die Tiefe. Tina riss ihre Arme in die Höhe und schrie vor Begeisterung.

Achterbahn, Wasserrutsche und Krake: Tina stürmte lachend von einer Attraktion zur nächsten. Kaum aus einem Fahrgeschäft ausgestiegen, hüpfte sie aufgeregt auf und ab und zeigte auf das nächste.

In der Gondel vom Riesenrad legte Henk seinen Arm um Tinas Taille, zog sie dicht an sich und zeigte ihr aus luftiger Höhe die Wahrzeichen der nahe gelegenen Stadt. Er berührte mit der Nase ihr goldenes Haar und sog den Duft in sich ein. Bei der anschließenden Geisterbahnfahrt legte er beschützend seine Arme um sie und zog sie dicht an sich. Eng an ihn gekuschelt, lachte Tina bei den Monsterattacken.

»Ich danke dir, ich danke dir für die tolle Idee, für diesen tollen Ausflug!«, rief Tina, als sie ausstiegen. Wieder fiel sie ihm um den Hals. Dann stellte sie sich auf ihre Zehenspitzen und gab ihm einen zärtlichen Kuss auf den Mund. Nicht das wilde Beißen im Taumel der Lust, sondern eine sanfte, innige Berührung ihrer Lippen. Doch erzeugte es bei Henk einen größeren Eindruck von Intimität als jeder Fick. Er konnte es kaum glauben, aber Tina nahm ihm tatsächlich den Atem.

Hand in Hand schlenderten sie weiter. Um sie herum herrschte eine angenehm gelöste Stimmung. Der Geruch von Bratwürsten, Nackensteaks auf Holzkohlegrills mischte sich mit dem süßen Aroma von frisch zubereitetem Popcorn.

»Hast du Hunger? Die haben hier auf dem Gelände ein hervorragendes Steakhaus«, schlug Henk vor. Tinas Wangen glühten und in ihren Augen glitzerten helle Sterne.

Das Essen war exzellent. Tina lauschte seinen Erzählungen über einige der harmloseren Geschehnisse im Club und amüsierte sich. Es machte ihm Spaß, sie zum Lachen zu bringen. Sie war dabei so unglaublich fröhlich und entspannt, dass es ansteckend wirkte. Nach dem Essen gingen sie quer über den Rummel Richtung Auto zurück.

Tina strahlte und summte glücklich vor sich hin. Henk lächelte. Der Tag hatte ihn sowohl an- als auch erregt. Er plante schon den Abend, der für eine schöne Abwechslung sorgen sollte. Zuerst würde er ihr den Club ausführlich zeigen, ihr eine Führung geben und mit ihr einen Cocktail trinken. Später würde er Tina dann bei sich im Penthouse in die Geheimnisse seines Tuns einführen.

10. Der schwarze Engel

Christine hatte sich einmal mehr gewundert, dass die Journalistin wenig aus ihrem Leben erzählte, und hatte sich ihrerseits an jenem Freitagnachmittag zurückgehalten. Sie waren zunächst ein Eis essen gegangen und Christine konnte sich auch endlich ihren Namen merken. Natürlich wollte sie die Journalistin auch gedanklich nun mit Maijke Wielend ansprechen. Diese hatte erzählt, dass sie ursprünglich aus Holland kam, mit einem Deutschen verheiratet war und jetzt in Hamburg lebte. Außerdem hatte ihr Christine entlockt, dass sie Journalismus studiert hatte. Der investigative Bereich war nach dem Umzug nach Deutschland nur noch ein Hobby von ihr. Weswegen sie sich hierfür extra Urlaub genommen hatte. Maijke war unverheiratet und hatte keine Kinder. Den ganzen Nachmittag bemühte sich Christine, Maijke zum Reden zu bringen, doch das fruchtete wenig. Außerdem wollte sie einmal den Fremdenführer spielen und Maijke die Camargue und auf dem Rückweg die Saline von Aigues-Mortes zeigen. Dort konnte man mit einer kleinen Touristen-Eisenbahn das Gelände erkunden und sich in die Salzgewinnung einweisen lassen. Im Anschluss wollte sie ihr die Stadt zeigen, eine Bastide mit vollständig erhaltenen Stadtmauern und einem quirligen Innenleben.

So saßen sie am Nachmittag auf dem Marktplatz im Zentrum von Aigues-Mortes und genossen eine eisgekühlte Cola.

Maijke hatte ihr erstes Lächeln gezeigt, als sie die Rücktour antraten, und Christine bat sie spontan noch mit in ihre Wohnung hinein. Vielleicht konnte Sergio sie weiter aufmuntern und zum Reden bringen.

Sergio war schon zu Hause und begrüßte die beiden herzlich. Kurze Zeit später saßen sie schon mit einem Glas alkoholfreiem Wein und Knabbereien im Wohnzimmer. Im Laufe des Abends fragten sie sich spielerisch gegenseitig aus. So, als hätten sie nun beschlossen, sich wirklich einmal kennenzulernen. Und später dann kam die Frage auf den Tisch: »Nennen Sie das mit Abstand mysteriöseste Ereignis Ihres Lebens.«

Sergio war am leichtesten zu durchschauen. Er strahlte sofort Christine an und meinte, das seltsamste und schönste sei die Liebe.

Maijke sagte: »Als ein Familienmitglied starb, hat sie sich von mir verabschiedet. Obwohl ich weit weg war, spürte ich, wie sie vorbeikam und dann verschwand.« Sie sah ein wenig traurig aus, aber gleichzeitig auch dankbar für dieses Erlebnis. Die beiden anderen nickten.

Christine sagte nur trocken: »Der schwarze Engel« und hatte damit die Aufmerksamkeit von allen.

»Es war, als ob ein weiblicher Engel erweckt worden wäre, als Sandy mich mit Heroin in Kontakt brachte. Die unsichtbare Entität war wie der Nebeneffekt der Drogen, wie eine Halluzination, die mit zunehmendem Konsum zu wachsen schien. Zuerst war sie wie ein Schatten nur zeitweise da, später war sie ständig anwesend. In dieser Zeit fühlte es sich so an, als hätte ich zwei Seiten in mir: Die eine fürchtete sich und die andere provozierte und wollte die grenznahen Spiele.

Warum ich es nahm: Es war wohl so, dass es alle taten. Sandy sorgte dafür, dass alle in seinem Umfeld über kurz oder lang abhängig von ihm und seinem Stoff waren.

Es begann mit der Ausbildung durch Sandy, die Henk in Auftrag gab. Zuerst zeigte mir Sandy, wie man es schnupfte, dann, wie man es spritzte. Er testete seine Dressur von mir auf einer Privatparty, bei seiner Schaumparty und in der Western Lodge. Was dort geschah, erzähle ich ein anderes Mal.

Auch das Wochenende in der Western Lodge fädelte Sandy ein. Er hatte gleich dafür gesorgt, dass er das Zimmer bekam, welches mit meinem verbunden war.«

Sandy hatte ein Geschenk für sie gehabt. Dieses längliche Kästchen war schlicht, aber von sehr guter Qualität gewesen. Damit war er durch die Verbindungstür in ihr Zimmer getreten. Er hatte gesagt:

»Ich weiß, du wirst die Ausbildung und die Prüfungen mit Bravour bestehen. Das Kästchen darfst du jetzt schon behalten. Ich zeige dir noch einmal ganz genau, wie du es machen musst, dann kannst du es ab sofort selber.« Geschickt setzte er sich mit seinem eigenen Set einen Schuss Heroin.

Sie packte ihr neues Besteck aus und machte es ihm nach. Dies war nicht das erste Mal gewesen, aber noch nie zuvor hatte sie sich selber gespritzt. Immer hatte das vorher ein anderer getan. Nach diesem Mal war es anders als zuvor. Damit hatte sie den schwarzen Engel befreit. So, als würde sie zu einem Engel, sie fühlte sich frei und unbeschwert. Doch viel zu früh kam auch die Schwärze und diese packte Tina wie nie zuvor. Sie sollte sich zeit ihres Lebens wundern und sich dafür verachten, was sie danach gemacht hatte.

War die Wesenheit früher nur ein dunkler Teil von ihr gewesen, wie ein kleiner weiblicher, aber dunkler Schatten, mal in ihr, mal neben den Drogen lockend, so wuchs sie jetzt rapide. Sie nahm nun Tinas gesamten Körper ein und schien sich über diesen noch auszudehnen. Sie waren eins, nein, der Engel war stärker, hatte die Kontrolle übernommen. Alles, was im Western Lodge und danach in 1994 passiert war, schob Christine heute diesem Umstand zu.

Denn dieser gefallene Engel war davon überzeugt gewesen, den gewaltsamen Tod mehr als nur verdient zu haben. Als wäre der Engel in die Materie gefallen, ohne dies zu wollen. Sie hatte erst Flügel bekommen, als sie in dieser Kirche schwebte. Es war, als böte nur der Tod einen Ausweg aus dem Dilemma, wieder ein Engel zu werden. Und dieser weibliche Engel hatte ihr an diesem Tag in der Kirche der Western Lodge gezeigt, wie sie gestorben war. Gekreuzigt und zu Tode gefickt. An einem ähnlichen Ort? War es ein Ritual gewesen? Orgiastische Wellen überspülten ihren Körper. Wonne pur. Der Körper zuckte und die Seele befreite sich aus dem Gefängnis. Ein berauschendes Glücksgefühl. Danach riet ihr die Stimme in ihrem Kopf, das auch einmal auszuprobieren. Es war ja *so* gut. Sie sehnte sich damals danach, umgebracht zu werden, nach der ultimativen Erlösung. Die Erlösung fühlte sich identisch mit dem Orgasmus an. Das Gefühl des absoluten Glücksrausches, einer Orgie im hellen Licht der absoluten Glückseligkeit einer Seele, die den Körper verließ, den sie nicht mehr wollte. War das Austreten aus dem Körper identisch mit einem Orgasmus oder trat man beim Orgasmus immer aus dem Körper aus? War der Tod schön?

Dieser Tag in der Western Lodge war der Anfang vom Ende gewesen. An jenem Tag in der Lodge hatte sie sich selber den Arm abgebunden und die Nadel gesetzt. Sie hatte sich selber ausgeschaltet. Und der Engel hatte Christine sofort verdrängt. Wie fremdgesteuert durchlebte sie die gesamte nächste Zeit. Die Koalition mit ihrem dunklen Engel war es gewesen, welche sie dazu veranlasst hatte, Dinge zu tun, die sie ansonsten nie getan hätte. Heute verstand sie, dass sie versucht hatte, sich umzubringen. Sie wusste ja bereits, wie brutal diese Männer sein konnten. Sie hatte sie provoziert und sich eingebildet, alles verdient zu haben, was danach geschah. Die Zeit der Entbehrungen – und man könnte schon fast sagen Folter – hatte sie als völlig richtig anerkannt. Sie hatte es verdient, hatte sie damals gedacht. Bis kurz vor dem Mord oder dem eigentlichen Befreiungsakt, wie man es auch nennen wollte, hatte sie um Strafe gebettelt und ihn ermuntert, sie umzubringen. Aber das war eigentlich nicht sie gewesen, sondern der schwarze Engel.

»Im Krankenhaus, damals nach der Western Lodge, habe ich nur gesagt, ich sei gefallen, weil der schwarze Engel mir sagte, ›gefallen‹ zu sein. Gefangen auf der Erde. Eingesperrt in die Materie, in einen Körper, der ihm nicht gefiel. Es gab nur einen Weg da raus: den Tod. Nur dieser bot die Möglichkeit, die Flügel auszubreiten und loszufliegen.

Und da viele Opfer von Gewalttaten innerhalb von Partnerschaften sagen, sie hätten einen Unfall gehabt, wurde meine Aussage natürlich wohlwollend als Spinnerei abgelegt. Die Ärzte sagten selbstverständlich, es sei eine Halluzination gewesen, die Therapeuten redeten von einem Horrortrip. Während der schwarze Engel nur traurig in der Ecke saß und sich grämte, weil es nicht geklappt hatte.«

Die beiden Zuhörer sahen sie betreten an. Christine lachte.

»Hey, das ist lange her. Sie – ich sage ›sie‹, denn dieser Engel war stets weiblich – und erst extern. Sie war die – meine – Droge und sie wuchs, wenn ich harte Drogen nahm. Mit dem Heroin übernahm sie die Kontrolle. Doch mit dem Entzug verschwand sie genau so, wie sie gekommen war. Der schwarze Engel verstummte mit dem letzten Rest Gift aus meinem Körper. Wurde einfach immer kleiner, die Stimme wurde immer stiller, bis sie unhörbar war. Wie ein Gespenst sichtbar wird, wenn man seine Aufmerksamkeit auf es richtet, und unsichtbar, wenn man wegsieht. Solange ich den Drogen also keine Beachtung mehr schenke, ist alles gut. In einem Ritual mit der Therapeutin habe ich diesen Teil meines Selbst verabschiedet. Ein Klinikaufenthalt in Deutschland, dann fünf Jahre Therapie hier vor Ort – das sollte reichen. Nach einiger Zeit bei der hiesigen klugen Frau und ihren Ritualen war der schwarze Engel weg. Aber ich fasse auch nie wieder Drogen oder Alkohol an.« Christine hob beide Arme an, dann schickte sie einen Handkuss gen Himmel.

Sergio hob sein Glas mit alkoholfreiem Wein. »Prosit Leute! Auf das Leben!«

»Auf das Leben«, sagten alle im Chor.

Der Tag war lang gewesen und als Sergio und sie wieder alleine waren, schauten sie noch einmal nach den Zwillingen und gingen dann zu Bett. Und zum ersten Mal konnte Christine weinen. Sie weinte um sich selber und betrauerte die traurigen Umstände von damals. Sergio hielt sie im Arm und wiegte sie lange. Dann machte er ihr einen heißen Kakao und ließ sie reden.

Christine redete sich an diesem Abend noch vieles von der Seele. Einiges war wieder hochgekommen und wurde verarbeitet. Jetzt war Christine bereit, sich allem zu stellen und ein für alle Mal einen Strich unter ihre Vergangenheit zu machen.

Irgendwann stand sie auf, nahm sich ein Blatt Papier und schrieb auf, was ihr einfiel. Im Anschluss war sie so müde, dass sie fast im Wohnzimmer eingeschlafen wäre. Sergio brachte sie wieder zu Bett und gönnte ihr noch eine ausgiebige Massage. In dieser Nacht schlief Christine tief und fest durch und wachte am nächsten Morgen erst gegen halb elf wieder auf.

11. Der Club

Während der Fahrt vom Rummelplatz zurück zum Penthouse schwärmte Tina die ganze Zeit davon, wie toll sie alles fand. Henk lächelte. Eine fröhliche Tina war sicherlich zu allem bereit. Er wollte ihr den Club vorstellen und später den Abend mit ihr in seinem Penthouse verbringen.

Arm in Arm gingen sie vom Parkplatz Richtung »Sangreal«. Die Häuser der Amsterdamer Innenstadt waren in vielen, teils leuchtenden Farben gestrichen. In dieser Straße stach das nachtblaue Gebäude mit einer dunkelroten Markise besonders hervor. Von draußen dominierte neben der auffälligen Farbe das mannshohe Schaufenster, das sich fast auf die gesamte Hausbreite ausdehnte. Tagsüber war es ein normales Fenster und gestattete den Passanten einen Blick in den Lounge-Bereich. Aber ab 18 Uhr tanzten abwechselnd sehr leicht bekleidete Frauen auf verführerische Weise darin und lockten die Gäste in den Club.

Typisch für die historischen Gebäude im Innenstadtbereich, führte ein kleiner Treppenabsatz mit drei Stufen zum Eingang. Viele Gäste, die das »Sangreal« das erste Mal betraten, waren verblüfft über die Größe des Clubs. Dabei war es eine optische Illusion, die auf Pedros Idee beruhte. Tatsächlich erstreckte sich das »Sangreal« über drei Gebäude, wobei der öffentlich zugängliche Loungebereich den mittleren und rechten Teil in Anspruch nahm. Nur noch die historischen Fassaden gaukelten von außen den traditionellen Baustil vor. Innen waren die Häuser links und rechts vom Eingang entkernt worden, um Platz zu schaffen.

Als Tina und Henk den Club betraten, warf Tina dem Mann an der linken Seite, wo sich der große Bartresen befand, eine

Kusshand zu. Der winkte zurück und begann, einen Cocktail zu mixen. In den Tagen, die Tina im Club verbracht hatte, während Henk mit den Umständen rund um den Tod seines Vaters beschäftigt gewesen war, hatte sie sich schnell Freunde gemacht.

Jetzt, am frühen Abend, versperrte links von der Bar, in der Ecke zwischen Außenfassade und linker Seitenwand, noch eine Kordel aus rotem Samt den Zutritt zum Kellergeschoß mit der Partyzone und der Disco. Später am Abend würde hier ein Türsteher die Gäste sortieren.

»Wo geht es da eigentlich lang?«, fragte Tina und zeigte auf die unauffällige Tür, die in der Mitte die große Front der Bar mit Spiegeln und Regalen, auf denen die Spirituosen einladend aufgereiht standen, unterbrach.

»Da geht es zu den Lagerräumen, zu meinem und Pedros Büro und dem Raum, in dem Famke, unsere Buchhalterin, ihre Arbeit erledigt. Damit wir nicht jedes Mal hinter den Tresen gehen müssen, kommt man in den Bereich auch durch die Eingangstür des linken, zum Club gehörenden Gebäudes. Ist auch praktischer für die Anlieferung, wenn die Sachen nicht durch den Publikumsbereich getragen werden müssen.«

Henk sah sich zufrieden um. Sein Club war einfach perfekt. Am anderen Ende des Bartresens, an der Rückwand, führte eine stählerne Wendeltreppe in den ersten Stock. Ebenfalls an der langen Rückwand konnte man auch die Durchreiche zur Küche sehen. Daneben wiesen dezente Schilder auf die Toiletten hin. Rechts vom Eingang war der Laufsteg an der Fensterfront entlang. Er fiel von innen aber kaum auf, da die Sitzgelegenheiten alle in Richtung Innenraum gerichtet waren. Der Effekt war wie bei einem Schaufenster in einem Laden: von außen der Blickfang, von innen kaum beachtet. Im ganzen Lounge-Bereich verteilt standen gemütliche Sessel mit Beistelltischen. An der Rückwand befanden sich noch einige Tische, an denen vereinzelte Gäste ihr Essen verzehrten.

»Stellt ihr jeden Mittag die Tische für das gemeinsame Essen zusammen?«, fragte Tina erstaunt. Offensichtlich war sie nie lange genug im Club geblieben, um das Tischerücken zu beobachten.

Henk bejahte und erklärte ihr dann, dass das Erdgeschoss der »gemäßigte« Bereich des Clubs war. Ab 14 Uhr wurden hier Cocktails und kleine Gerichte wie Los Tostones oder El Pica Pollo, deren Rezepte Pedro aus seiner dominikanischen Heimat mitgebracht hatte, serviert. Auch konnten Shishas geliehen werden. Ab 18 Uhr wurde die Beleuchtung gedämpft und die Musik wechselte von leichter Hintergrundberieselung zu lebhafteren Stücken. Die Gäste kamen in der Regel zu der Zeit dann eher für Cocktails, anstatt zu essen.

»Warst du schon mal in der Partyzone?", erkundigte sich Henk. Auf Tinas Kopfschütteln hin hakte er kurz die Samtkordel aus. »Komm mit, sie wird dir gefallen.«

Die Einrichtung im Kellergeschoß war eher karg und mit Elementen der Gothic-Szene angereichert. Ein langer Bartresen, der Bereich für den DJ, Sitzbänke an den Wänden, eine Tanzfläche und ein erhöhter Tabletop Bereich für Stangentanz. An den Tanzstangen auf dem zentralen Tanzpodest waren verstellbare Schlingen aus schwarzem Plüsch angebracht. Sie waren so groß, dass die Tänzerinnen mit den Händen oder Füßen problemlos hinein- und wieder herausschlüpfen konnten. Die ausgelassenen Gäste und die angestellten Stripperinnen konnten so einen auf gefesselte Sklavin machen, was beim Publikum immer gut ankam.

Der Raum lebte natürlich erst, wenn er mit Menschen gefüllt war. Tina war dennoch begeistert und tanzte fröhlich herum.

»Den Partykeller öffnen wir um zweiundzwanzig Uhr.« Henk war sich sicher, dass Tina diesen Bereich lieben würde. Jeden Tag wummerte hier bis spät in die Nacht die Musik aus den wattstarken Boxen der Musikanlage. Farbige Lichtblitze aus der modernen Licht- und Showeffektanlage zuckten dann im Takt der Musik über die Gesichter und Körper der Tanzenden. Wer sich erholen und eine Pause einlegen wollte, ging hoch ins Erdgeschoß. Beim Publikum besonders beliebt waren die Themenabende wie der »Gothic Friday«.

Nach der Führung setzte Tina sich in einen der Loungesessel im Erdgeschoß. Henk hatte nichts zu der Edelstahltreppe gesagt, die in das obere Stockwerk führte, und Tina fragte auch nicht.

Was Henk ihr verschwieg: Wer ein besonderes Erlebnis haben wollte, kaufte sich für eine Stunde – oder gegen entsprechende Bezahlung auch für länger – einen Schlüssel zu einem der sechs Zimmer im ersten Stock. Ursprünglich hatte Henk daran gedacht, wie bei einem Stundenhotel Zimmer an Prostituierte zu vermieten. Dazu hatte er die Zimmer vor sieben Jahren, als sie den Club aufbauten, alle ein wenig unterschiedlich, nach Themen, einrichten lassen. Eines davon war einem Kerker nachempfunden worden.

Doch kurz nach der Eröffnung des Clubs hatten Henk und Pedro ein für sie seltsames Phänomen festgestellt. Anstatt dass Prostituierte mit ihren Freiern kamen, fragten scheinbar ganz normale Pärchen, ob sie das Kerkerzimmer mieten könnten. Neugierig geworden, hatte Henk nicht lange gefackelt und Videokameras installiert. Es hatte sich herausgestellt, dass diese Pärchen Anhänger der verschiedenen Varianten von BDSM waren und einen Ort suchten, wo sie ihre Fantasien außerhalb ihrer eigenen Wohnungen ausleben konnten. Sandy hatte dann die Idee gehabt, alle Zimmer für BDSM Spiele einrichten zu lassen: Haken und Schnallen an den Betten, tragfähige Ringe an der Decke und den Wänden. Es hatte nicht viel gebraucht und plötzlich war der Club der angesagteste Treffpunkt der BDSM Szene in der Stadt geworden.

Tina sah sich interessiert im Club um, als wäre sie das erste Mal hier und würde es trotz ihrer häufigen Besuche zur Mittagszeit erst jetzt richtig wahrnehmen. Henk setzte sich in einen Sessel und zog sie auf seinen Schoß. Tina lächelte und schmiegte sich sogleich an ihn.

»Das ist alles deins?«

Henk wich der Frage aus, indem er antwortete: »Pedro und ich sind Partner. Gemeinsam führen wir den Club.« Er war etwas empfindlich, was diesen Punkt betraf. In den offiziellen Papieren stand Pedro als alleiniger Eigentümer. Denn mit dessen Geld war alles aufgebaut worden, was aber niemand außer ihnen beiden wusste. Henk besaß die Vollmachten, die für eine Geschäftsleitung notwendig waren, und war derjenige mit der Schanklizenz. Dennoch war er lediglich ein Angestellter. Trotzdem bezeichnete er den Club als »seinen Club«. Die ursprüngliche Idee hatten Pedro und er tatsächlich gemeinschaftlich und zu gleichen Teilen entwickelt.

Bei dem Partyschiff sah es etwas anders aus: Henk hatte den Rumpf beigesteuert und der Umbau war damals nach seinen Vorstellungen umgesetzt worden. Pedro hatte zwar alles bezahlt, aber generöserweise Henk als Eigentümer in die Papiere eintragen lassen.

Henk bestellte auch für sich einen Cocktail. Der Barkeeper hatte Tina schon gleich beim Betreten des Clubs ihren Lieblingsdrink gemixt. Während sie beide an ihren Gläsern nippten, legte Henk seine Hand auf Tinas Oberschenkel und streichelte die glatte Haut bis hoch in ihren Schritt. Mehr verkniff er sich. So früh am Abend, aber vor allem an Sonntagen wie heute, war das Publikum im Club erfahrungsgemäß noch etwas prüde und er wollte diese Kundschaft nicht vergraulen.

Außerdem wollte er nach dem schönen Tag auf dem Rummelplatz den Abend mit Tina intim und ausführlich in seinem Penthouse verbringen.

Nachdem sie ihre Cocktails getrunken hatten, verließen sie am frühen Abend den Club. Mit Tina im Arm bestieg er ein Taxi und ließ sich nach Hause fahren. Seinen Fahrkünsten vertraute er nicht mehr.

Im Penthouse angekommen, lenkte Henk Tinas Schritte gezielt auf das Sofa zu. Er wusste, was er wollte.

»Vertraust du mir?«, hauchte er in ihr Ohr. Tina strahlte ihn als Antwort nur an und nickte. Er plazierte das Fell, welches vor dem Kamin gelegen hatte, auf dem Couchtisch. Per Fernbedienung sorgte er dafür, dass dieser Tisch die richtige Höhe bekam, sodass er bequem stehend in sie eindringen konnte. Dann bat er Tina, sich das schwarze Cocktailkleid anzuziehen, doch die Unterwäsche wegzulassen.

Als Tina wieder zurück war, hieß er sie, sich bäuchlings auf den Tisch zu legen. Diesmal so, dass er ihre Arme und Beine anwinkeln und über dem Rücken zusammenführen konnte. Dies war die Vorbereitung für den sogenannten »Hogtie«, einer Fesselung, bei der alle vier Hand- und Fußgelenke miteinander verbunden wurden.

Er entnahm einer Schublade im Tisch ein selbstgefertigtes Hogtie-Kreuz aus Edelstahl. Die Konstruktion war einfach: In einen zentralen Ring waren vier Panzerketten eingehakt. Am Ende jeder der etwa 10 Zentimeter langen Ketten befand sich je ein kleiner Ring. Um die Gelenke von Tina legte er Manschetten mit Karabinerhaken, die er in die Enden des Hogtie-Kreuzes einklinkte. Tina war somit fixiert.

Geübt verknüpfte er den zentralen Ring des Kreuzes mit dem Haken am Ende der Kette, die von der Decke hing. Mit einem Druck auf die Fernbedienung ließ er die Kette in den

Auffangbehälter unter der Deckenverkleidung, ähnlich einem Ankerkasten, einziehen.

Tatsächlich hatte das Partyschiff der Konstruktion Pate gestanden. Auf der »Petite Péniche« stand auf dem Achterdeck, unter dem sich die Kajüte mit dem Glücksrad befand, eine Ankerwinde. Die Kette führte auf dem Partyschiff durch das Dach in die Kajüte und man konnte schwere Gegenstände wie das Glücksrad anheben und im Raum verschieben. Oder gut verschnürte Frauen in genau der richtigen Höhe schweben lassen. Henk mochte diese Position bei seinen Gespielinnen, deshalb hatte er eine ähnliche Vorrichtung bei sich zu Hause im Penthouse einbauen lassen. Die hohe Decke im Wohnzimmer half dabei.

Das Hogtie-Kreuz spannte sich und zog Tinas Arme und Beine leicht nach oben. Zufrieden betrachtete er Tinas Hintern und die schönen Oberschenkel, die im leichten Winkel in die Luft ragten. Tina atmete schneller. Henk langte zwischen ihre Beine und strich ihr vom Po über die Möse, die direkt vor ihm prangte und zu tropfen schien. Ihn förmlich einlud. Doch zunächst griff er in die Schublade des Tisches und zog einen kleinen Dildo hervor. Diesen bestrich er mit Gleitgel und führte ihn in Tinas Möse ein. Tina begann augenblicklich zu zappeln. Zufrieden lächelnd ließ Henk den aktivierten und vibrierenden Dildo in ihrem Lustzentrum. Damit keine Bewegung mehr möglich war, fixierte er zusätzlich eine Spreizstange zwischen Tinas Fußgelenken. Die Vorrichtung zog er etwas an, damit Beine und Arme gestreckt wurden. Im Anschluss an die Fixierung widmete er sich wieder seinem intensiven Spiel.

Er sah auf den Dildo, der fleißig in ihr summte. Henk hatte immer penisgroße Eiszapfen im Eisfach. Geschickt zog er den Dildo raus und ersetzte diesen durch einen großzügig mit Gleitgel bestrichenen Eiszapfen. Tina fiepste. Doch sie kam nicht dazu, irgendetwas zu sagen, denn nach ein paar Rein- und Rausbewegungen steckte er den kleiner werdenden Eiszapfen in ihren Anus. Tina japste. Jetzt war Henk dran. Sein Schwanz ragte schon eine Weile in die Höhe. Mit jedem undefinierbaren Geräusch, welches Tina von sich gab, wurde er härter. Jetzt rammte er seine Péniche in ihren Hafen. Tina presste die Pobacken zusammen und Eis tropfte aus ihrem Po auf seinen heißen Schwanz. Henk trat ganz dicht an sie ran und befriedigte sich lange in ihr, indem er zur Gänze seinen dicken Schlegel in sie stieß, bis Tina zu keuchen aufhörte, spitze Schreie ausstieß und sie gemeinsam kamen.

12. Korruption

»Wann hast du eigentlich entdeckt, was dort alles vor sich ging? Immerhin lautete der Vorwurf unter anderem Erpressung, Zuhälterei, Drogenhandel, Bestechung – und Mord. Wie kann man das alles übersehen?« Maijke klang überheblich.

Also waren sie nun beim »Du« angekommen, dachte sich Christine. Und das vernichtete gleich jede Distanz und jeden Respekt? Christine lachte. Nicht sie war jetzt naiv zu nennen, sondern ihr Gegenüber. Die Beteiligten hatten alle unter einer Decke gesteckt. Was sollte man wohl tun, wenn selbst hochrangige Polizisten, die örtliche Feuerwehr oder der Postbote in diesen Clubs ein- und ausgegangen waren. Fast die gesamte Elite der Stadt hatte es bei der Verhaftungswelle in irgendeiner Form erwischt. Denn bei allen Events war fleißig gefilmt worden – natürlich immer nur zur eigenen Sicherheit – und niemand wollte bloßgestellt werden. So verhalfen sie sich gegenseitig zu einem Alibi. Selbst ein Richter hatte damals plötzlich auf der Anklagebank gesessen. Wer nicht beteiligt gewesen war, der war doch in irgendeiner Form ein Opfer dieser damaligen Gesellschaft geworden. Und viele der Opfer wurden wieder zu Tätern. Beschaffungskriminalität nannte man das dann. Und die Taskforce hatte die gut organisierten und mafiösen Strukturen »organisiertes Verbrechen« genannt. Denn die einen rissen die Mädchen in den Discos oder auf der Straße auf, die anderen machten sie abhängig. Zuerst mithilfe von teuren Geschenken und Annehmlichkeiten, dann durch psychische oder sogar physische Gewalt und Drogen. Früher oder später landete jedes dieser so eingefangenen Mädchen dann auf dem Strich. Und viele profitierten davon. Und noch mehr schauten einfach weg.

Christine betrachtete Maijke stirnrunzelnd, die an diesem Dienstagvormittag wieder in ihrem Wohnzimmer saß und in ihr Notizbuch schrieb. Für Christines Geschmack hatte Maijke zu viele Vorurteile und kein Verständnis für die Opfer.

»Ganz ehrlich. Frag dich mal selber, wie lange die Taskforce brauchte, um überhaupt tätig werden zu können. Dass sie das überhaupt konnte, hatte sie mutigen Privatpersonen zu verdanken. Die Polizei der Stadt hat tatenlos zugesehen, ja sogar alles fleißig zu vertuschen versucht. Das Geld der erpressten Stadtbewohner, die irgendwann einmal im Club bei etwas Zwielichtigem gefilmt worden waren, wurde nahtlos in die Clubs reinvestiert. *Gut gemacht*, dachten sich die Clubbesitzer. Warum hätten sie aufhören sollen?« Christine hatte sich warmgeredet und startete mit ihrem Vortrag: »Bei solchen Fragen rufe dir bitte auch ins Gedächtnis, wie lange das gerade beendete Verfahren dauerte. Es wurden unzählige Zeugen verhört und wichtige Personen verhaftet.

Ich war jung und neu in der Stadt. Eigentlich suchte ich nur Freunde. Und das waren sie eben auch: Menschen. Manche zwar netter als andere, aber alle nun einmal auch durch eine Erziehung gegangen, die ihnen vorgaukelte, ihr Verhalten sei richtig und normal. Du wirst es vielleicht nicht glauben, aber alle fanden sich überaus charmant und integer. Schließlich kamen in die Studios und Clubs Leute, die exakt dafür zahlten. Und dann schau dir mal deren Väter an. Ich wette mit dir, dass ihre Vorbilder das ebenso gemacht haben.«

»Jetzt verteidigst du sogar einen Verurteilten?«, fragte Maijke vorwurfsvoll.

»Nein, ich erkläre dir nur, dass es ein sehr hohes Maß an Bewusstsein, Willensstärke und Mut bedarf, aus dem, was Eltern nun einmal ›Erziehung‹ nennen, auszusteigen. In vielen

Familien werden die eigenen Werte einfach nur vorgelebt, die man wieder von den eigenen Eltern hat, und so weiter. ›Wer gesehen hat, wie jemand mit Betrug davongekommen ist, wird entweder Verbrecher oder Polizist‹, sagt ein Sprichwort. Niemand hinterfragt, ob es auch besser oder anders ginge. Wir wiederholen einfach stumpfweg, was unsere Eltern gelebt haben. Ob wir das wünschen oder nicht. Ich spreche aus eigener Erfahrung.«

Christine wusste, dass sie die Erfahrung ihrer Eltern wiederholt hatte. Drogen, Schläge und Erniedrigungen. Erst als sie sich diese Dinge ganz bewusst angesehen hatte, konnte sie sich davon frei machen. Das hatte allerdings Jahre der Therapie bedurft.

»Welchen Vorbildern folgen wir? Egoisten und gesellschaftlichen Dogmen oder lediglich dem Geld, welches angeblich glücklich macht? Jeder Mensch übernimmt in großen Teilen die Denkweise der Eltern. Und wiederholt damit Dinge, die durchaus nicht mehr zeitgemäß sind. Ich erkläre nur, wie es dazu kommt, dass sich alle für normal halten. Uns wird nicht beigebracht, die Eltern und die Obrigkeiten zu hinterfragen. Im Gegenteil, wir sollen sie noch ehren. Auch dann, wenn sie streitsüchtig und faul waren. Ja, deren Lügen werden noch schöngeredet. Und man macht uns ein schlechtes Gewissen, würden wir uns gegen die Eltern stellen oder die Erziehung an den Pranger. Aber genau dieses ständige gesunde Hinterfragen ist lebensnotwendig, um eine bessere Gesellschaft zu werden. Wir müssen lernen, selber an die Optimierung zu denken. Doch in der Schule wird uns nur beigebracht, wieder einer Obrigkeit zu folgen. Gute Noten nur für Leistung. Leistung heißt: erst Belohnung, dann Geld. So folgen wir später genau dem: einer Obrigkeit, die Geld macht. Sei das der korrupte Chef oder ein Drogendealer. Das Prinzip ist das gleiche. Wir wollen von unseren Eltern geliebt werden, wir wollen von der Obrigkeit geliebt werden. Und verwechseln Geld mit Liebe. Den eigenen Frust darüber lassen wir ungeniert an anderen aus. So machen es doch alle, gell? Du etwa nicht?«

Maijke sah Christine erstaunt an. »Was mache ich auch?«, fragte sie begriffsstutzig.

Jetzt platzte Christine der Kragen. Sie hatte es offensichtlich nicht geschafft, Maijke aus der Reserve zu locken. Die Reporterin blieb reserviert und überheblich. Ganz klar hatte diese Frau viele Geheimnisse, die sie durch Fragen an andere verschleierte.

Christine stand auf und blickte auf die Reporterin hinab.

»Auch du machst den Eindruck, voller ungelöster Probleme zu sein, ohne selber die Verantwortung für deinen Frust zu übernehmen. Du kompensierst alles durch Leistung und bemerkst nicht, wie du mich zu sezieren versuchst, um von deinen Lebensthemen abzulenken. Ich wette, auch du hast irgendwo ein Suchtproblem. Und auf deiner dogmatischen Anklagebank sitze ich nur, weil deine Mutter dich auch so behandelt hat: lieblos.«

Die Reporterin starrte sie empört an. Dann stand sie abrupt auf, schnappte sich ihre Jacke und ging.

13. Annäherung

Gähnend streckte sich Henk. Es war noch früh am Morgen – jedenfalls nach seinem Standard. Der Wecker auf dem Nachttisch zeigte zehn Uhr an. Er warf sich seinen Morgenmantel über und verließ das Schlafzimmer. Unten im Wohnzimmer war es recht kühl. Er fröstelte. Im Kamin glomm erfreulicherweise noch ein Rest Glut von gestern Abend, so war es für ihn ein Einfaches, das Feuer wieder in Gang zu bringen. Im Wohnzimmer sah es noch ein wenig wie ein Schlachtfeld aus. Er zuckte mit den Schultern. Später würde der Reinigungsdienst kommen, aufräumen und sauber machen. Er zog den Gürtel von seinem Morgenmantel enger und ging in die Küche, während im Wohnzimmer jetzt das Kaminfeuer prasselte und wohlige Wärme verbreitete.

Henk liebte es, mit einem frisch zubereiteten Kaffee in den Tag zu starten. Geräuschvoll mahlte der Kaffeevollautomat die erste Portion des Tages. Auf dem Hocker am Küchentresen sitzend gab er Tina zehn Minuten, dann wollte er sie wecken. Doch als er den ersten Schluck nahm, hörte er bereits im Bad des Gästezimmers die Toilette. Kurz darauf kam Tina mit dem kurzen Bademantel bekleidet, der immer im Badezimmer hing, aus dem Gästezimmer. Mit einem noch halb verschlafenem Blick sah sie sich suchend um.

»Guten Morgen!«, begrüßte Henk sie. Sie folgte seiner Stimme und betrat den Küchenbereich. Gleichzeitig herzhaft gähnend und einen Gruß murmelnd, machte sie wie eine Katze erst einen Buckel und streckte sich dann, hob die Arme über den Kopf und reckte sich noch mehr. Der Saum vom knappen Bademantel rutschte hoch, entblößte für einen Moment ihre unbekleidete, glatt rasierte Muschi. Sein Blick klebte förmlich daran. Wirklich sexy sah sie aus. Augenblicklich reckte sich sein Mast in die Höhe. Er vergaß seinen Kaffee und ging langsam auf sie zu. Tina sah ihm aufmunternd entgegen.

»Ich kann dir etwas Besonderes zeigen«, sagte er. »Nimm mal auf dem Gästebett die Bettdecke herunter.«

Tina ging in ihr Zimmer und nahm die Decke hoch, sah aber nichts. Henk war an die Seite des Bettes getreten und hatte die Fernbedienung in der Hand.

»Leg dich drauf!«, forderte er Tina auf. Sie gehorchte. »Arme und Beine ausstrecken!«

Henk holte die Schlaufen unter der Matratze hervor. Tina streckte ihm die Arme entgegen und lächelte ihn voller Vorfreude auf das Kommende an. Henk zog sie so an die Kante des Betts, dass er bequem an ihre Vagina kam, wenn er das Bett hinten etwas mit der Fernbedienung anhob. Für die Beine holte er zwei Ständer aus dem Schrank, die eigens für Sexspiele vorgesehen waren. Sie hatten ein ordentliches Gewicht und standen sehr stabil, auch wenn man daran zog. Er stellte sie breit auf, um bequem zwischen Tinas Beine treten zu können. Ihre Knöchel fesselte er mit entsprechenden Manschetten an die Stangen. Tina lag mit weit aufgerissenen Augen auf dem Bett und atmete schneller. Diesen intensiven Blick hasste Henk und dafür hatte er immer leichte und breite Tücher bereitliegen. Eines nahm er nun und legte es Tina über das Gesicht. Dann zog er die Arme straffer. Er zog so lange, bis vom Bett ein heftiger Atemzug andeutete, dass es jetzt genug war. Danach überprüfte er noch einmal die Fesselung der Beine. Schön verpackt, wie sie so dalag, gönnte sich Henk eine kurze Pause. Er ging ins Wohnzimmer hinüber. Seine Musikanlage war vom Feinsten. Neben dem Schallplattenspieler für Vinyl hatte er sich einen CD-Player geleistet. Ein Betrachter seiner privaten Schallplattensammlung hätte sich bei näherem Hinsehen wahrscheinlich verwundert die Augen gerieben. Verdi und Wagner standen friedlich neben dem Soundtrack von »Terminator 2: Judgement Day«.

Er stellte seine Lieblingsmusik auf volle Lautstärke. Augenblicklich schallten die mächtigen Orgeltöne von Bachs Toccata und Fuge in d-Moll durch die Wohnung und versetzten ihn in Hochstimmung. Er nahm aus der obersten Schublade eine der Pillen, die Sandy ihm empfohlen hatte, und spülte sie in einem Zug mit einem Drink herunter.

Entschlossen kehrte er ins Gästezimmer zurück.

Moment, das Kruzifix fehlt.

Kirche? Religion? Damit hatte Henk nichts am Hut. Das Kreuz hatte für ihn eine ganz andere Bedeutung.

Er erinnerte sich noch genau, wie er an die klassische Musik gekommen war. In einer Videothek hatte er sich »Apocalypse Now« ausgeliehen. Die Szene, in der die Helikopter zu Wagners »Ritt der Walküren« über das Meer auf den Strand zuflogen, ging ihm nie mehr aus dem Kopf. Als er dann zu dieser Musik eine Frau nahm, war es überwältigend. Auf seinem Höhepunkt explodierten scheinbar Bomben vor seinem inneren Auge.

Anschließend suchte Henk nach Musik, die ähnliche Wirkung auf ihn hatte, und landete schließlich bei kirchlicher Musik, bei mächtigen Orgelstücken und kräftigen Chorälen. Was musste es für ein Gefühl sein, in einer Kirche zu Orgelmusik eine Frau auf dem Altar flachzulegen! Oder besser noch, zu »Hells Bells«? Doch selbst mit seinem Einfluss konnte Henk so etwas nicht durchziehen. So diente das Kruzifix als symbolischer Ersatz für seinen privaten Wunsch.

Er nahm das Holzkreuz aus der Schublade und legte es Tina auf den Bauch. Jetzt würde er sie ficken können. Und ja, er war bereit.

Als die ersten Töne von »O fortuna« aus Carl Orffs »Carmina Burana« kraftvoll aus den übergroßen Lautsprechern erklangen, lief ihm ein kalter Schauer über den Rücken. Auf ein Vorspiel hatte er keine Lust. Also schmierte er ordentlich Vaseline auf Tinas Möse und seinen Schwanz.

Der Wolf bleckte die Lefzen, um dann in den Choral mit heiserem Geheul einzustimmen. Sein Blut schien in den Adern zu kochen, der Puls war so laut, dass es in seinen Ohren rauschte. Doch völlig drehte der Wolf durch, als anschließend »Dies irae – Tag des Zorns« erklang. Kraftvoll wie Verdis Requiem rauschte Adrenalin in seinen Adern. Voller Vergnügen rammte er in Tina, so hart es ging. Im Takt der überlauten Musik vögelte er sie so lange, bis er mit dem Schlussakkord des Stückes kam.

Befriedigt stieg er anschließend unter die Dusche des Gästezimmers. Er wickelte sich nur ein großes Handtuch um die Hüften und ging ansonsten nackt danach zum Bett und löste erst jetzt die Fesseln. Ohne einen weiteren Blick auf Tina zu verschwenden, verließ er das Zimmer und ging nach oben, um sich in seinem Zimmer anzuziehen.

Als er wieder hinunterging, begab er sich geradewegs in die Küche, um sich noch einen frischen Kaffee zu machen.

Kurz darauf kam Tina geduscht und angezogen ebenfalls wieder in die Küche. Sie war sehr still. Fast machte sich Henk Sorgen, ob es ihr auch gefallen hatte.

»Milchkaffee?«, bot er ihr fragend an. Sie nickte nur.

Er drückte den entsprechenden Knopf. Wenige Momente später schwebte der Duft von frisch gemahlenem Kaffee zu ihnen herüber.

Tina nahm einen Schluck aus der großen Tasse und seufzte zufrieden. »Herrlich«, lächelte sie.

Das klang nun versonnen und entspannt. Henk war erleichtert und erfreut. Wenn sie diese Spiele mochte, dann sicher noch andere.

»Nach dem befriedigenden Start in den Tag hast du eine Belohnung verdient. Was möchtest du denn heute Schönes machen?«

Sie legte auf eine niedliche Weise den Kopf schief. »Zeigst du mir Amsterdam und die Umgebung?«

»Aber sicher doch!«

Henk beschloss, sich diese Woche vom Clubgeschäft freizunehmen und sich ganz auf das Verführen von Tina zu konzentrieren. Was er bisher mit ihr gemacht hatte, war nur die Ouvertüre zu dem, was er wirklich wollte.

Auf mehrere Tage verteilt bot er Tina ein ausgedehntes Touristenprogramm. Jetzt im April war die Tulpenblüte in vollem Gang. Ein Besuch des Frühlingsparks Keukenhof war somit praktisch Pflicht. Wie Henk es erwartet hatte, begeisterte Tina der atemberaubende Anblick von Millionen an Tulpen in hunderten von Sorten.

Eine weitere Aktivität, von der Henk wusste, dass es die Damen erfreute, war der Besuch einer Therme. In der Umgebung von Amsterdam gab es zahlreiche Ferienressorts mit Spa und Therme, aber Henk dachte nur an das Thermalbad »Fontana« in Bad Nieuweschans. Neben einer Saunalandschaft, die Henk weniger gern mochte, gab es dort ein römisches Dampfbad und ein großes Außenbecken mit Wassermassage und Whirlpool. In dem warmen, extrem mineralhaltigen Wasser quasi zu schweben, hatte einen Wohlfühlfaktor, der die gut zwei Stunden Fahrzeit mehr als ausglich.

Entspannt standen sie bis zum Hals im warmen Wasser und lehnten sich an den Beckenrand. Tina deutete auf ein kleines

Schild, das am Beckenrand stand: »Lichamelijk contact is niet toegestaan«.

Tina kicherte. »Leichnam ...?«

Henk wusste sehr gut, dass einige Wörter der niederländischen Sprache für Deutsche ein Quell andauernder Erheiterung waren. Er grinste und legte unter Wasser seine Hand auf ihren Bauch. »Das ist verboten und natürlich das hier erst recht.« Er schob seine Hand vorwitzig unter den Bund ihres Bikinihöschens und tastete mit dem Finger nach ihrer Klitoris.

Im Gegenzug fasste Tina in seine Badehose. »Hier gibt es in der Tat keine toten Körper. Der hier ist sehr lebendig«, meinte sie lachend, während unter ihrem Griff sein Penis anschwoll.

Henk mochte es, exponiert zu sein, wenn er schon seiner Vorliebe für Bondage nicht nachkommen konnte. Doch hier im Becken waren sie dann doch zu sehr in der Öffentlichkeit. Ein Hausverbot wollte er nicht riskieren. Aber er hatte eine Idee. Das Thermalbad war sehr modern ausgestattet. Im Wellnessbereich gab es unter anderem Wassermassageliegen. Im Prinzip waren es Wasserbetten, in deren Innerem sehr starke Wasserdüsen installiert waren. Henk hatte gleich beim Eintritt in das Thermalbad einen Termin für sie beide gebucht. Die Massageliegen standen, wie in einem Solarium, einzeln in kleinen Räumen. Dort waren sie halbwegs ungestört, aber gleichzeitig noch soweit in der Öffentlichkeit, dass es Henk reizte.

Die Rezeptionistin des Wellnessbereichs führte sie zu ihren beiden Kabinen mit den Massagebetten und erklärte kurz die Bedienung. Henk wartete einen Moment, bis sie wieder an ihren Empfangstisch zurückgegangen war. Schnell schlüpfte er dann in Tinas Kabine. Mit beiden Gürteln, dem von seinem und dem von ihrem Bademantel, fesselte er jeweils einen Arm an die entsprechende Ecke vom Kopfende des Wasserbetts. Henk wusste, dass sie leise sein mussten, sonst würde die

Frau von der Rezeption kommen und nachsehen, ob auch alles in Ordnung war. Die leichte Fesselung Tinas und der Nervenkitzel, erwischt zu werden, reichten, um ihn zu erregen.

Als die Wasserdüsen mit ihrer Arbeit begannen, fing das ganze Wasserbett an zu vibrieren. Im Rhythmus der Massage liefen Wellen durch das Wasserbett. Henk passte sich den Bewegungen an. Wenn er in Tina stieß und tiefer in die Oberfläche drückte, lief eine Welle durch das Bett, die kurz danach Tinas Körper wieder anhob. Wenn er sein Timing richtig anpasste, prallten ihr und sein Becken mit einer ähnlichen Kraft zusammen, wie es auch beim Gebrauch einer Liebesschaukel der Fall war. Nur, dass er in der abgewandelten Missionarsposition auch noch sein Körpergewicht mit einsetzen konnte, um sie tiefer und stärker nehmen zu können.

Tina schien es sichtlich zu genießen, den Rücken bis zum Gesäß massiert zu bekommen und gleichzeitig hart genommen zu werden. Als ihr Stöhnen in erst leise, dann lauter werdende Schreie überging, legte Henk eine Hand um ihre Kehle und würgte die Laute ab, die sie von sich gab. Augenblicklich spürte er, wie Tinas Becken sich mit mehreren heftigen Bewegungen aufbäumte, und auch er kam.

Tina kicherte, als er wenige Minuten vor Ablauf der zwanzigminütigen Massagezeit ihre Kabine wieder verließ. »Das hat Spaß gemacht. Bekomme ich jetzt einen Kaffee?«, flüsterte sie ihm zu.

Henk nickte und sie machten eine ausgedehnte Pause auf der Terrasse des Bistros. Anschließend besuchten sie das römische Dampfbad, verbrachten weitere Zeit im großen Becken und auf der Liegewiese. Ihren Hunger zwischendurch stillten sie im Bistro. Der Tag verflog im süßen Nichtstun. Langsam wurde es Zeit, sich wieder auf den Rückweg nach Amsterdam zu machen. Doch es war zum Verrücktwerden:

Henk fühlte schon wieder das Verlangen, es mit Tina zu treiben.

Zwischen den Umkleidekabinen mit den Schließfächern und dem Zugang zum Becken war ein Quergang mit den Duschkabinen. In jeder von ihnen war ein kleiner Bereich, in dem man seinen Bademantel aufhängen konnte. Durch eine schmale Trennwand abgetrennt, war der eigentliche Duschbereich so groß, dass durchaus zwei Personen bequem Platz hatten.

Die Gespräche der Badegäste hallten in dem Bereich wider und bildeten mit dem Rauschen der Duschen einen Klangteppich, der ungewöhnliche Geräusche verbarg.

Henk dachte an die zweistündige Fahrt zurück zum Penthouse. Nein, das ging nicht. Er musste Tina haben, jetzt, sofort, sonst würde er platzen.

Kurz entschlossen drängte er sie in eine der Duschkabinen und folgte ihr. Niemand hatte sie beachtet. An der Wand, neben dem Knopf, mit dem das Wasser gestartet wurde, befand sich ein Haltegriff. Henk drückte Tinas Oberkörper nach vorne und unten, sodass sie mit gespreizten Beinen ihm ihren Hintern entgegenreckte. Schnell fesselte er mit dem Bademantelgürtel ihre Handgelenke an dem Griff. Er legte ihr eine Hand auf den Mund und stopfte gleich darauf seinen harten Schwengel ohne Umschweife in ihre tropfnasse Möse. Er fühlte ihren heißen Atem an den Fingern.

Henk brauchte nicht lange. Er freute sich, ein zweites Mal innerhalb kürzester Zeit zu kommen. Das war ihm schon lange nicht mehr gelungen.

Und dies war ihm dann noch ein dreigängiges Menü im Restaurant des angrenzenden Hotels wert. Henk nahm sich vor, das nächste Mal hier ein Hotelzimmer zu nehmen. Heute aber wollte er zurückfahren. Er hatte noch andere Pläne.

Entspannt und zufrieden fuhren sie im Anschluss an das Essen nach Amsterdam. *Das ist ein schöner Tag gewesen,* dachte sich Henk. Mit Tina kam er gut zurecht. Er hatte viel Spaß und sie war offen und neugierig und lachte gerne. Heiterkeit. Das mochte Henk. *Ja, dieser kleinen, aber zähen Maus kann ich wohl einen Vertrag anbieten,* dachte er sich.

Wieder im Penthouse wünschte er Tina eine gute Nacht und diese ging in ihr Zimmer. Offensichtlich so todmüde wie er auch. Kurz ging Henk noch in seinem Büro an den Schreibtisch. Er legte sich den Vertrag bereit, den er Tina bei nächster Gelegenheit geben wollte. Dieser süße Engel sollte ganz ihm gehören.

14. Wie alles begann

Christine saß im Wohnzimmer und blickte durch das große Fenster in die Ferne. Diesen Blick auf die Landschaft fand sie sehr beruhigend. Langsam ging nun auch der September zu Ende. Das Wetter blieb allerdings unvermindert warm, wenn auch die Hitze nachließ. Christine hatte endlich mal wieder Zeit – und frische Energie. Sergio hatte Nachtschicht gehabt und sie wollte ihn heute schlafen lassen. Sie hatte die Zwillinge schon versorgt. Es war noch früher Morgen und Sergio würde wohl noch lange schlafen, da er heute frei hatte. Christine genoss die Stille dieses Morgens. Obwohl ihre Gedanken schon wieder Purzelbäume schlugen.

Die Journalistin Maijke Wielend hatte sich nicht mehr blicken lassen. Ihr Urlaub war Ende August zu Ende gewesen und Christine hatte bis heute nichts mehr von ihr gehört. Christine hatte ihre Telefonnummer verlegt und wenig Motivation zum Suchen. Es war nicht an ihr, die Wogen wieder zu glätten. Sie bedauerte zwar, dass sie Maijke vertrieben hatte. Doch hatte sie die distanzierte und rüde Art sowie die ständige Überheblichkeit, mit der diese Frau ihre Fragen gestellt hatte, auch gründlich satt. Es grenzte schon an Anmaßung, was diese so von sich gegeben hatte. Und wenn Christine Fragen gestellt hatte, hatte sie die kaum beantwortet, sondern war meist oberflächlich oder kurz angebunden geblieben. Dabei hatte die Journalistin sich ihr förmlich aufgedrängt. Sie hätte keineswegs gleich ihren Urlaub auf diese nunmehr sieben Jahre alte Geschichte verwenden müssen. Sie schien ein dringendes – wahrscheinlich privates – Interesse an dem Fall zu haben, doch ihre tatsächliche Motivation hatte sie nie verraten. Schade, dass Maijke sich nicht geöffnet hatte. Es hätte ihnen beiden keineswegs geschadet. Unter anderen Umständen hätten sie vielleicht Freundinnen werden können. Christine seufzte.

Heute wollte sie endlich Ordnung in die bruchstückhaften Details ihrer Erlebnisse in Amsterdam bringen. Sie hatte nun beschlossen, ihre Notizen zu vervollständigen und die Geschehnisse aus dem Jahr 1994 von Anfang an aufzuschreiben. Bis dahin hatte sie alles von hinten nach vorne oder durcheinander erzählt. Einiges hatte sie in ihrer Erinnerung vermischt. *So von Beginn an sollte es leichter sein, alles zu sortieren und aufzuschreiben,* dachte sie.

Natürlich konnte sie sich sehr gut daran erinnern, wie alles damals begonnen hatte. Es war ein schöner Frühlingstag mitten in Amsterdam gewesen. Sie und ihre Freundin waren am Vorabend eingetroffen und übernachteten in einer kleinen Pension, wo sie am nächsten Morgen saßen und einen Kaffee tranken. Ein Mann überquerte selbstbewusst die Straße und Ursula kannte ihn offensichtlich. Er setzte sich zu ihnen und bestellte wie selbstverständlich für alle Frühstück. Ihre Freundin flirtete sofort los. Aber was diese über Christine erzählte, stimmte nicht. Christine überlegte lange, warum Ursula, die damals noch Birgit hieß, eigentlich log. Birgit hatte gesagt, sie hätten sich im Zug kennengelernt. Das war eine glatte Lüge, denn sie kannten sich schon lange. Früher hatten sie im selben Ort gewohnt. Sie waren sogar fast Nachbarn gewesen und sie waren eine Zeit lang auf dieselbe Schule gegangen. Sicher, sie hatten sich aus den Augen verloren. Aber unbekannt waren sie sich nicht gewesen. Drei Tage vor diesem denkwürdigen Tag des ersten Zusammentreffens mit diesem Mann liefen sie sich in ihrer Heimatstadt wieder über den Weg. Und beide gingen spontan ins Café, um miteinander zu reden und die Freundschaft aufzufrischen. Christine klagte der Freundin ihr Leid. Als diese ihr damals erzählte, dass sie nach Amsterdam gehen wolle, war Christine sofort bereit mitzugehen. Genau das fehlte ihr damals: Jemand, der sie mitnahm. Außerdem jemanden, der ihr vor Ort weiterhelfen und auf den man sich verlassen konnte. Christine war damals nach Hause gegangen. Unterbewusst hatte sie vielleicht gehofft, dass man sie aufhalten würde. Außerdem waren noch etliche Kleidungsstücke und Schuhe dort, die sie mitnehmen wollte. Doch dort hatte sich gar nichts verändert, seit sie das Haus ihrer Eltern fast zwei Jahren zuvor verlassen hatte. Immer noch stank es bestialisch nach Müll und kaltem Rauch. Die Wohnung war unaufgeräumt und dreckig. Christine passte eine Zeit ab, zu der ihr Vater normalerweise immer im Wirtshaus saß. Ihr Plan ging auf und er war wieder abwesend. Ihre Mutter lag völlig weggetreten im Bett. Und sofort wußte Christine, dass niemand sie vermisst hatte oder je vermissen würde.

Dort, in ihrem damaligen Zuhause, im April 1994, hatte sie sich überlegt: *Mitte September des vergangenen Jahres bin ich 18 Jahre alt geworden. Ich bin frei zu gehen, wohin ich will.* Als Ersatz für die fehlende Normalität stahl sie das Geld aus dem herumliegenden Portemonnaie ihrer Mutter und verließ das Haus. Sie wollte nie wieder zurückgucken. Ihre Freundin Birgit und sie stiegen einfach in den Zug und teilten sich, angekommen in Amsterdam, ein Zimmer in einem kleinen Hotel. Es war eine gemütliche Frühstückspension mit kleinem Café im Untergeschoß. Es standen nur wenige kleine Tische vor dem Haus, wo sie dann am nächsten Morgen frühstückten.

Birgit sagte ihr seinen Namen nicht, weshalb sie erst nach dem Frühstück die Puzzlesteine zusammenfügen konnte. Es war damals schon klar gewesen, dass ihre Freundin sehr viel mehr über diesen Mann wußte. Und heute überlegte Christine, ob Birgit sie irgendwann vor der Clubszene im damaligen Amsterdam hätte warnen sollen. Aber natürlich hatte niemand damals die Situation richtig einschätzen oder Geschehnisse voraussehen können. Christine selber hatte damals lediglich ihre Chance gesehen, dem Alleinsein zu entfliehen, neue Leute kennenzulernen und vielleicht sogar einen Gönner, der für sie sorgte. Tief in ihrem Innern regte sich der Wunsch, endlich geliebt zu werden. Natürlich wußte sie an jenem schicksalhaften ersten Tag in Amsterdam, dass sie flirtete. Sie wähnte sich damals jung, sie hatte noch ihr ganzes Leben vor sich. Ihr, so sagte sie sich damals, sollte es ab sofort nur noch gutgehen.

Der Nightclubbesitzer lud sie beide dann zu einer Party. Danach zog ihre Freundin von dannen. Und ließ sie mit dem Typen einfach stehen. Zu der Zeit freute die junge Christine sich aufrichtig über die Gesellschaft des charmanten Clubbesitzers. Es war aber auch wie ein Traum gewesen. Der Traum jedes Teenagers. Der Eigentümer des Clubs, ein paar Häuser neben dem kleinen Hotel, in dem sie abgestiegen waren, war mit ihr damals als erstes einmal Einkaufen gegangen. Er kaufte ihr eine ganz neue Garderobe für diese Party am Abend. Im Shop staunte sie über die Auswahl und sonnte sich in der offensichtlichen Bewunderung. Noch nie hatte ihr jemand so schöne Kleidung geschenkt.

Natürlich hatte sie bemerkt, wie bekannt er in der Stadt zu sein schien. Doch erfahrene Männer reizten sie. Bereits an diesem Tag fragte sie sich, ob sie diesen Mann für sich ganz alleine haben konnte. Noch nie schenkte ihr jemand so viel Aufmerksamkeit und Sachen. Sie hatte sich damals wie im Film »Pretty Woman« gefühlt.

Sie ließ ihn die Kleidung wählen und freute sich, als er ihre Taschen bis zum Hotel zurücktrug. Sie konnte sich sehr gut daran erinnern, wie sie voller Vorfreude auf den Abend auf das Hotel zuhüpfte. Und natürlich fragte sie sich damals, ob der Charmeur wohl mit nach oben kommen wollte. Und als dann ein Anruf für ihn hereinkam, spürte sie, dass er tatsächlich vorgehabt hatte, mit ins Zimmer zu kommen.

Es war eigentlich ziemlich offensichtlich, dass er sie wollte, und Christine freute sich sehr. Ja, mehr noch. Wenn sie ehrlich war, tröstete sie sich damals mit dem Gedanken, dass sie es vielleicht abends tun würden, und fragte sich, ob die Party eine Gelegenheit für Sex bot. Ehrlich musste sie zugeben, dass sie damals alles getan hätte, um diesen Mann für sich zu gewinnen. Somit verabschiedete sie sich im Hotel artig und tat so, als habe sie seine offenkundigen Avancen übersehen.

Oben im Zimmer bemerkte sie, dass ihre Freundin noch nicht zurück war. Das war aber auch gut so, beschied sie damals. Christine hatte an diesem Tag Abstand zu ihr gewollt. Erstens hatte Birgit gelogen, was ihre Freundschaft betraf, und zweitens wollte sie ihrer Freundin ihre neuen Sachen nicht vor dem Abend zeigen. Sie wollte die Freundin definitiv in Sachen Schönheit übertrumpfen.

Christine sah sich wieder, wie sie begeistert die Tüten mit den Geschenken auf dem Bett ausgeschüttet hatte. Die T-Shirts strich sie glatt, faltete sie und legte sie in den kleinen Schrank im Zimmer. Neben dem sexy Abendkleid lag nun noch eine leichte hellrosa Jacke, die sie bei kühleren Temperaturen abends überziehen konnte. Die Verkäuferin in der Boutique hatte ihr auch Nylonstrümpfe und den farblich zur Jacke passenden Lippenstift eingepackt. Selbstverständlich war auch ein Karton mit den passenden Schuhen in der Tasche gelandet. Dafür hatte die Shopbesitzerin gesorgt. Auch eine kleine Handtasche hatte die schöne Schwarze in dem Shop noch dem Einkauf hinzugefügt. Und der Clubbesitzer und sie hatten dann noch ein kleines Collier ausgesucht. Tina fühlte sich wie eine Prinzessin, die auf einen Ball ging, um dem Prinzen vorgestellt zu werden.

»Guten Morgen!« Als hätte er sein Stichwort gehört, stand Sergio in der Tür.

»Du bist ja früh auf. Frischer Kaffee steht in der Küche!«

Früh war in diesem Falle relativ, es war bereits elf Uhr morgens und Christine ging hinüber, um ein spätes Frühstück vorzubereiten.

»Schreibst du?« Sergio hatte ihre Notizen auf dem Tisch im Wohnzimmer erblickt.

Christine nickte. »Ich beginne von vorne. Bei der Party, wo wir uns alle kennengelernt haben.«

»Zu der Frühjahrsparty wollte deine Freundin Birgit … ähm Ursula, denn sie hatte vorgehabt, sich nach Verdienstmöglichkeiten umzusehen.«

»Dass ich mitkam, war ihr nur recht gewesen. Denn alleine zu einer Party ging sie auch nicht gerne.«

Christine war es unangenehm gewesen, der Freundin die ganzen schönen Sachen zu zeigen, die ganz offensichtlich neu gewesen waren. Doch Ursula (respektive Birgit) hatte sich damals tapfer gehalten, den Neid unterdrückt und die Klamotten gelobt.

»Gemeinsam alberten wir beim Umziehen herum und halfen uns danach gegenseitig beim Schminken.« Sie hatten sich viel Zeit gelassen, weil ihre Freundin auf keinen Fall zu früh dort ankommen wollte. »Als wir fertig waren, gingen wir gemeinsam zur Party auf dem Boot.« Christine hatte natürlich niemanden gekannt. »Birgit war die erste Zeit bereit gewesen, mich den anderen vorzustellen. Doch dann war sie total vertieft in ein Gespräch, bei dem ich nichts mehr verstand.« Ihr selber hatte sowohl die Kenntnis der Geschichte gefehlt als auch etliche Vokabeln der noch fremden Sprache. Die Freundin und ihre Gesprächspartner hatten auf der Party über Dinge gelacht, die sie verbanden, und sie hatte sich ausgeschlossen gefühlt. »Also ging ich zur Bar.«

Hinter dem Tresen hatte ein freundlich lächelnder junger Mann gestanden, der sich mit dem Namen Sandy vorstellte. Er war die vollkommene Mischung eines Beachboys und Entertainers. Blond und braun gebrannt. Sein heller Anzug saß perfekt und ließ einen durchtrainierten Body erahnen. Und doch konnte er zuhören. Augenblicklich fühlte sich Tina nicht mehr so alleine und unterhielt sich eine Weile mit ihm. Doch Sandy war im Dienst und hatte zu tun, wie er sagte. Er war in der Menge verschwunden, als Tina gerade ihren ersten Drink getrunken hatte.

»Ich bestellte erst einen, dann den nächsten Drink und fragte mich nie, was darin gewesen war. Die Namen der Cocktails klangen exotisch.«

Sergio nickte: »Sandy war natürlich nie der Barmann, sondern hatte zu der Zeit schon sein eigenes Studio. Die gesamte Szene bezog letztendlich jeglichen Stoff über ihn.«

Damals hatte sie nach dem ersten gleich einen zweiten Drink bestellt und danach beschlossen, sich das Boot einmal näher anzusehen. Mit dem Glas in der Hand erkundete sie erst neugierig das Deck und ging dann die nächstgelegene Treppe hinunter. In den Gängen standen Leute, die alle schon recht beschwipst waren. Christine wußte später gar nicht mehr genau, welchen Weg sie ging und warum sie gerade diese Tür öffnete. Unten befand sich ein Raum, der fast zur Gänze von einem Roulettetisch eingenommen wurde. Darum herum standen halb nackte Herren und machten ihre Einsätze. Doch auf dem drehbaren Tisch lag eine Frau, deren Körper mit Obst bedeckt war. Doch so, dass jeder ihre gespreizten Beine sehen und zu sich drehen konnte. Christine hatte gestaunt und sich gerade gefragt, ob diese Herren wohl nur um einen Blick auf ihre Vagina spielten oder um einen schnellen Fick, als sie plötzlich von einem Wachmann aus dem Raum gezerrt und zur Rede gestellt wurde. Der hatte an jenem Abend den Job als Aufpasser und war auch dafür verantwortlich, dass die Leute keine Türen öffneten und Dinge sahen, die nicht für ihre Augen bestimmt waren.

Christine schüttelte den Kopf und sah vor ihren inneren Augen wieder verwirrt auf den großen Wachmann, der laut vor sich hin geschimpft hatte. Es wurde klar, dass er derjenige gewesen war, der diese Tür hätte bewachen sollen und wohl nicht so gut aufgepasst hatte, wie er hätte sollen. Er beschwor sie, ihren Blick in diesen Raum keinem zu verraten. Dann zerrte er sie durch die Gänge wieder die Treppe hoch und an die frische Luft. Dort spendierte er ihr den nächsten Drink und legte ihr gleich noch eine rosafarbene Tablette in die Hand. Er versprach ihr mehr davon, wenn sie schweigen würde. Christine nickte und freute sich, an diesem Abend gleich zwei weitere nette Männer kennengelernt zu haben.

»Dumm, wie ich damals war, nahm ich die Pillen und leider auch später alles, was man mir gab.«

Sergio schaute sie traurig an. »Ja, wir waren damals alle sehr naiv.«

Christine erinnerte sich nur allzu gut. Nur kurz hatte sie damals danach alleine an der Bar gestanden, als Sandy erneut aufgetaucht war und sie gebeten hatte, mit ihm zu kommen, weil Henk sie suchte. Als sie dann die Stiege auf der anderen Seite des Schiffes hinabstieg, hatte sie bereits drei Cocktails mit dem Liquid Ecstasy sowie Speed intus.

Der Clubbesitzer machte es sich in einem plüschigen Loungesessel bequem. Er winkte sie zu sich und Christine legte sich sofort in seine Arme. Sie wollte den begehrtesten Mann der Stunde. Sie war damals stolz darauf, dass Henk ihr gleich am ersten Tag seine Finger in ihre Möse schob und sie scheinbar allen anderen Mädchen vorzog. Sie war zufrieden, die Freundin auszustechen, und sonnte sich in seiner Aufmerksamkeit. Doch was an jenem Abend noch passiert war, wußte

Christine später nicht mehr so genau. Die Freundin brachte sie zurück in die kleine Pension und dann ins Bett und war dann selber verschwunden.

Am nächsten Morgen wachte Christine verwundert und alleine sowie mit Kopfschmerzen auf. Das Bett von Birgit war unberührt geblieben. Umgehend befand sie ihre Freundin, ein Flittchen zu sein. Sie wähnte sich besser. Froh, der Freundin scheinbar überlegen zu sein, und in dem Glauben, die bessere Partie zu machen, rekelte sie sich damals, an jenem Sonntag, lange im Bett. Dabei erinnerte sie sich voller Vergnügen an das Treffen mit dem Clubbesitzer Henk. Sie fand es sehr angenehm, so hofiert worden zu sein, und befand ihre Freundin eine Spielverderberin.

Heute konnte Christine sich selber nur eine Närrin schimpfen. Doch woher hätte sie damals auch wissen sollen, dass Birgit sich einen Job in Sandys Studio besorgt hatte. Und dass sie selber sich dummerweise auch noch mit diesem Typen einlassen sollte.

An dem damaligen Sonntag war sie nur kurz aufgestanden, um sich eine Kopfschmerztablette zu holen, aber ansonsten hatte sie den ganzen Sonntag nichts getan.

»An dem Sonntag nach der Party habe ich mehr oder minder nur geschlafen. Ein paar Tage verstrichen, ohne dass viel passierte. Offensichtlich war das Zimmer bezahlt und von meiner Freundin war weit und breit nichts zu sehen. Ich genoss es, lange zu schlafen. Um die Ecke fand ich einen kleinen Supermarkt, in dem ich das Nötigste einkaufen konnte. Jeden Morgen frühstücken zu gehen, konnte ich mir damals nicht leisten. Also aß ich im Zimmer, machte mich danach fein und bummelte durch die Stadt. Natürlich ging ich öfters an der Gracht und an den Clubs vorbei. Immer in der Hoffnung, Henk noch einmal zu begegnen. Doch dieser ließ sich nicht blicken und alleine traute ich mich damals nicht hinein. Als ich ihn an dem darauffolgenden Wochenende dann doch irgendwann zwischen Club und Boot antraf, wirkte Henk wie ausgewechselt. Er grüßte nett, sprach kurz mit mir, aber er schien ansonsten nichts mehr von mir zu wollen. Was war ich damals enttäuscht. Denn langsam begann ich mich zu langweilen. Am Dienstag darauf traf ich ihn vor dem Club. Dann bat er mich hinein, trank mit mir einen Kaffee und machte mich sogar mit der Belegschaft bekannt.«

Sandy war an jenem Tag auch dabei gewesen, erinnerte sich Christine, die ihn damals für einen Angestellten, aber nicht für den Dealer oder gar für einen gefährlichen Mann gehalten hatte, der er nun einmal gewesen war.

»Wir vereinbarten, dass du jederzeit zum Mittagessen hereinkommen konntest«, schmunzelte Sergio, der sich gerne an diese ersten Wochen zurückerinnerte. Die beiden lachten sich an.

»Diese Einladung nahm ich sofort an.«

Und während sie zum Tisch ging, um gemeinsam mit der Belegschaft zu essen, war Henk ohne Gruß verschwunden. Traurig sah die damalige Christine ihm hinterher. Fortan sah man sie öfter mittags im Club. Wo hätte sie sonst umsonst etwas zu essen bekommen können?

Und eines Tages war es soweit: Henk war wieder gesprächsbereit. Sie trafen sich dann abends wieder im Club und kuschelten – mehr war nicht drin, denn um sie herum waren immer viele Leute.

»Einige Zeit passierte damals nichts. Außer dass ich mich mit den Leuten anfreundete. Irgendwann war ich dann auch abends im Club und erst da sah ich, was dort los war. Staunend starrte ich in diesem Club auf die halb nackten Frauen, die sich offen ans Fenster stellten, um einen Freier in ein Zimmer zu lotsen. Viele schöne Frauen tummelten sich an der Bar.«

In jenem vergangenen Frühjahr war Christine augenblicklich klar geworden, welche Auswahl der Clubbesitzer und seine Freunde wirklich gehabt hatten. An diesem Abend schlich die junge Christine frustriert aus dem Club. Sie war damals 18 Jahre alt und fühlte sich wie aus der Provinz und prüde. Heute dachte sie anders. Und bedauerte ihre damalige Einstellung.

»Ich war jung genug, auch so sein zu wollen wie diese schönen Damen. Ich wollte damals alles tun, um auch so locker zu werden wie die Leute in dieser Stadt.« Und sie hatte gehofft, dass ihr jemand zeigen würde, wie das ging.

Gerade als ihr das Geld vollends auszugehen drohte, lief sie Henk wieder über den Weg. Und es war augenblicklich wie am ersten Tag in Amsterdam. Sie gingen ein Eis essen und es knisterte zwischen den beiden gewaltig. Sie war damals voller Energie. Sie flirtete, was das Zeug hielt. Und strengte sich sehr an, Henk für sich zu gewinnen. Immer mal wieder sagte er, er würde gerne einmal etwas Privatsphäre mit ihr genießen. Er erzählte ihr von seiner Wohnung, wo sie es sehr gemütlich hätten. Er schwärmte von langen Abenden vor dem Kamin, von einem schönen Blick von der Terrasse aus und von exklusiven Weinen, die er handverlesen in seiner Bar bereithielt. Christine – oder sollte sie besser sagen, Tina – begann, sich nach einer Einladung zu verzehren. Ihr damaliges Ich fragte sich, ob er sie mit zu sich nach Hause nehmen würde. Und sie glaubte, für ihn etwas Besonderes zu sein. Wer hatte denn wohl schon seine Wohnung von innen gesehen? Irgendwann dachte sie, das große Los gezogen zu haben.

15. Die Entscheidung

Henk bevorzugte für einige Situationen in seinem Leben strikte Regeln, die ihm ein Gefühl der Kontrolle und damit der Sicherheit gaben. Niemals mit einem Mädchen in seinem eigenen Bett zu schlafen – schlafen im Sinne von »die Nachtruhe zu verbringen« –, war eine davon. Wenn er schlafen wollte, brauchte er seine Ruhe und wollte alleine sein. Eine weitere Regel bestand darin, mit den Frauen, die es ihm wert schienen und auf die er sich näher und länger einlassen wollte, einen Vertrag über die Bedingungen des Zusammenlebens abzuschließen. Sozusagen eine Vorstufe zu einer offiziellen Verlobung. Das klärte die Fronten und ließ keine Missverständnisse aufkommen. Bisher hatte es nur drei Frauen in seinem Leben gegeben, für die er bereit gewesen war, so weit zu gehen.

Birgit hatte im vorangegangenen Jahr diesen Status nicht erreichen können. Sie war ein nettes Betthäschen gewesen, aber er hatte davon abgesehen, mit ihr wirklich eng zusammenzuleben. Auch hatte er sie nie zu sich nach Hause eingeladen. Sie war ihm zu oberflächlich gewesen.

Tina war anders. Tiefgründiger und faszinierender. Diese junge Frau wollte er unbedingt haben.

Über eine Woche lang war er der geborene Kavalier. Er führte sie aus, machte mit ihr Ausflüge, gab ihr ein Taschengeld und sie vergnügten sich jeden Tag in seinem Penthouse. Wenn es nicht allzu spät wurde, brachte er sie jedoch für die Nacht wieder zurück zur Pension.

Henk genoss es, wie offen Tina für alles Neue war. Ob es Bitterballen mit Groninger Senf waren – panierte, mit Rindsragout gefüllte Fleischkroketten – oder ausgefallene Sexstellungen: Neugierig wollte sie alles immer gleich ausprobieren. Es wurde nie langweilig mit ihr, im Gegenteil. Henk bemerkte, dass er sie zu vermissen begann, wenn sie mal einen Tag nicht zusammen waren.

Zwei Tage nach dem Ausflug zum Thermalbad war ein besonderer Tag: Den 30. April, den »Koninginnedag« hatte er, so wie es überall im Land getan wurde, ausgiebig mit Tina gefeiert. Er kannte sie nun lange und gut genug, um zu wissen, dass sie zu ihm passte.

Es wird Zeit, einen Schritt weiterzugehen, dachte er bei sich und der Wolf in ihm gab einen kehligen Laut von sich. Endlich würde er Tina mehr von seinem Leben zeigen können. Drei Frauen hatte er den Vertrag zuvor schon angeboten, eine davon hatte abgelehnt. Henk war sich gar nicht so sicher, ob Tina einwilligen würde. Er beschloss, ihr eine abgemilderte Variante seines Standardvertrages anzubieten. Eine Wahl hatte sie allerdings nicht. Wenn sie bei ihm nicht nur als Gast übernachten, sondern richtig bei ihm wohnen wollte, mussten klare Verhältnisse her.

Am Abend fragte er Tina, ob sie sein Mädchen sein wolle, so ganz und gar. Allerdings unter der Voraussetzung, dass sie auf einen Vertrag einginge. Dabei blieb er zunächst absichtlich vage, was der Vertrag eigentlich beinhaltete. Henk spekulierte dabei auf Tinas Neugier und vor allem ihren Drang, statt Erklärungen zuzuhören, es einfach zu tun.

Sein Plan ging auf. Um sie noch mehr zu reizen, fragte er nach, ob sie wirklich wolle, dass er ihr die Vertragsbedingungen vorführe. Tina bestätigte und wurde sichtlich ungeduldig. Zufrieden mit sich führte er sie nach ihrer Zustimmung zu seinem privaten Bondage-Raum im Obergeschoß. Ein Raum, in den er nur die Frauen führte, die ihm passend für seine speziellen Vorlieben schienen. Diese Einladungen waren unabhängig davon, ob er mit ihnen eine nähere Beziehung haben wollte. Auch einige One-Night-Sessions hatte er hier schon abgehalten.

Tinas Augen weiteten sich angesichts des Equipments. Es war für Henk deutlich, dass sie viele der Geräte weder kannte noch wusste, wie sie eingesetzt wurden.

Zu seiner Freude verhielt sie sich dann, wie er es sich gewünscht hatte. Wieder wollte sie Action haben und in ihrem »Zeig's mir« schwang deutlich ein »Mach's mir« mit.

Oh ja, das werde ich, grollte der Wolf heiser.

Tina ging wissbegierig durch den Raum. Sie zeigte sich sehr offen und willig, sehr zu Henks Befriedigung. Allerdings bemühte er sich auch, es für sie angenehm zu machen. Für die härtere Gangart war später noch Zeit. Zuerst musste sie unterschreiben.

Nach einigen Stunden an den Geräten, von Henks Schwanz und verschiedenen Dildos völlig durchgefickt, konnte Tina sich vor Müdigkeit und Erschöpfung kaum noch auf den Beinen halten. Henk brachte sie zuerst unter die Dusche und dann ins Bett, um sich selber vor dem Schlafengehen noch einen Drink zu gönnen.

Am nächsten Morgen gab er ihr den Vertrag mit einer Frist von 24 Stunden. Und fuhr sie in die Stadt zurück. Jetzt musste er warten.

Die Stunden vergingen, ohne dass Tina sich meldete. Äußerlich blieb Henk ruhig. Er schien aus einem unerfindlichen Grund zu wissen, dass sie zu ihm kommen würde.

Trotzdem grollte es in ihm unzufrieden. Das Tier in ihm wollte auf die Jagd, sich nach schönen Frauen umsehen. Stattdessen hielt er sich zurück und wartete auf Tina.

»Das ist doch nicht deine Art. Du bist dazu geboren, dir zu nehmen, was du willst«, sagte er zu sich, um sich gleich darauf selber die Antwort zu geben: »Tina ist es wert. Einmal in meinem Leben werde ich doch warten können.«

Auch am nächsten Morgen hatte er noch keine Nachricht von Tina erhalten. Unruhig wie ein gefangenes, rastloses Tier suchte er nach Ablenkung. Unzufrieden mit der Situation setzte er sich am späten Vormittag an den Schreibtisch in seinem Büro im Penthouse. Hier bewahrte er die Dokumente auf, die er für seine illegalen Tätigkeiten benötigte.

Es war kurz nach 14 Uhr, als das Telefon klingelte.

»Henk van Mechelen«, meldete er sich hastig und hoffte, dass es Tina wäre. Die Frist für den Vertrag war schon überschritten.

»Äh, Boss, hier gibt's ein Problem«, meinte eine Angestellte, die vom Club aus anrief. Enttäuschung, dass es nicht Tina war, machte sich in Henk breit, die jedoch sofort verschwand, als die Frau sagte: »Tina steht hier mit einem Koffer im Club und behauptet, du hättest sie zu dir nach Hause eingeladen. Außerdem verlangt sie freie Drinks. Ich weiß, sie darf mit uns essen. Aber was die Drinks angeht, bin ich überfragt.«

Innerlich triumphierte Henk, als er die Nachricht hörte. Es überraschte ihn allerdings, dass Tina gleich mitsamt ihres Koffers in den Club ging, anstatt bei ihm anzurufen. Bei den Vertragsunterlagen hatte sich auch seine Visitenkarte befunden. Hatte sie vielleicht vergeblich versucht, ihn zu erreichen? Blöd, dass er zuhause keinen Anrufbeantworter besaß. Egal, Tina hatte einen Weg gefunden, ihn zu kontaktieren.

»Ja, das stimmt, ich habe sie eingeladen. Gib ihr, was sie haben möchte. Ohne Einschränkungen. Wenn sie will, auch von den Pillen. Ich muss noch etwas erledigen und bin in etwa einer Stunde im Club.«

Kaum aufgelegt, rief Henk eine geheime Nummer an. Die Pokerrunde, an der er wenigstens immer montags, manchmal auch mehrfach in einer Woche teilnahm, musste heute ohne ihn auskommen.

Beschwingt fuhr er mit dem Lift in die Tiefgarage, öffnete angesichts des schönen Wetters das Stoffdach des Cabrios und fuhr in die Stadt.

Als Henk eintraf, saß Tina auf einem Barhocker am Tresen, trank gerade von einem farbenfrohen Cocktail, während in den Loungesesseln bereits die ersten Gäste saßen und die Kellnerinnen Getränke und Fingerfood servierten.

Er schmunzelte. Tinas Rock war so knapp, dass der Stoff des Schlüpfers kurz aufblitzte, als sie die Beine übereinanderschlug.

Zur Begrüßung gab er Tina einen Kuss auf die Wange, der gleich darauf von einem leidenschaftlichen Zungenkuss abgelöst wurde.

Henk strich ihr sanft über das Haar. »Ich freue mich, dass du gekommen bist. Offensichtlich hast du dich entschieden.«

Tina lächelte ihn verschmitzt an. »Ja, habe ich. Aber ich habe da noch ein paar Fragen.«

Verwundert zog Henk eine Augenbraue hoch. Das war das erste Mal, dass eines der Mädchen, die den Vertrag sahen, Fragen stellte. Bisher hatten sie ihm das Papier entweder entrüstet vor die Füße geworfen oder, ohne zu zögern, unterschrieben.

Er lud Tina zu einem Spaziergang an den Grachten zu einem Café ein. Doch bevor sie gingen, musste er noch eines erledigen.

»Trommel mal alle zusammen, in fünf Minuten in meinem Büro«, wies er eine Kellnerin an.

Kurz darauf waren alle sechs der Tagesschicht in seinem Büro versammelt, während die Buchhalterin Famke zur Bar ging und die Gäste im Blick hielt.

Die Belegschaft sah sich fragend an. Pedro schien dagegen etwas zu ahnen, als er Tina neben Henk sah. Er sah keineswegs glücklich aus.

»Hey, hört mir mal zu!«, verlangte Henk nach Aufmerksamkeit. Rund um Tina und ihn wurde es ruhig.

»Tina kennt ihr ja schon vom Mittagstisch. Ab jetzt gehört sie zu mir, ist mein Mädchen. Wenn sie etwas möchte, bekommt sie es auch. Klar?«, sagte er laut und deutlich in die Runde. Stolz klang in seinen Worten.

Allgemeines Nicken, vereinzeltes Rufen wie »Hi Tina!«, »Nett, dich ab sofort öfter zu sehen« und »Wird sicher eine gute Zeit« zeigten, dass seine Botschaft angekommen war. Nur Pedro sah jetzt noch säuerlicher drein. Henk lachte und klopfte seinem Geschäftspartner auf die Schulter. »Keine Sorge, sie wird dich nicht ruinieren. Zieh von meinem Anteil ab, was sie trinkt und futtert.«

Pedros Versuch zu lächeln misslang. Henk sah Neid und freute sich. Pedros verlangende Blicke bestätigten ihm: Er hatte das schönste Mädchen der Stadt für sich geangelt!

Zufrieden wandte er sich wieder Tina zu. Die strahlte über das ganze Gesicht. Er legte einen Arm um ihre Taille und verließ mit ihr den Club. Ihren Koffer ließen sie stehen. Die Barmannschaft würde sich darum kümmern.

Im Café angekommen, machten Henk und Tina sich über das Kuchenbuffet her. Beim Cappuccino kam Tina zur Sache. Lächelnd zog sie den gefalteten Vertrag, den er ihr in seinem Penthouse gegeben hatte, aus ihrer kleinen Handtasche.

»Was soll das ›Sex nach meinen Regeln‹ in Paragraf eins heißen?«, wollte sie wissen.

»Meinen Bondage-Raum und die Geräte kennst du bereits. Ich bestimme, wo es langgeht. Ansonsten gilt: Wenn ich mit dir in der Wohnung bin, trägst du keinen Schlüpfer. Ich will sie nicht sehen, weder auf der Kommode noch auf dem Bett und schon gar nicht an dir. Die einzige Ausnahme ist Reizwäsche, die ich dir mitbringe.«

Tina kicherte. Plötzlich zog sie ihren Schlüpfer unter dem Rock herunter und stopfte ihn in ihre alte, abgewetzte Umhängetasche. Auch wenn ihre Beine unter dem Tisch verborgen waren: Alleine das Wissen um ihre Nacktheit machte Henk an. Sie bemerkte seine plötzlich aufsteigende Erregung und lächelte: »Das Spiel macht Spaß.«

Henk tat so, als würde er die Schnürsenkel seines Schuhs neu knoten wollen und beugte sich weit vor. Sein Blick glitt über Tinas glatte, feste, runde Schenkel. Provozierend spreizte Tina ihre Beine, als würde sie seinen hungrigen Blick auf der Haut genießen. Henk bemerkte, wie sich sein Glied regte, und schluckte. Tina führte eine Hand an ihre Schamlippen, die sauber rasiert waren, und spreizte sie mit den Fingern. Henk sah den Eingang zu ihrer Vagina, die feucht zu sein schien. In seiner Hose wurde es eng. Doch hier war nicht der richtige Ort. Mit einem bedauernden Räuspern richtete er sich wieder auf.

Tina blinzelte ihm schelmisch zu und nahm einen Schluck vom Cappuccino. Plötzlich wurde ihr Gesichtsausdruck ernst.

»Keine Gewalt. Das, was bis jetzt geschah, ist in Ordnung, mehr aber nicht. Wenn ich ›Stopp‹ sage, dann meine ich es. Ich bin zäh, ich mag einiges, aber ich habe meine Grenze. Ich selber mache keinen Oralverkehr. Der gehört zu den Dingen, die ich gar nicht mag und die außen vor bleiben. Allerdings gefällt es mir, wenn Mann mich so verwöhnt.« Sie zwinkerte ihm zu. Nach einer kleinen Pause fügte sie hinzu: »Und anal – so etwas wie kürzlich mit dem Eisdildo ist das Maximum.«

Sie sah ihn intensiv an, bis er nickte. Tina ergänzte handschriftlich den Passus auf dem Vertrag. Sie lächelte und die Besorgnis, die für einen Moment hinter ihren Augen durchgeschienen hatte, war verschwunden. Wieder ganz die fröhliche

Tina fragte sie: »Warum ist Birgit eigentlich so sauer auf mich? Ist sie eifersüchtig, weil du mit ihr keinen Vertrag gemacht hattest?«

»Gut möglich«, meinte Henk und lehnte sich zurück. »Birgit war mir zu sehr auf Geld aus, als dass ich ihr, wie im Vertrag vereinbart, einen Blankoscheck in Form einer Kreditkarte mit üppigem Limit ausgestellt hätte. Als sie mich bat, sie reichen Geschäftsleuten vorzustellen, sagte ich allerdings nicht Nein. Da kann ein erfinderisches Mädchen viel verdienen.«

Tina beugte sich neugierig vor und verlangte nach mehr Details und Henk antwortete: »Birgit hat letztes Jahr an einem Abend einmal zehntausend Gulden verdient.«

Tina verschluckte sich an ihrem Getränk. »Das ist ja so viel, wie das gebrauchte Auto meiner Eltern gekostet hat!« Interessiert wollte sie wissen: »Was hat Birgit denn gemacht, dass sie so viel Knete bekommen hat?«

»Es gibt da ein Spiel, eine Mischung aus Roulette und Glücksrad, bei dem eine Frau nackt auf eine rotierende Platte gebunden wird und sich die männlichen Teilnehmer je nach Höhe des eingesetzten Geldes mehr oder weniger lange mit der Frau vergnügen können.«

Tina nickte, so als habe sie das schon einmal gesehen. Henk vermutete, dass Birgit ihr davon erzählt hatte, und wandte seine volle Aufmerksamkeit Tina zu, die in dem Moment fragte: »Einer Frau wie Birgit, für die andere so viel Geld ausgeben, hast du keinen Vertrag angeboten, mir aber schon?«

Henk beugte sich vor und küsste ihre Hand. Es war jene, die sie gerade noch zwischen ihren Beinen gehabt hatte. Er küsste die Feuchtigkeit, die ihre Fingerspitzen benetzte. Das Produkt weiblicher Erregung war für ihn ein Aphrodisiakum. Er wünschte sich, mit der Zunge dorthin zu gehen, woher die Flüssigkeit auf ihren Fingerspitzen stammte. Heiser flüsterte er ihr zu: »Du bist für mich etwas Besonderes, mehr wert als alles Geld der Welt.«

Tina lächelte und blickte dann gedankenverloren aus dem Fenster. Plötzlich gab sie sich einen Ruck und unterschrieb den Vertrag mit einer entschlossenen Handbewegung.

»Was machen wir jetzt?«, fragte Tina.

»Hast du eigentlich eine Uhr?«, stellte er eine Gegenfrage.

Sie bejahte und zog den Ärmel ihrer Bluse hoch. Ein billiges Plastik-Etwas aus dem Supermarkt hing an ihrem Handgelenk.

Er schüttelte den Kopf. »Das ist doch völlig stillos. Jetzt ...«, er machte eine dramatische Pause, »feiern wir. Als erstes gehen wir zu einem Juwelier und kaufen dir etwas Schönes.«

Tina war ganz aus dem Häuschen.

Henk führte Tina zu einem Uhrengeschäft und verlangte von dem Verkäufer, dass Tina anstelle des Plastikteilchens etwas passendes zu Henks Armbanduhr bekam. Der Juwelier sah kurz auf Henks Handgelenk, erkannte die echte Rolex und präsentierte der aufgeregten Tina mit einem durch die Aussicht auf eine gute Verkaufsprovision etwas zu breiten Lächeln eine Kollektion an Damenuhren.

Tina riss sich förmlich das alte Plastikteil vom Handgelenk. Angesichts der reichhaltigen Auswahl konnte sie sich aber nicht entscheiden und überließ Henk schließlich die Auswahl.

»Ich habe gar keine Tasche, in die ich das schöne Etui packen kann«, meinte Tina und deutete auf ihre alte, schmuddelige Umhängetasche, die schon einige Jahre alt sein musste. Dabei machte sie einen traurigen Schmollmund. Henk lachte, küsste sie und meinte, das ließe sich ändern.

Einige Zeit später und um viele Hunderter leichter schlenderten sie durch die Stadt. Es war warm, am strahlenden Himmel zogen ein paar vereinzelte Schäfchenwolken über sie hinweg.

Bei einer Bar, die Henk kannte, setzten sie sich an einen der freien Tische im Außenbereich mit Blick auf eine Gracht und bestellten erst Sekt, um anzustoßen, dann härtere Drinks.

Tina sah immer wieder bewundernd auf ihre neue Uhr.

»Was hat es eigentlich mit dem ›achtzehn Uhr dreißig‹ im Vertrag auf sich?«, wollte sie wissen.

»Ich habe am Nachmittag geschäftliche Meetings. Danach möchte ich mich entspannen.«

Tina fragte nicht weiter und meinte nur: »Und was jetzt?«

Das war gut, Henk hätte ihr kaum wahrheitsgemäß geantwortet. Die sogenannten Meetings waren illegale Pokerrunden, bei denen um viel Geld gespielt wurde. Henk wusste, dass das Spielen ihm irgendwann das Genick brechen könnte. Aber er konnte einfach nicht davon lassen.

Tina stupste Henk an und brachte ihn wieder in die Gegenwart. »Was jetzt?«, wiederholte sie.

Henk stürzte noch einen Drink runter und stand dann auf. »Lass uns einen Spaziergang machen.«

Schon ziemlich angetrunken verließen sie die Bar und gingen langsam an der Herengracht entlang, wechselten des Öfteren von einem Ufer zum anderen, weil Tina einen besseren Blick auf die außergewöhnlichen Gebäude haben wollte.

Mitten auf einer der vielen kleinen pittoresken Brücken blieb Tina plötzlich stehen. Um sie herum war das übliche Gewimmel der Stadt: Touristen, die sich neugierig umsahen, auf der schmalen Straße rasten die Radfahrer hektisch klingelnd, die Mofas hupten. Verliebte Pärchen knutschten miteinander. Über allem lag eine Marihuana-Duftwolke, die aus den zahlreichen Coffeeshops gespeist wurde.

»Ich will, dass du in der Öffentlichkeit zu mir stehst!«, verlangte Tina plötzlich. »Im Club, das war toll, absolut einmalig. Noch nie hat sich jemand für mich vor anderen bekannt. Aber ich will wissen, ob du wirklich scharf auf mich bist. Ob du mich so geil findest, dass es dir egal ist, wo du es mit mir treibst.« Ihre Augen blitzten ihn herausfordernd an.

»Glaubst du etwa, mir fehlt der Mumm für eine Nummer in der Öffentlichkeit?«

»Quassel nicht, beweis es mir!« Tina hüpfte mit einem Satz auf die Balustrade. Auf dem gusseisernen Geländer sitzend spreizte sie provozierend die Schenkel und forderte ihn heraus: »Mach es mir hier und jetzt.«

Die heisere Stimme des Wolfes in Henk heulte auf und freute sich. Genau das brauchte er jetzt. Zum Glück war es an diesem Maiabend sehr warm. Er trat zwischen ihre Oberschenkel und gab ihr einen innigen Kuss. Eine Hand auf ihrer Brust, griff er mit der anderen unter ihren Rock. Seine Finger suchten sich ihren Weg. Ihren Slip hatte sie ja schon im Café ausgezogen. Sein Mittelfinger drang in sie ein. Sie war feucht.

Henk spürte, wie sie im Gegenzug seine Hose öffnete und nach seinem Glied griff. Kaum war sein Geschlecht vom Stoff befreit, hob Henk sie mit den Händen unter ihrem Hintern an. Tina schlang ihre Arme um seinen Hals und umklammerte mit ihren Beinen seine Hüfte. Sie beugte ihren Kopf vor und presste ihre Lippen auf seinen Mund. Ihre Zungen suchten und fanden einander. Als Henk sie auf sein steifes Glied sinken ließ, keuchte sie kurz auf. Langsam, dann fester drang er in sie ein.

Die wachsende Menschenmenge um sie herum nahm er überdeutlich wahr. Softer Sex lag ihm wenig. Er brauchte den besonderen Kick. Er bevorzugte hierzu die Fesselung seiner Gespielinnen. Doch wenn dazu keine Gelegenheit war, nahm er gerne die öffentliche Aufmerksamkeit als Ersatz. Bisher hatte er sich zurückgehalten. Nach der Vertragsunterschrift durch Tina hätte er sie über kurz oder lang auf jeden Fall in der Öffentlichkeit gevögelt. Dass sie von selber auf die Idee gekommen war, bestätigte ihm, dass sie genau die Richtige war.

»Fünf Mäuse, dass er es nicht schafft, bevor die Bullen hier sind«, rief einer der Gaffer herausfordernd.

»Ich biete zehn!«, rief ein anderer.

Henk grinste. Genau das hatte noch gefehlt: eine Wette auf seine Männlichkeit. Sein Atem flog, er keuchte. In seinen Hoden setzte das vertraute Ziehen ein. Seine Oberschenkelmuskeln zitterten. Tina ließ ihren Oberkörper nach hinten fallen. Sie streckte die Arme über den Kopf und hielt sich am Laternenpfahl fest. In dieser Position rutschte ihr Becken vor und sein Glied drang tiefer in sie ein. Er stöhnte laut auf und ließ es kommen.

»Gewonnen!«, rief einer.

Nur am Rande seines Bewusstseins hörte Henk in der Ferne eine Polizeisirene und ebenso distanziert nahm er im Augenwinkel wahr, wie sich eine Fußstreife durch die dichte Menschenmenge kämpfte.

Schnell stellte er Tina wieder auf den Boden. Laut lachend zogen sie die Kleidung zurecht und liefen dann Hand in Hand los. Zwei-, dreimal bogen sie in kleine Gassen ab und als sie die Polizei abgehängt hatten, gingen sie zu seinem Auto. Sie machten sich auf den Weg nach Hause und als sie dort eintrafen, nickte Henk zufrieden. Die Barmannschaft hatte gespurt: Tinas Koffer stand schon vor der Tür.

Henk wollte weiterfeiern und so verbrachten sie die halbe Nacht im Bondage-Raum.

Am nächsten Morgen räumten sie den Kleiderschrank im Gästezimmer, das nun offiziell Tinas Zimmer war, aus. Henk ließ Tina die Wahl, all die Kleidungsstücke aus der reichhaltigen Auswahl im Schrank zu behalten, die ihr gefielen und ihr von der Größe her passten. Die anderen gab er an den

Hausservice, der sich darum kümmern würde. Ob Einlagern oder Verkaufen war Henk herzlich egal.

Die nächsten Wochen waren wie eine fortwährende Party. Henk liebte es, wie Tina auf seine Vorschläge einging. Ob es nun Ausflüge zu den touristischen Zielen in den Niederlanden wie zum Beispiel eine Tagestour nach Rotterdam waren oder seine Ideen beim Sex: Tina war immer mit einem fröhlichen Lachen dabei.

16. Verliebt

Als Christine an jenem Morgen Anfang September erwachte, roch es verführerisch nach Kaffee und Croissants. Sie blinzelte und versuchte wach zu werden. Hatte sie intensiv geträumt? Dies war ein ganz anderes Zimmer. Ja, sie hatte geträumt und war von dem Duft erwacht, der sie auch damals geweckt hatte. Wie im Traum überrollten sie jetzt erneut alte Erinnerungen.

Sie hatte damals in einem großen Kingsize Bett gelegen, welches mit dem Kopfende zur Wand ansonsten mitten im Raum gestanden hatte. So war sie erwacht. Genau. Moment, wann war das gewesen? In der ersten Nacht, die der sie in seinem Gästezimmer geschlafen hatte. April 1994 also. Christine schloss die Augen und ließ die Erinnerung kommen. Sie wollte nichts mehr verdrängen, sich alles ansehen, was noch hochkommen sollte. Sie atmete tief ein und versuchte, in das Gefühl von damals abzutauchen.

Links hinter ihr hatte sich ein großes Fenster befunden, die Vorhänge waren zugezogen gewesen. Fast die ganze rechte Wand hatte ein Kleiderschrank eingenommen. Wohlig hatte sie sich gereckt und sich vorgestellt, dass dies ihr Zimmer wäre und alle Kleider in diesem riesigen Schrank ihr gehörten. Doch all dies war Henks Eigentum, sein Gästezimmer, und sie war nur als Gast und nicht einmal als seine Freundin dort gewesen. Ein Mann, der das Frühstück machte und bereits morgens gute Laune versprühte. So etwas kannte sie damals noch nicht. Doch davon hatte sie als Kind immer geträumt.

Damals hatte sie, so im Bett liegend und zwischen Traum und Erinnerung, bemerkt, dass neben dem Schrank eine Tür gewesen war. Sie hatte überlegt: Vor ihr, direkt in ihrem

Blickfeld, befand sich die Zimmertüre, konnte das auf der rechten Seite also der Zugang zu einem eigenen Bad sein? Der Gedanke hatte sie aus dem Bett getrieben. Und tatsächlich, das Zimmer hatte ein eigenes großes Badezimmer mit Dusche und WC gehabt. Ein flauschiger Bademantel hatte an einem Haken so einladend bereit gehangen, dass sie ihn sich kurz entschlossen angezogen hatte und in die bereitgestellten Puschen geschlüpft war. Dann hatte sie die offensichtlich neue Bürste genommen, die ebenfalls bereitgelegen hatte, und sich im Spiegel betrachtet. Ein wenig verschlafen wirkte sie morgens oft.

Christine lächelte und schlug die Augen auf. Sie lag natürlich in ihrem gemeinsamen Schlafzimmer in Südfrankreich und es war ein früher Morgen. Hier sah es anders aus, hier roch es anders. Sie streckte sich erneut, während sie die Erinnerung verscheuchte und beschloss, aufzustehen und ins Bad zu gehen. Sie schöpfte sich Wasser ins Gesicht, bürstete ihre Haare. Das sollte gehen, beschied sie und öffnete vorsichtig die Zimmertüre.

Nein, nicht vorsichtig, sondern normal. Denn dies war das gemeinsame Schlafzimmer von Sergio und ihr. Sie befand sich nicht in Amsterdam. »Wach auf!«, schalt sie sich innerlich. Diese Umgebung war auf keinen Fall mit dem damaligen Penthouse von Henk zu vergleichen. *Komm, beweg dich,* ermahnte sich Christine, die immer noch in der geöffneten Tür stand.

Nun wurde der Geruch nach Kaffee stärker und sie brauchte dem Duft nach Frühstück nur bis in die Küche zu folgen. Dort stand Henk … Mist, was war nur mit ihr los! *Konzentrier dich!* Von Sergio keine Spur. Das war auch gut so. Sie musste einen echten Flashback haben.

Christine klopfte sich mehrfach mit der Hand auf die Stirn, als könne sie die Bilder von damals so zurück in ihren Kopf befördern, wo sie herzukommen schienen. Dann trat sie zurück in das Zimmer und schloss die Tür. Es war nichts zu machen. Die Bilder mussten raus. Die Geschichte musste aus ihrem Kopf. Sonst würden diese Bilder ihr den ganzen Tag verderben. Und das konnte sie nur selber tun. Schnell trat sie an den kleinen Sekretär, nahm ein Blatt Papier heraus, setzte sich und begann zu schreiben:

In der Küche stand Henk – nur mit einer kurzen Boxershorts und einem T-Shirt bekleidet – und pfiff fröhlich vor sich hin, während er frisches Rührei zubereitete. Als ich nähertrat, wendete er sich zur Seite und nahm eine Tasse aus dem Kaffeevollautomaten, der …

Nein, so ging das nicht. Genau dieser Umstand hatte ihr nur Schreibblockaden gebracht. Wie sollte sie, Christine, noch diese Tina sein? Die damalige Tina war sie nicht mehr.

Birgit hatte sich, nachdem sie zu Ursula geworden war, kaum verändert. Sie war immer noch flippig und liebte es, in der Öffentlichkeit zu stehen. Der einzige Unterschied schien zu sein, dass sie ihre Haare nicht mehr tiefschwarz färbte, sondern heute blond herumlief. Christine fand keine Vergleichsmöglichkeiten mit ihrem damaligen Selbst mehr. Sie war deutlich ruhiger geworden und sehr viel gesetzter und verantwortungsvoller. Heute färbte sie ihre Haare gar nicht mehr, sie waren von je her braun gewesen. Und seit sie die Haare nicht mehr blondierte, waren sie fester und dicker, ja, gesünder geworden. Die Sommersprossen hatte sie natürlich immer noch. Aber die ganze Kindlichkeit von damals war verschwunden. Ihr herzförmiges Gesicht war etwas länger geworden und die Augen deutlich ernster. Heute überlegte sie dreimal, bevor sie etwas tat, bei dem sie die Konsequenzen nicht absehen konnte.

Im Zeugenschutzprogramm war sie heilfroh gewesen, diesen Namen ablegen zu können. Sie hatte ihn abgestreift wie eine zu klein gewordene Haut. Und hatte sich völlig neu erfunden. In diesen Texten brauchte sie also Abstand zu ihrem alten Ich. Christine blickte auf das Papier. Dann begann sie erneut. Doch jetzt in der dritten Person.

... dem Kaffeevollautomaten, den Tina sofort bewunderte. Eine solche Maschine hatte sie noch nie gesehen. Das Ding glänzte und schien die Bohnen frisch zu mahlen. Doch viel Zeit blieb ihr nicht. Henk drückte ihr eine Tasse Milchcafé in die Hand und schickte sie wieder aus der Küche. Sie solle sich die Terrasse einmal ansehen, sagte er. Und Tina drehte sich gehorsam um. Ein atemberaubender Blick empfing sie, als sie durch das Wohnzimmer ging und an die Schiebetüren trat. Da sie nicht wusste, wie man sie öffnete, unterließ sie es. Nicht allzu lange stand sie vor dem Fenster und blickte nach draußen. Von Zeit zu Zeit nahm sie einen Schluck aus der Tasse. Der Kaffee schmeckte himmlisch. Henk hatte viel Milch und Zucker hineingetan.

Henk rief sie zu Tisch und Tina wähnte sich im Himmel angesichts der Vielfalt auf dem Esstisch in der Küche. Noch nie hatte sie so viele Speisen auf einmal gesehen. Selbst das Hotel hatte nicht diese Auswahl gehabt. Vor allem aber nicht diese Fülle an frischem Obst, leckeren Marmeladen, verschiedenem Honig und herrlich frischen Brötchen und Buttercroissants.

Nachdem sie ausgiebig gefrühstückt hatten, wollte Tina Henk beim Abräumen helfen, doch der winkte ab. Das würde später der Hausservice machen, erklärte er. Daraufhin wollte Tina sich abwenden und ins Zimmer zurück und ins Bad gehen. Doch Henk hielt sie auf. »Darf ich?«, fragte er und deutete auf sie. Tina trat näher und Henk öffnete ihren Bademantel. Schon stand Tina nackt vor ihm. Sie errötete nicht, sondern sah ihm forsch und auffordernd an. Sofort wurde er steif. Er trat näher und strich mit der Hand über ihre Haare. Dabei rieb er das Gemächt an ihrer Vorderseite. Was er wollte, war Tina klar, und was sie wollte, auch. Sie wollte ihn. Kurzerhand streifte er die Hose herunter. Ihrem Bademantel entzog er den flauschigen Gürtel. Fragend sah ihn Tina an.

Henk drehte sie um. »Du wirst sehen, es macht unwahrscheinlichen Spaß so«, sagte er und trieb Tina Richtung Anrichte. Dort befestigte er das eine Ende des Gürtels an einem Ring unten am Fuß der Anrichte und fesselte Tinas Handgelenke dicht daran. Jetzt stand sie tief gebückt vor ihm und ihre Hinterseite reckte sich ihm vorwitzig entgegen. Er strich über ihren Rücken und sorgte mit seinem Fuß dafür, dass Tina sich breitbeiniger hinstellte. Er trat an ihre Seite und schob dann wieder die Finger von vorne in ihre Möse. Tina sog hörbar die Luft ein. Unbekannte Lust überkam sie. Henk nutzte seine Finger geschickt, bis sie bereit schien. Die Fessel verhinderte, dass sie sich aufrichten konnte. Henk stützte sich mit einer Hand leicht auf ihren Rücken und führte mit der anderen seinen Penis von hinten an ihre Klitoris. Tina überkam ein Prickeln, welches den ganzen Körper mit nie gekannten Gefühlen durchzog. Eine vage Erinnerung machte sich breit, was am Abend zuvor passiert war. Doch noch erreichte diese nicht in Gänze ihr Bewusstsein. Extreme, nie gekannte Lust überrollte sie mit einer Macht, die ihr fremd war und sie gleichzeitig völlig außer Kontrolle geraten ließ. Durch die Fixierung steigerte sich die Begierde, die sich ansonsten in Bewegung hätte abreagieren lassen. Doch im Bewegungsdrang gehindert, erlebte sie ihren Körper intensiver und sie schrie fast auf, als er in sie eindrang. Doch nur ein leises Stöhnen entfuhr ihrem Mund, der augenblicklich wieder schwieg. Denn in ihrem Körper explodierten Sterne. Er fickte sie lange und

Tina kam wie nie zuvor. Es schien ein nie enden wollender Orgasmus zu sein, der genau an dem Punkt stoppte, als ihr Körper den Halt verlor. Sie waren gleichzeitig gekommen. Geschickt zog Henk sich zurück, löste die Fesseln und schubste Tina Richtung Bad. Diese rieb sich die Arme, die sich taub anfühlten.

»Mach dich frisch«, sagte er. »Ich habe eine Überraschung für dich. Wir gehen auf den Rummel!«

Als Tina ein wenig wackelig auf den Beinen Richtung Zimmer lief und sich ausgiebig streckte, rief er noch hinterher: »Nimm dir aus dem Schrank, was du magst. Was du willst, kannst du behalten.«

Christine legte den Stift beiseite. Es hatte überraschend gutgetan, sich all das von der Seele zu schreiben. Vielleicht konnte sie das doch: selber in Zukunft alles aufschreiben. Vor allem mit etwas Abstand in der dritten Person. Sie wollte es einmal so versuchen. Einfach die Bilder aufschreiben, aber den Namen Tina verwendend. Somit konnte sie diese Eindrücke aus dem Bewusstsein verbannen und ihnen den Platz geben, den diese Erinnerungen verdienten.

Christine nahm sich ein neues Blatt Papier und überlegte: Was war damals genau passiert? Es war keineswegs das erste Mal gewesen, dass Henk mit ihr geschlafen hatte. An das erste Mal hatte sie sich kaum erinnern können. Deutlich später hatte er es aber noch einmal so mit ihr getrieben und sie hatte plötzlich gewusst, dass das nicht neu für sie war. Er hatte im Wohnzimmer an der Decke einen Kettenzug gehabt. Sehr einfach war die Kette mittels Fernbedienung in die richtige Höhe zu bewegen gewesen. Er hatte ihre Beine gespreizt hochgezogen und sie, direkt vor sich liegend, genommen. Im Wohnzimmer benutzte er diese Vorrichtung gerne. Das hatte sie komplett verdrängt. Doch wenn sie die Augen schloss, sah sie wieder das Wohnzimmer mit der hohen schrägen Decke und dem Kamin in der Ecke. Erst viel zu spät hatte sie überlegt, was er ihr wohl damals in den Punsch getan hatte, den er ihr zu trinken gegeben hatte. Extrem erotische Erinnerungen schlossen sich an, bei denen sich Christine heute über sich selber wunderte.

Es war gut, dass in diesem Moment Sergio an die Tür des Zimmers klopfte und eintrat. Das mit dem Anklopfen hatten sie so vereinbart, wenn die Tür geschlossen und offensichtlich noch jemand im Zimmer war. Jeder brauchte ab und zu auch etwas Privatsphäre. Überrascht schaute er auf ihre Schreibversuche. Christine erklärte kurz, was sie getan hatte, und er nickte nur. Den Kaffee, den er ihr hatte bringen wollen, stellte er auf dem Schreibtisch ab und wollte sich gerade wieder abwenden, da besann er sich eines Besseren. Er küsste sie auf die Stirn und Christine sah zu ihm auf. Er beugte sich hinunter, um sie erneut zu küssen, diesmal leidenschaftlicher. Sie stand auf und er drängte sie zum Bett. Christine ließ sich einfach rücklings auf die Matratze fallen. Genau das brauchte sie jetzt. Der Bademantel öffnete sich von alleine und Sergio streifte seine Jogginghose ab. Er sah sie einen Moment an und erkannte das brennende Verlangen, sofort ordentlich gefickt werden zu wollen. Ohne Umschweife tat er ihr den Gefallen. Dann lagen sie noch eine Weile im Bett, bis sie der Hunger dann doch an den Frühstückstisch trieb.

Im Anschluss machte Christine sich noch kurze Notizen. Wie war das noch gewesen? Ihr erstes Mal im Wohnzimmer, das zweite Mal dieser Fick von hinten an der Anrichte. Später waren sie an diesem Tag wirklich auf den Rummel gegangen und hatten dort viel Spaß gehabt. Alles schien damals von sehr viel Heiterkeit getragen gewesen zu sein. Heiterkeit und viel Sex. Sogar in aller Öffentlichkeit. Aber wie viel hatte sie damals da schon intus gehabt? Christine wusste es nicht mehr. Doch hatte sie gewusst, dass sie in Henk sehr verknallt gewesen war. Bis wann eigentlich? Und wann war Sandy in ihr Leben getreten?

Heute wusste Christine, dass man auch ohne Alkohol glücklich sein konnte. Ausflüge mochte sie allerdings immer noch. Christine sah sich nach Sergio um. »Lass uns heute was Schönes machen, ja?«

17. Glück und Unglück

Mittlerweile war es Juli geworden, ein heißer und trockener Monat. Angesichts der Temperatur schlief Tina zumeist nackt in ihrem Bett. Die Bettdecke lag dann an ihrer Seite. Henk hatte eine neue Vorliebe entdeckt: Er weckte sie morgens, indem er Arme und Beine streichelte und langsam an den jeweiligen Ecken des Bettes fesselte. Er wartete darauf, bis sie tatsächlich wach wurde und an den Stricken zog. Erst dann zog er die Fesseln straff. Im Anschluss ließ er kaum Zeit verstreichen, sie zu vögeln. Mal von vorn, mal von hinten, je nachdem, wie er sie schlafend antraf. Tina stöhnte laut und kam immer heftig, oft mit ihm zusammen. An diesem Morgen war es von hinten gewesen.

Befriedigt saßen sie am Frühstückstisch, als das Telefon klingelte. Henks Herz setzte einmal kurz aus, als der Anrufer sich als Polizist vorstellte. Seine Gedanken überschlugen sich fast bei dem Versuch, den Grund für einen Anruf durch die Behörden zu erraten. Waren die Drogenverkäufe im Club aufgeflogen oder die illegalen Glücksspiele? Hatte sich gar eines seiner Erpressungsopfer geoutet? Henk begann zu schwitzen. Dann hörte er: »Wir haben Ihre Mutter tot in ihrer Wohnung aufgefunden.«

»Wie bitte?« Diese Information passte ganz und gar nicht zu seinen Überlegungen. Henk war für einen Moment perplex, dann begriff er. Erneut stieg Ärger in ihm auf. Schon wieder bereitete ein Elternteil ihm Schwierigkeiten. Als er mit Pedro damals den Club startete, hatte sie versucht, ihn in ihrem kleinbürgerlichen Kneipenmilieu zu halten. Seit er denken konnte, hatte sie ihn kritisiert und beleidigt. Seine unerwiderte Liebe hatte er sich schon früh abschminken müssen und später jeden Respekt verloren. Im Gegensatz zu seinem Vater, den er wirklich gehasst hatte, war aber noch zumindest so viel Gefühl ihr gegenüber vorhanden, dass er sie versorgt sehen wollte. Deshalb war er so froh gewesen, dass Tante Benthe sich um seine Mutter hatte kümmern wollen. Doch das schien nicht funktioniert zu haben. Warum sonst informierte die Polizei zuerst ihn in und nicht Benthe?

Nach den kürzlich gemachten Erfahrungen im Zusammenhang mit dem Tod seines Vaters vermutete Henk, dass er erneut sehr viel Zeit damit verbringen musste, die Angelegenheit im fernen Eemshaven zu regeln. Damit wurde das geringe Verlustgefühl, welches sich in ihm angesichts ihres Todes regte, nunmehr vollständig von der Wut über die Umstände, die ihm der Tod seiner Mutter und die Unfähigkeit seiner Tante bescherten, überdeckt. Henk verabschiedete sich mit einer Floskel und legte den Hörer auf.

Jetzt erst wurde er sich bewusst, dass Tina ihn fragend ansah. Henk sah beiseite. Er wollte Tina nicht zeigen, dass er Sorgen hatte. Noch nie hatte er mit seinen Frauen über seine persönlichen Probleme gesprochen. Die hatte er alleine zu lösen. Es wäre ein Zeichen der Schwäche, andere um Unterstützung zu bitten. Er war schließlich der Mann, er musste stark sein. Sonst würde man ihn verachten. Das hatte er früh im Hafenmilieu gelernt. Im Gegensatz dazu wollte er Tina aber nicht schon wieder vernachlässigen. In der Zeit der Beerdigung seines Vaters hatte er Tina beinahe verloren, bevor sie überhaupt eine Beziehung hatten aufbauen können. Er fühlte sich schlecht bei der Vorstellung, dass dies wieder geschehen könnte. Er wollte die Zeit mit ihr verbringen und nicht in irgendwelchen Beerdigungsinstituten, Notarkanzleien oder Ämtern sitzen. Gleichzeitig fühlte er Widerstand, sie einzuweihen. Der Gedanke, dass Tina unter Umständen für längere Zeit alleine in seiner Wohnung sein würde, missfiel ihm zusätzlich. Es war *sein* Penthouse, auch wenn Tina schon seit über sechs Wochen ein Zimmer davon bewohnte. So sehr er Tina ihr Zimmer gönnte: Das Verlangen, die Kontrolle darüber zu behalten, was im Penthouse vor sich ging, war größer.

Tina sah ihn immer noch an und wartete auf eine Erklärung.

Henk rang mit sich, die widerstreitenden Gefühle ließen seine Brust verkrampfen und er bekam kaum Luft. Schließlich presste er emotionslos heraus: »Es tut mir leid, aber ich werde für einige Tage mit der Klärung der Angelegenheit beschäftigt und dafür fort sein.« Es war für alle Beteiligten unbequem, aber es ging nicht anders. »Ich kann dich nicht alleine hier in der Wohnung lassen. Ich werde dir ein schönes Hotelzimmer suchen. Ein Hotel mit Spa und Wellnessbereich. Eines, das alle Annehmlichkeiten bietet.«

Aber Tina maulte. Sie wollte nicht abgespeist werden. Sie wollte lieber mitkommen oder einfach hierbleiben. Doch beides behagte Henk nicht. Er wollte sie weder alleine in der Wohnung wissen noch Ablenkung bei dem, was er tun musste. Aber obwohl er ihr das erklärte, blieb Tina unglücklich.

Um Tina zu beruhigen, fuhr er mit ihr zum Club. Dort ging er geradewegs zu Pedro, der in seinem Büro saß.

»Hey, hast du eine Minute? Ich muss einige Tage weg und möchte nicht, dass Tina sich langweilt. Du bist mein bester Kumpel. Könntest du dich bitte um sie kümmern?«, bat er seinen Geschäftspartner. Wie schon bei der Krankheit und dem Tod seines Vaters verschwieg Henk sowohl Tina als auch Pedro gegenüber immer noch den Grund seines Verhaltens.

Pedro blickte ihn erstaunt an und sah dann lange zu Tina. »Okay. Gerne verbringe ich Zeit mit dir.«

Henk freute sich, dass sein Freund ihm immer zur Seite stand. Zufrieden, dass er Tina während der nächsten Tage in sicheren Händen wusste, ließ Henk sie mit Pedro alleine und begann, sich um die Formalitäten rund um den Tod seiner Mutter zu kümmern.

Wie vor zweieinhalb Monaten fuhr er hoch in den Nordosten des Landes. Zuerst war das Bestattungsinstitut an der Reihe, in das seine tote Mutter von der Polizei gebracht worden war.

Die offizielle Identifizierung und der Anblick waren für Henk im ersten Moment ein Schock. Ihre Haut hatte einen starken Gelbton. Innerlich drängte sich ihm kurz der Vergleich mit einem Kanarienvogel auf. Henk wusste, dass seine Mutter bereits seit Jahren zu viel trank. Getrunken hatte, verbesserte er sich. Resigniert dachte er: *Da hat sie es also endlich geschafft und sich zu Tode gesoffen.*

Henk fühlte erneut Wut auf seine Tante, die ihrer Aufgabe, sich um Henks Mutter zu kümmern, nicht nachgekommen war.

Die nächsten Wege waren ihm vertraut. Übernachtung im Hotel, Notar, Beerdigungsinstitut: Alles lief wie schon beim Tod seines Vaters. Ebenso der Besuch einer Pokerrunde in Groningen.

Zu seiner großen Überraschung erfuhr Henk, dass seine Mutter ihr Testament kurz nach dem Tod seines Vaters geändert und ihn als Alleinerben eingesetzt hatte. Ursprünglich hatte das Erbe zu gleichen Teilen an ihr einziges Kind – Henk – und ihre Brüder und Schwestern gehen sollen. Henk beschlich der Verdacht, dass Tante Benthes vernachlässigendes Verhalten etwas mit der Testamentsänderung zu tun gehabt hatte. Der Geschmack nach Galle machte sich in seinem Mund breit und er spuckte aus, nachdem er die Kanzlei verlassen hatte.

An dem Tag bekam er von Pedro die Nachricht, dass jemand im Club gekündigt hätte. Obwohl Pedro den Namen nannte und es dringend klang, vergaß Henk diesen sofort. Außerdem glaubte er eh, sich verhört zu haben. Aber Henk machte sich noch nicht einmal die Mühe nachzufragen. Sollte Pedro sich darum kümmern.

Die Tätigkeiten nahmen wie befürchtet viel Zeit in Anspruch. Da die Tote an einem Donnerstag aufgefunden worden war, konnte die Zeremonie im Krematorium erst am darauffolgenden Dienstag stattfinden. In der Zwischenzeit beauftragte Henk einen auf Gewerbeimmobilien spezialisierten Makler damit, die Hafenkneipe schnellstmöglich zu verkaufen. Er brauchte dringend frisches Geld für den Club. Die Geschäfte gingen schlecht und er hatte für sein eigenes Vergnügen eine Menge Geld abgezweigt, das jetzt fehlte. Zu Henks Verdruss musste die Mietwohnung der Eltern leergeräumt werden. So blieb ihm keine Zeit für eine Fahrt zurück nach Amsterdam und zu Tina.

Nach der belanglosen Trauerfeier mit lauter missgünstigen Verwandten fuhr Henk direkt Richtung Industriehafen, um sich mit dem Makler bei der Hafenkneipe zur Besichtigung zu treffen.

Die Kneipe war gleich nach dem Krieg von seinen Eltern aus dem Nichts aufgebaut worden und lag strategisch gut in der Nähe der Kaianlagen. Um Matrosen mit Landgang anzulocken, traten damals wie heute Stripperinnen auf. Aber der Laden war nie so gut gelaufen, wie er gekonnt hätte. Kein Wunder, denn Henks Mutter hatte Mitspracherecht bei der Auswahl der Frauen gehabt, die dort tanzten. Da sie selbst von einer Stripperin zur Ehefrau geworden war, hatte sie, je älter sie wurde, immer größere Ängste geschoben, dass ihr Ehemann fremdgehen könnte. Nicht zu Unrecht, wie Henk wusste.

Vor knapp neun Jahren, im Herbst 85, hatte es kurzfristig einen Aufschwung gegeben. Henk hatte schon seit frühster

Jugend gezwungenermaßen in der Kneipe ausgeholfen. Er kannte jeden Aspekt vom Geschäft und war sich zu der Zeit sicher gewesen, die Kneipe wieder zum Florieren bringen zu können. Gegen den Widerstand der Mutter hatte er neue Mädels engagiert. Was ihm leicht gefallen war, denn, im Milieu aufgewachsen, hatte er seine Beziehungen, damals wie heute. Es waren die Nutten gewesen, die in der Kneipe verkehrten, mit denen er als Jugendlicher sehr früh seine ersten sexuellen Erfahrungen gesammelt hatte. Seither wusste er, wo sie zu finden waren und wie er sie anzusprechen hatte.

Damals, 1985, mit den frischen knackigen Mädels, waren neue Gäste gekommen und es hatte sich schnell herumgesprochen, sogar bis in die Provinzhauptstadt Groningen, dass es im Hafen von Eemshaven wieder rundging.

Henk wurde sich bewusst, dass er tief in Erinnerungen gesteckt hatte, und blickte auf seine Uhr. Vom Makler war noch nichts zu sehen. Vor der alten Hafenkneipe stehend, glitten seine Gedanken wieder in die Vergangenheit.

Damals war unter den Neugierigen aus der Stadt auch Pedro gewesen, der schnell Stammgast geworden war. Pedro, geboren in der Dominikanischen Republik, war mit achtzehn in die Niederlande gekommen, um hier erfolgreich zu studieren. Zu der Zeit, als Henk ihn zum ersten Mal traf, war Pedro Mitte zwanzig gewesen, hatte sein Studium in Rekordzeit abgeschlossen gehabt und arbeitete erfolgreich als Eventmanager im Nordosten der Niederlande.

Irgendwann im November 85, bei einem Glas zu viel, erzählte Pedro die Geschichte seiner Vorfahren. Sie begann mit einer Affäre zwischen einem der Söhne eines Sklavenhändlers – oder war es ein Plantagenbesitzer gewesen? – mit einer der Sklavinnen im Haushalt. Henk verstand damals in der unzusammenhängenden Erzählung nur so viel, dass Pedros Urgroßeltern irgendwie an das Geld des Sklavenhändlers und in den Besitz einer Plantage kam. Eine Generation später wurden wohl Drogen auf der Plantage angebaut und noch mehr Geld floss in die Taschen von Pedros Familie. Überhaupt war der ganze Clan Alvarez-Garcia äußerst geschäftstüchtig. Ob Landwirtschaft, Touristik oder Im- und Export: Überall hatten sie ihre Finger im Spiel.

Pedro besuchte als Junge natürlich keine staatliche Schule, sondern ein privates »Colegio«. Da seine Eltern Kontakte mit Sint Maarten, dem niederländischen Teil der Insel St. Martin, hatten, wurde nach der Schulzeit ein Studienplatz in den Niederlanden für Pedro organisiert und bezahlt.

Pedros Gehirn quoll über vor Ideen, was ihm in seinem Job als freiberuflicher Eventmanager zu großer Bekanntheit und äußerst lukrativen Angeboten verhalf. Allerdings konnte Pedro in seinem Business nur einen Teil von dem umsetzen, was ihm durch den Kopf ging.

Sturzbesoffen vertraute er Henk an, dass er sein Geld investieren wolle und auf eine Gelegenheit warte, seine Ideen Realität werden lassen zu können. Nur hatte er keine Ahnung, wie er das anstellen sollte. Das Problem: Seine Introvertiertheit stand ihm im Weg. Er plante lieber im Hintergrund. Das Agieren im Vordergrund behagte ihm nicht. Außerdem hatte er einfach zu viele Ideen, zwischen denen er sich nicht entscheiden konnte. Ein Freizeitpark, ein Hotel mit Ressort wären eine Option. Oder besser noch ein Club? Aber wo?

Da wurde Henk hellhörig. Er besaß schon länger den Rumpf eines alten Frachtkahns, einer Péniche. Ein alter Binnenschiffer und Kriegskamerad von Henks Vater hatte das Schiff als Bezahlung für seine über die Jahre angewachsene Genever-Rechnung angeboten. Henk akzeptierte und lange Jahre stand der leere Kasko aufgebockt an Land bei einem Schrotthändler. Henks Traum war es schon immer, daraus eine schwimmende Cocktailbar zu bauen, in der dann Escort-

Ladys sich ihre zahlungskräftige Kundschaft angeln konnten. Doch es hatte ihm immer an den finanziellen Mitteln für den Innenausbau gefehlt.

Mit Pedros Geld könne man das Projekt doch in Angriff nehmen, schlug Henk vor.

Pedro horchte damals auf. Zum ersten Mal traf er in Henk jemanden, der eine konkrete Idee hatte, die gewinnbringendes Business versprach. Jemand, dem es nichts ausmachte, im Rampenlicht zu stehen. Und der offensichtlich aus der Branche und dem Milieu stammte.

Pedro nahm Henks Idee auf, erweiterte sie jedoch: »Du denkst zu klein. Das muss richtig groß aufgezogen werden!«

Wer von den beiden schließlich an dem Abend den Gedanken zu einem gemeinsamen Geschäft als Erster aussprach, blieb im Alkoholnebel verborgen. Nur der Handschlag, mit dem sie die Vereinbarung besiegelten, war auch noch heute in Henks Gedächtnis präsent.

Dann ging es Schlag auf Schlag. Pedro kaufte mit seinem Geld, aufgestockt durch einen Kredit, die Gebäude in der Amsterdamer Innenstadt. Er beauftragte die Architekten mit dem Innenausbau und veranlasste auch die Renovierung vom Schiff. Henks Aufgabe war es, die Baugenehmigungen zum Entkernen der historischen Gebäude zu besorgen, was ihm teils durch Bestechung, teils durch Erpressung gelang.

In dieser Zeit der Planung und des Aufbaus wurden Pedro und Sandy, den Henk trotz seiner jungen Jahre mit ins Boot geholt hatte, gute Kollegen.

Sandy war zu jener Zeit noch nicht einmal achtzehn Jahre alt und hatte bereits eine Jugendstrafe wegen Körperverletzung abgesessen. Er war bereit, all die groben Dinge zu tun, von denen Pedro nichts wissen wollte und für die Henk sich zu fein war oder Verstärkung brauchte.

Eineinhalb Jahre nach dem ersten Gespräch in der alten Hafenkneipe von Henks Eltern war es dann soweit: Am 25. April 1987, dem ersten Samstag nach Ostern, wurde der Club mit einer großen Party auf der »Petite Péniche« eingeweiht. Das Partyschiff hatte am gegenüberliegenden Ufer des Clubs einen Liegeplatz bekommen. Das war zugleich der Start von Henks Tradition, die Sommerpartys immer am ersten Samstag nach Ostern zu feiern.

Pedro kümmerte sich fortan um das Tagesgeschäft und lieferte die Ideen für spezielle Events. Sandy mit seinem Hang zu harten Bondagespielen übernahm die Konzeption des Glücksrads, das auf dem Partyschiff zum Einsatz kommen sollte. Die tatsächliche Fabrikation überließ er Profis. Lieber kümmerte er sich um die schwierigen Fälle, die nur mit Fäusten und Gewalt zu klären waren.

Henk sorgte derweil mit seinen Kontakten neben den hübschen und willigen Frauen auch für diverse Drogen, wobei ihm Sandy wertvolle Hilfe leistete. Amphetamine, Gras, Kokain, LSD: Das war für Henk in Ordnung. Die Grenze zog er bei Heroin. Er erinnerte sich nur zu gut an den Anblick der Drogentoten, die er das erste Mal mit zwölf auf der Toilette der Hafenkneipe seiner Eltern beim morgendlichen Reinigen entdeckt hatte. Auch erinnerte er sich an den rapiden Verfall der Frauen vom Straßenstrich, die mit dem Spritzen von Heroin angefangen hatten.

Zahlreiche Ideen für Events entsprangen Pedros genialem Gehirn und wurden mit pikanten Details angereichert, die Sandy lieferte. Diese damals einmaligen Veranstaltungen zogen hochrangige Gäste an. Zwar nicht die Crème de la Crème, aber immerhin die B-Riege der Amsterdamer VIPs.

Und so wurde der Club nach seiner Eröffnung damals sehr schnell durch seine Verruchtheit ein berüchtigtes Etablissement der Stadt. Hier mischte sich die BDSM-Szene mit Touristen, die einen besonderen Nervenkitzel erfahren wollten. Die Türsteher verstanden es bis heute, den Mix an Besuchern so zu steuern, dass die Insider der Szene nicht durch die Gaffer abgeschreckt wurden, aber gleichzeitig nachts immer eine Schlange an neugierigen Nachtschwärmern auf Einlass hoffte.

In den ersten fünf Jahren hatten sie mit dem Club einen absoluten Boom erlebt, das Geschäft brummte. Club und Partyschiff hatten einen wahren Geldregen erzeugt und Henk hatte sich sein Penthouse leisten können.

Henk seufzte. Das war Vergangenheit. Denn aktuell ebbte das Interesse der Allgemeinheit an seinem Business erheblich ab. So sehr, dass der Club Verluste schrieb. Was auch an Henks großzügigem Umgang mit Firmengeldern lag. Von irgendetwas mussten seine maßgeschneiderten Seidenhemden, die Geschenke für seine zahlreichen Affären und die restlichen Raten für das Penthouse und das Auto bezahlt werden. Und die Spielschulden. Vor allem diese. Die nahezu täglichen Pokerrunden verschlangen weit mehr, als Henk sich mit seinem regulären Anteil an den Clubeinnahmen leisten konnte, und so hatte er begonnen, in die Firmenkasse zu greifen.

Seine toten Eltern würden wahrscheinlich im Grab rotieren, wenn sie wüssten, dass Henk vorhatte, die Hafenkneipe an den erstbesten Bieter zu verkaufen, um seine Geldprobleme zu lösen.

Knirschen auf dem Kies des Parkplatzes riss Henk aus seinen Erinnerungen und Sorgen heraus. Der Makler, der den Verkauf der Hafenkneipe organisieren sollte, war eingetroffen. Das Ergebnis der Besichtigung war für Henk ernüchternd. Er konnte lediglich mit 250.000 bis maximal 500.000 Gulden rechnen. Das auch nur, wenn keine kostspielige Sanierung notwendig wäre.

Bereits am folgenden Montag rief der Makler an und berichtete, dass er einen potenziellen Käufer an der Hand hätte. Doch dieser wollte nur 200.000 Gulden zahlen. Wenn Henk damit einverstanden wäre, würde der Kaufwillige bei dem Preis aber sofort zuschlagen.

Henk knirschte frustriert mit den Zähnen. Mit etwas Warten würde er sicherlich mehr herausschlagen können, aber er brauchte das Geld jetzt. Diejenigen, bei denen er Schulden hatte, drängelten schon. Und deren Methoden des Geldeintreibens waren durchaus gewalttätig. Sandy konnte er nicht für seine privaten Sachen einspannen. Also biss Henk in den sauren Apfel und erklärte sich mit der Summe einverstanden. Am Dienstag meldete sich der Makler erneut und gab den Notartermin für den kommenden Freitag bekannt.

Henk atmete befreit auf. Damit würde das Kapitel beendet sein. Und 200.000 Gulden, abzüglich der Erbschaftssteuer, würden seine Gläubiger vorerst befriedigen. Wenn er jetzt einen guten Teil der offenen Rechnungen beglich, würden sie ihm für den Rest sicherlich einen Zahlungsaufschub gewähren.

Die nächsten Tage verbrachte Henk mit der Haushaltsauflösung der Wohnung seiner Eltern und weiteren Behördengängen. Am Freitag kam dann die Erlösung. Endlich war der Verkauf der alten Hafenkneipe seiner nunmehr toten Eltern unter Dach und Fach, der Vertrag beim Notar gerade eben unterschrieben. Und seine finanziellen Probleme fürs erste gelöst. Jetzt hatte er auch wieder Zeit und konnte sich um Visser kümmern. Der Bürokrat hatte immer noch nichts in Sachen Grachtufersanierung und neuen Liegeplatz für das Partyschiff unternommen. Es war an der Zeit, die Daumenschrauben anzuziehen.

Henk saß in seinem Auto, war auf dem Weg vom Notar zu seinem Club in Amsterdam und freute sich auf ein Wiedersehen mit Tina. Sechzehn schier endlos scheinende Tage waren vergangen, seit er sie im Hotel abgesetzt und Pedros Obhut übergeben hatte.

Plötzlich klingelte das Autotelefon. Henk hatte es nur aus einem Grund angeschafft: »Seht her, ich kann es mir leisten!« Dass er darüber Anrufe bekam, war äußerst selten. Verwundert nahm er den Anruf an.

Nach einem sehr kurzen Austausch von Begrüßungsfloskeln meinte Sandy: »Ich weiß nicht, wo du gerade steckst, und es geht mich auch gar nichts an. Aber wenn du in der Nähe vom ›Sangreal‹ sein solltest, wäre es gut, wenn du dir ein paar Minuten Zeit für einen Besuch nehmen würdest.«

»Was ist denn so wichtig? Und warum rufst du mich an und nicht Pedro?«

»Das ist es ja gerade. Pedro hat gerade keine Zeit. Er passt nicht nur auf Tina auf. Vor fünf Minuten sind sie in den Tanzkeller gegangen. Ich war neugierig, was die beiden um diese Uhrzeit da unten wollen, und bin ihnen nach. Du glaubst gar nicht, wie überrascht ich war, als ich sah, wie sie sich daran machten, eine Nummer zu schieben. Na ja, als dein Freund dachte ich, du solltest davon wissen. Ich glaube, du solltest lieber gleich vorbeikommen.«

»Scheiße.« Henk spuckte innerlich aus und blaffte ins Telefon: »Ich beeile mich.«

Die Straßen waren frei. Die Geschwindigkeitsbegrenzung war ihm egal. Er drückte das Gaspedal bis aufs Bodenblech. Der Big Block V8 unter der Motorhaube bollerte los.

Während er das Schlachtschiff von einem Cabriolet rücksichtslos durch die Straßen jagte, malte er sich Pedros Vertrauensbruch auf das Schlimmste aus. Endlich erreichte er den Club. Mit quietschenden Reifen hielt er im Halteverbot direkt vor dem Eingang und sprang aus dem Wagen.

Keine fünfzehn Minuten waren seit dem Anruf von Sandy vergangen. Wie von Furien gehetzt, stürmte er an dem Türsteher vorbei durch die Eingangstür. Von Sandy war nichts zu sehen. Henk raste die Treppe hinunter in die Partyzone, die um diese Uhrzeit noch gesperrt und menschenleer sein sollte. Seine Augen benötigten einen Moment, um sich an das schummerige Licht zu gewöhnen. Niemand da. Henk ging immer noch schnellen Schrittes wieder nach oben ins Erdgeschoß und betrat Pedros Büro. Der hob fragend den Kopf, da Henk ohne zu klopfen hereingeplatzt kam. Henk sah Pedro forschend an. Dessen Kleidung saß wie gewohnt adrett, Pedro schien ganz entspannt.

»Ich wollte nur sagen, dass ich meine Angelegenheiten erledigt habe.« Etwas Besseres fiel Henk nicht ein.

»Dafür stürmst du hier so rein? Na ja, egal. Auch schön, dich zu sehen«, setzte Pedro scherzhaft nach.

»Wo ist Tina?«, fragte Henk misstrauisch und achtete genau darauf, ob Pedros Gesichtsausdruck etwas verriet. Doch der zuckte nur mit den Schultern.

»Ich weiß nicht. Vor einer Viertelstunde sah ich sie in der Küche, als sie sich dort etwas zum Knabbern besorgte. Wenn sie nicht im Club ist, dann vielleicht auf dem Partyschiff, einen Cocktail trinken. Das Wetter lädt doch geradezu dazu ein.«

Pedros Gesichtsausdruck wurde ernst. »Gut, dass du endlich wieder da bist und dich um den Club kümmern kannst. Ich hatte dir doch die Nachricht geschickt, dass Famke, unsere Buchhalterin, gekündigt hat und zu Sandy gewechselt ist. Er hat ihr wohl ein lukratives Angebot gemacht. Bis wir eine Nachfolgerin gefunden haben, musst du die Buchhaltung übernehmen. Ich habe keine freie Zeit dafür. Jetzt im Juli muss ich die Sommerpartys durchplanen und organisieren.«

Henk stand perplex da. Famke war zu Sandy gewechselt? Er und Buchhaltung? Sicher, im ersten Jahr des Clubs hatte er diese Aufgabe übernommen, aber nur so lange, bis sie sich einen Buchhalter leisten konnten.

Pedro fuhr fort: »Kümmerst du dich bitte gleich darum? Famke hatte vorgestern ihren letzten Tag und die somit liegengebliebenen Abrechnungen müssen gemacht werden. Und gib nach dem Wochenende bitte der Bank Bescheid, dass Famke keine Vollmachten mehr auf unsere Konten hat. Ich bin bisher nicht dazu gekommen. Ich hoffe nur, dass sie Sandy nicht zu viel über unsere Interna erzählt.«

Henk nickte. Wütend über die Probleme und die zusätzliche Arbeit verließ er Pedros Büro. Im Erdgeschoß war nichts von Tina zu sehen. Die Angestellten, die er fragte, wussten auch nicht, wo sie sich gerade in diesem Moment befand. Leise fluchend machte sich Henk auf die Suche. Gleichzeitig ließ ihn eine Frage nicht los: Wer hatte recht? Hatte Sandy gelogen, als er Pedro bezichtigte, etwas mit Tina zu haben? Laut Sandy konnten es keine zehn oder fünfzehn Minuten seit der angeblichen Nummer her gewesen sein. Doch Pedro hatte entspannt in seinem Büro gesessen. Aber was sollte der Grund für so eine Lüge sein? Andererseits: Er hatte Pedros verlangende Blicke gesehen, aber nie gedacht, dass Pedro es wagen würde, an Tina ranzukommen und sie ihm auszuspannen. Spielte Pedro ihm also etwas vor? Oder plante Sandy etwas Gemeines?

Er fand Tina schließlich an Deck der »Petite Péniche«, sich in einem Liegestuhl räkelnd und mit einem Cocktail in der Hand. Er begrüßte sie mit einem innigen Kuss, den sie hingebungsvoll erwiderte.

Henk ignorierte die Arbeit, die in seinem Büro auf ihn wartete, und verbrachte lieber den restlichen Tag mit Tina. Beschwingt zogen sie durch die Bars. Bevor er mit ihr zu seinem Penthouse fuhr, holten sie ihre Koffer aus dem Hotel ab, in das er sie einquartiert hatte. Den Rest des Tages und einen Teil der Nacht verbrachte er dann mit Tina im Bondage-Raum, um all das nachzuholen, auf das er in den vergangenen sechszehn Tagen in Eemshaven hatte verzichten müssen. Warum er in dieser Zeit keine andere gefickt hatte, war im auch ein Rätsel. Überall sah er nur Tina. Er vermisste sie seltsam stark. Im Moment wollte er nur sie.

Doch am darauffolgenden Tag beschäftigte ihn weiterhin der Gedanke, dass einer seiner beiden langjährigen Freunde ihn an der Nase herumführte. Eine Zeit lang überlegte er, was er machen sollte. Dann entschied er sich, ein Treffen mit Sandy zu vereinbaren, um sich Klarheit zu verschaffen.

Über eine Stunde später kam Henk in Sandys Studio an. Beim Betreten des Gebäudes stieß er fast mit einer Frau zusammen. Henk war überrascht. Schon wieder diese Auftragskillerin aus dem Film »Der Clou«! Er schüttelte verwirrt den Kopf. Was zum Teufel hatte Sandy mit der zu tun?

Bei Sandy im Büro sagte Henk in einem entschuldigenden Tonfall: »Ich musste erst noch Tina suchen und ihr Bescheid geben, dass ich für ein oder zwei Stunden weg sein würde.«

Sandy schnalzte missbilligend mit der Zunge. »Du hast in deinem Leben ja wohl nichts im Griff. Dein Club läuft nicht und die Frauen tanzen dir auf der Nase herum. Ich habe doch selber gesehen, dass deine Mädchen machen, was sie wollen, und Tina herumhurt.«

Henk starrte Sandy stirnrunzelnd und verdrossen an. Sagte der nun die Wahrheit oder nicht? Sandy begann unvermittelt mit einem Vortrag darüber, wie stark der Mann zu sein habe, und redete über die Pflichten einer Frau. Henk schwieg. Je länger er lauschte, desto mehr glaubte er Sandy und meinte, als Mann zu schwach zu sein.

Sandy sah Henk intensiv an. Er wies darauf hin, dass nur eines wichtig war: Henk müsse echte Macht ausüben.

Der jüngere Mann redete eindringlich auf ihn ein und Henk fühlte sich beschämt. Er hatte sich in letzter Zeit viel zu sehr zum Opfer der Umstände gemacht, erkannte er nun. Doch wie erlangte man diese Macht, von der Sandy sprach? Henk sah ihn fragend an.

Sandy genoss offensichtlich die Aufmerksamkeit, die Henk ihm schenkte, und machte ihm klar, dass Henk die dominierende Rolle, die komplette Kontrolle und Verantwortung übernehmen musste. Tina sollte in seinen Händen exakt das tun, was er wollte, ohne zu murren und ohne Einwände zu erheben.

Henk wurde bewusst, dass er in Sandys Augen nicht brutal genug durchgriff. Sandy riet ihm, noch klarer durchzugreifen.

Sandy fand es effektiver, Henk und Tina parallel auszubilden, damit sie beide schneller ihre gottgegebene Rolle einnehmen konnten. Er bot sich selber als Mentor an und nannte Henk einen Freundschaftspreis von 5.000 Gulden insgesamt für sieben Open End Sessions plus Prüfung mit Tina und fünf Unterrichtseinheiten mit Henk in seinem Studio. Henk schluckte. Nicht nur über die Summe. Das Ganze kam so überraschend.

Nachdem er eine Stunde geredet hatte, zog Sandy einen Vertrag aus seiner Schreibtischschublade und reichte ihn Henk. Beim Lesen kam Henk die Klausel, dass Sandy alles tun konnte, was zur Ausbildung erforderlich wäre, vertraut vor. Auch wenn sein innerer Wolf ablehnend jaulte: Henk erkannte die Notwendigkeit einer Veränderung. Denn irgendetwas stimmte in seinem Leben nicht. Er gab viel zuviel

Geld aus, er spielte und konnte das nicht lassen. Ständig kam ihm etwas dazwischen und er bekam nicht, was er wollte. Er musste mehr Klarheit und Kontrolle über die Dinge bekommen. Und Sandy wollte ihm diese vermitteln. Offensichtlich hatte Sandy mehr Erfolg in dem, was er tat. Und den Erfolg wollte Henk zurück. Daher unterschrieb er kurz entschlossen und ohne weiteres Zögern.

18. Unter Vertrag

Irgendwie muss ich eine Struktur in das Hineinbringen, was ich bis jetzt geschrieben habe, dachte sich Christine, als sie ihre Notizen betrachtete. Sich über den zeitlichen Ablauf klar zu werden und diesen einmal zu notieren, würde ihrer Ordnung guttun.

Sie war damals im April nach Amsterdam gefahren, das wusste sie genau. Ihr fiel ein, dass es in dem Jahr dort gerade Frühling geworden war. Sie und Birgit hatten in einer kleinen Pension übernachtet und am nächsten Morgen mit dem Clubbesitzer Henk, der sich einfach an ihren Tisch gesetzt hatte, gefrühstückt. Ursula, die damals noch Birgit hieß, hatte geflirtet, was das Zeug hielt. Doch der hatte nur Augen für sie selber gehabt. Sie hatten sich in der ersten Zeit überaus gut verstanden. Waren zu verschiedenen Orten gereist, wo sie noch nie gewesen war, und hatten in exklusiven Restaurants gespeist. Noch nie hatte ihr jemand so viele Sachen geschenkt. Er hatte ihr eine Uhr, zwei Handtaschen, Kleidung und unzählige andere Dinge gekauft. Dann war es irgendwie ernst zwischen ihnen geworden und Henk hatte ihr angeboten, bei ihm einzuziehen. Sie war begeistert gewesen, auch dann noch, als sie den Vertrag gesehen hatte und erkannte, welche Bedingungen an ein Zusammenleben geknüpft waren. Nur fragte sie sich heute, ob das alles wirklich in dieser Reihenfolge passiert war. Und ob sie die schlimmen Dinge beschönigt, vertauscht oder schlicht ausgeblendet hatte.

Christine setzte sich an den Schreibtisch. Sie musste alles aufschreiben, damit sie es in die richtige Reihenfolge bringen und sich selber Klarheit verschaffen konnte, was wirklich passiert war. Mit etwas Abstand – und wieder in der dritten Person – sollte sie alles aufschreiben können.

Einige schöne Tage hatten sie verlebt. Eines Abends, als beide gemütlich am Kamin saßen und genüsslich ein Heißgetränk schlürften, meinte sie, beinahe wie eine Katze schnurrend: »Mir gefällt es bei dir!«

Henk lächelte sie an. »Tina, möchtest du mein Mädchen sein; ganz und gar?«, bot er ihr an.

Tina strahlte ihn an, bemerkte aber die Bedingung, die in seinen Worten zum Ausdruck gekommen war. Sie überlegte einen Moment und fragte: »Was muss ich dafür tun?«

»Möchtest du zuerst den Vertrag sehen oder zuerst das, was er beinhaltet?«, fragte Henk und Tina runzelte die Stirn, denn Letzteres hatte anzüglich geklungen. Zuerst hatte sie an einen Ehevertrag gedacht. Doch gleich danach schalt sie sich dann eine Närrin und vermutete, dass das Angebot so etwas wie ein Mietvertrag sei. Aber fragen, wozu er einen Vertrag brauchte, wollte sie nicht. Sie wollte ihn nicht hinterfragen. Um jeden Preis wollte sie ihm gefallen. Und da seine Frage einladend geklungen hatte und sie auf Sex hoffte, antwortete sie: »Zeig's mir!«

»Gib mir deine Tasse«, meinte er und stand auf. Henk brachte das Geschirr in die Küche. »Willst du wirklich, dass ich es dir zeige?«, fragte er erneut.

»Mach nicht so ein Geheimnis daraus«, sagte Tina ungeduldig. Er bat sie, mit in das Obergeschoß zu kommen. Diese Treppe war sie noch nie hinaufgegangen. Dort lagen seine Privaträume. Oben angekommen, sah Tina einen offenen Flur, die Zimmertüren waren alle verschlossen. Interessiert sah sie sich um.

Henk wies auf die linke Tür: »Da ist mein Büro und hier ist mein privates Schlafzimmer, zu dem du keinen Zutritt hast.« Er zeigte jetzt auf die rechte Tür. »Zwischen Schlafzimmer und dem Raum, den ich dir gleich zeigen werde, befindet sich ein großes Bad mit allem, was es an Luxus heutzutage gibt.«

Henk hatte alles so verheißungsvoll ausgedrückt, das Tina vor lauter Vorfreude auf das Kommende erwartungsvoll lächelte.

Als er die Tür am Ende des Flurs öffnete, staunte Tina nicht schlecht. Sie hatte schon von so etwas gehört, aber noch nie gesehen. Es war ein voll ausgestatteter Bondage-Raum. Die Geräte und ihre Anordnung muteten fast wie in einem Fitnessstudio an, alles glänzte schwarz und neuwertig. Die Wände waren mit schwarzem Molton verspannt und schienen schallisoliert zu sein. Auf dem Fußboden waren schwarze PVC Fliesen verlegt. Tina ging in den Raum hinein und bewunderte die Geräte sowie die verschiedenen Utensilien, die an der Wand hingen. Henk begann ihr Einiges zu erklären, aber Tina verstand nicht, was er meinte, dazu fehlte ihr die Vorstellungskraft.

Sie stand im Raum und sagte: »Du brauchst mir gar nicht so viele technische Details zu geben.« Dann trat sie an eines der Geräte, welches sie als Pranger erkannte. Sie wusste, dass es nicht viel brauchte, um ihn zu verführen, und zeigte auf das Gerät: »Mach mit mir, was du willst«, forderte sie ihn heraus.

In den nächsten Stunden sollte Tina klar werden, dass sie keinesfalls die erste gewesen war, die seine Wohnung betreten durfte, sondern im Gegenteil, ihr schon viele Frauen vorausgegangen waren. Henk hatte Übung darin, diesen Raum zu seinem zu machen, wie es nur Profis konnten. Die Geräte waren modern und in jede erdenkliche Position zu bringen.

Henk ging an dem X-Kreuz vorbei zu einem Schrank, aus dessen Schublade er eine Schachtel nahm. Diese öffnete er und präsentierte Tina den Inhalt. Darin befanden sich bunte Tabletten, völlig durcheinandergemixt.

»Meine Spezialmischung«, sagte er. »Nimm dir eine! Harte Nummern wie diese sind so cooler.«

Sie nahm sich eine Tablette und sah sich suchend nach etwas zu trinken um. Dann entdeckte sie auf der Anrichte einen Sektkühler. Die Gläser davor waren sichtbar poliert und die Flasche darin von sehr guter Qualität.

»Darf ich?«, fragte Tina und deutete auf das Getränk.

»Aber selbstverständlich«, nickte Henk, der die Schachtel wieder schloss und säuberlich im Schrank verstaute. »Schenke mir bitte auch ein Glas ein.«

Eine Weile erklärte er ihr weiterhin die Sachen im Raum und Tina hörte unaufmerksam zu. »Wie hast du es am liebsten?«, fragte Henk.

Tina überlegte nicht lange. »Ich mag es auf dem Bauch liegend, die Arme und Beine oben verknüpft und hochgezogen. Am besten kommt es, wenn man noch die Knie fixiert, damit sich die Beine nicht zusammenziehen können.«

Henk nickte. »Ich zeige dir heute vier weitere Stellungen. Als fünfte machen wir dann die von dir beschriebene Hogtie-Variante. Und später sagst du mir, ob das immer noch dein Favorit ist.«

Henk zeigte ihr als Erstes die »Spinne«, wobei er eine deutlich vereinfachte Variante nahm. Er hieß sie, sich auf den Rücken zu legen. Dann fesselte er ihre Hände hinter dem Nacken. Anschließend fixierte er die Knie, indem er ein Band mit Klettverschluss um den Ober- und Unterschenkel legte. Danach verband er jeweils ein Knie mit dem entsprechenden Ellenbogen. Tina war beweglich genug, sich so verpacken zu lassen. Henk liebte es, wenn die Möse gut sichtbar war und ihn lockte.

Beim zweiten Spiel stellte er sie senkrecht an einen Pfosten. Stehend und mit dem Gesicht zum Balken blickend, wurde ihr Oberkörper um neunzig Grad nach vorne gekippt. Die Arme dann parallel zum Balken nach oben in die Höhe gezogen und der Ellbogen mit einem breiten Band an dem Pfosten fixiert. So konnte er sie von hinten nehmen, was er ausgiebig tat.

Fasziniert war Tina auch von einem Spiel, bei dem er sie seitwärts ficken konnte. Dazu lag sie auf dem Rücken. Die Arme und Beine wurden asymmetrisch miteinander verbunden: die rechte Hand am dazugehörigen Innenschenkel und die linke Hand am Außenschenkel. Tina quietschte, stöhnte und schrie, als sie durch die ungewohnte Position auf der Seite mehrfach zum Orgasmus kam.

Als Vorletztes zeigte Henk ihr noch die Schaukel. In dieser konnte man im Sitzen Sex haben oder sich auf den Bauch oder den Rücken legen, um so gefickt zu werden.

Müde und erschöpft schlief Tina anschließend fast im Stehen ein. Henk stellte sie unter die Dusche und sich gleich dazu und duschte beide kräftig ab. Danach nahm er die angewärmten Frotteebadetücher von der Wandheizung und rubbelte erst Tina und dann sich selber trocken. Er trug sie so, nackt wie sie war, in ihr Zimmer und legte sie dann in ihr Bett, wo sie sofort einschlief.

Am nächsten Morgen war alles wie sonst auch. Nur ein dicker weißer Umschlag lag neben Tinas Teller: Der Vertrag.

»Du weißt jetzt, was ich von dir erwarte, wenn du hier wohnst. Zieh dich an, ich bringe dich zu der Pension in der Stadt. Du hast einen Tag Zeit, es dir zu überlegen«, sagte Henk in geschäftsmäßigen Tonfall.

Während der Fahrt in die Innenstadt schwiegen beide. Tina sah zum Seitenfenster hinaus und dachte nach. Als sie in der Stadt angekommen waren, sagte er noch: »Hier ist meine Karte. Ruf mich an, wenn du abgeholt werden möchtest.« Das war neu, seine private Telefonnummer hatte sie vorher nicht gehabt.

Tina trottete zur Pension zurück. Sie ließ sich eine Weile Zeit zu überlegen, ob sie dauerhaft in Holland bleiben wollte.

Die Sprache war nicht so schwierig und die Mentalität gefiel ihr. Innerlich machte sie eine Pro- und Kontra-Liste. Zu Hause erwartete sie nichts als Ärger, hier hatte sie die Freiheit und nette Leute um sich herum. Sie ließ sich den ganzen Tag Zeit, sich darüber Gedanken zu machen, was sie wollte. Abends bestellte sie eine Pizza Hawaii und ging früh zu Bett.

Am nächsten Morgen hatte sie sich entschieden, Henks Angebot anzunehmen. Sie wollte gerade zur Rezeption hinuntergehen und um das Telefon bitten, als sich die Tür öffnete.

Zu ihrer Überraschung stand dort Birgit. Nach einer sehr knappen Begrüßung erzählte diese dann in einem fort von Pete, bei dem sie wohnte und dem sie so viel bedeutete und, und, und. Sie schwärmte so sehr für ihren neuen Freund und den Job bei Sandy, dass Tina ihr schon wieder zu misstrauen begann. Darüber hinaus sah Birgit auch keineswegs gesund aus: Dunkelblaue Ringe zeichneten sich deutlich unter ihren Augen ab. Fast entschuldigend meinte Birgit, sie würde aus der Pension ausziehen. Doch Tina sagte nur, das mache nichts, sie würde zu Henk ziehen. Birgit starrte sie überrascht und wütend zugleich an. Augenblicklich entbrannte ein Streit darüber, ob das alles gut war. Birgit warf ihr vor, einen Fehler zu machen. Tina hinterfragte, ob Birgits Lebensweise denn für sie die richtige wäre. Aber Tina erinnerte sich auch, welche Furie Birgit sein konnte. Es war allerdings zumeist Neid gewesen, das wusste sie auch. Also zuckte sie nur mit den Schultern und warf Birgit vor, missgünstig zu sein. Dann stritten sie sich erst recht. Doch irgendwann war die Diskussion beendet, weil jede auf ihrem Standpunkt beharrte. So begannen beide, jetzt eisig schweigend, ihre Koffer zu packen und das Zimmer zu räumen.

Als sie fertig waren, fragte Birgit wissbegierig: »Du hast wirklich einen Vertrag bekommen?« Tina nickte. Birgit verwarf ihren Hass zugunsten ihrer Neugierde: »Zeig mal!«

Tina beschloss, ihre Reaktion einfach als Entscheidungshilfe zu nehmen, und öffnete den Umschlag. Dann las sie vor:

»Vertrag.

Ich, Tina Fabor, stimme mit meiner Unterschrift zu, dass ich Henk van Mechelen zu seinen Bedingungen jederzeit zur Befriedigung seiner sexuellen Verlangen und nach seinen Regeln zu jeder Zeit und überall zur Verfügung stehe – soweit dies mit dem geltenden öffentlichen Recht im Einklang steht. Dazu habe ich mich abends bis 18:30 Uhr in der Wohnung einzufinden, sofern dies nicht anders kommuniziert oder durch wichtige Vorkommnisse verhindert wurde. Ich werde keine harten Drogen nehmen und mich stets reinlich halten und nach seinen Wünschen kleiden.«

»Nach seinen Wünschen kleiden?«, fragte Birgit abfällig und runzelte die Stirn.

»Na«, meinte Tina lapidar, »bis dahin gefiel ihm alles, was ich so habe. Und außerdem ist es ja sein Geld und Liekes Boutique, wo ich einkaufe. Hier steht dann noch, dass ich während der Dauer des laufenden Vertrages bei ihm wohnen kann und Kleidung und Essen gestellt werden. Ich bekomme eine Kreditkarte mit einem üppigen Budget darauf. Außerdem habe ich freien Eintritt in den Club und freien Zugriff auf Speisen und Getränke.«

»Und dafür musst du immer die Beine breitmachen, wenn er es verlangt!«, plusterte sich Birgit erneut auf.

Tina konterte: »Blöde Kuh, das machst du doch bei Pete auch nicht anders! Und was bekommst du dafür?«

Birgit sah beleidigt aus. »Mach, was du willst.«

Ach, leck mich doch, dachte Tina und nickte. »Du auch.«

Birgit hatte zu Ende gepackt und ging zur Tür. Als sie die Tür öffnete, drehte sie sich noch einmal um.

»Pass auf dich auf!«, sagte sie leise, deutlich netter, fast schon besorgt.

Gegen die sich hinter Birgit schließende Tür sagte Tina versöhnlich: »Du aber auch!«

Als Tina fertig gepackt hatte, war es schon Mittag. Sie ging an die Rezeption und erfuhr, dass Birgit schon ausgecheckt hatte. Das Hotel benötigten sie also nicht mehr. Tina gab den Schlüssel ebenfalls ab. Mit dem Telefon an der Rezeption der Pension rief sie zweimal die Nummer von Henk an, die auf seiner Visitenkarte stand. Aber dort meldete sich niemand. Sie hatte kein Geld, um ein Taxi zu nehmen und zu seinem Penthouse zu fahren. Außerdem befürchtete sie, dann vor der Tür zu stehen. Um diese Zeit war der sicher nicht zu Hause. Er konnte aber im Club sein oder sollte spätestens am Nachmittag dort auftauchen. Also nahm sie den gepackten Koffer und machte sich auf in den Club.

Christine stoppte das Schreiben. Sie stützte den Ellbogen auf dem Tisch ab, legte das Kinn in die Hand und überlegte. Die Belegschaft des Clubs war sehr freundlich gewesen. Und tatsächlich war Henk am Nachmittag im Club erschienen und hatte sie abgeholt. Die restlichen Fragen hatten sich schnell geklärt und in ihrer Erinnerung hatten sich daran ein paar wundervolle Wochen angeschlossen. Sie hatten viel unternommen und sich prächtig amüsiert. So verwöhnt war sie in ihren jungen Jahren noch nie worden. Den restlichen Mai, den gesamten Juni und bis in den Juli hinein hatte sie sich wie Julia Roberts in »Pretty Woman« gefühlt. Den Haushalt erledigten Dienstboten. Sie hatte weder zu kochen noch zu waschen oder zu bügeln. Zu Hause hatte sie immer herumschleichen müssen, hier erfuhr sie Wertschätzung. Sie konnte ausschlafen. Das Frühstück stand morgens auf dem Tisch. So wie es sein sollte. So hatte es sich die kleine Tina in ihrer Kindheit erträumt und nun wurden ihre Träume wahr. Mehr noch, er kaufte mit ihr ein, schenkte ihr Unmengen an Kleidung und Schmuck und machte mit ihr unzählige Ausflüge, die sie müde vor Begeisterung hatte werden lassen. Sie schlief so gut wie nie zuvor. Weil sie zu ihm aufgesehen hatte, hatte sie seine Eigenheiten toleriert. Ja, in dieser ersten Zeit hatte sie sich rundum wohlgefühlt. Irgendetwas hatte sich jedoch Anfang Juli verändert.

Unvermittelt wurde sich Christine klar, dass sie eine geraume Zeit geschrieben und überlegt hatte, was im Jahr 1994 geschehen war. Sie musste jetzt wieder an die Familie und den Haushalt denken. Sie sah sich um. Hier hatte sie es wirklich gut. Sie hatte bewusst auf eine Haushaltshilfe verzichtet und bei jedem Stück, das für die Wohnung angeschafft worden war, mit entschieden. Sie hatte nicht nur bewiesen, dass sie mit einem hohen Maß an Verantwortung klarkam, sondern hatte auch gelernt, eigene Entscheidungen zu treffen und beides lieben gelernt. Ihren Lebensgefährten kannte sie nun seit sieben Jahren und sie waren mittlerweile ein eingespieltes Team.

Christine räumte die Wohnung auf, machte Wäsche und spielte mit den Zwillingen. Am Nachmittag kam der Babysitter, damit sie ungestört einkaufen gehen konnte. Sie wollte am Abend kochen.

Es sollte ein Abend mit einer Überraschung werden. Sergio schleppte zwei große Kartons die Treppe hoch. Erst jetzt sah Christine, dass ein weiterer Karton für sie die ganze Zeit bereits neben dem Eingang gestanden hatte. Das große Paket hatte sie glattweg übersehen, denn es stand so, dass es eher für die Nachbarn unter ihnen hätte gedacht gewesen sein können. Sergio lachte über ihren staunenden Blick, als aus dem ersten Karton Teile für einen Schreibtisch zutage traten.

Während sich Sergio daran machte, den neuen Tisch zusammenzusetzen, betrachtete Christine die beiden anderen Kartons. Offensichtlich ein PC!

»Mein Geburtstag ist erst morgen«, neckte sie ihn.

»Ich kann es ja alles wieder einpacken«, scherzte er zurück und küsste sie. Dann ergänzte er: »Ich dachte, wir feiern gemütlich rein.«

Den restlichen Abend stellte Sergio zuerst den Schreibtisch auf und in das Wohnzimmer. Danach stellte er den PC in das entsprechende Fach und den Monitor auf den Tisch. Beide schauten zu, wie der neue Computer zum ersten Mal hochfuhr. Christine freute sich. Denn so würde es deutlich leichter werden, die Geschichte aufzuschreiben, die sich bereits auszudehnen schien. Mit dem Papier eine Ordnung zu erschaffen, war schwierig geworden. Mit dem PC würde sie nun das bisher geschriebene abtippen und dann mit diesem neuen Teil weiterarbeiten. Nach dem Essen installierte ihr Sergio noch das Microsoft Office Paket. Christine sortierte die Blätter, die sie bereits geschrieben hatte. *Da habe ich mir ja eine Aufgabe gestellt,* dachte sie, gleichzeitig voller Sorge ob der ganzen Arbeit und auch sehr zufrieden mit sich, dass sie diese Herausforderung nun annahm.

Mit Snacks und Getränken machten sie es sich danach im Wohnzimmer gemütlich. Doch lange blieben sie dort nicht. Denn Christine begann, Sergio zu beweisen, wie dankbar sie war, und überschüttete ihn mit Küssen. Sergio zog sie langsam aus und begann, sie zu verwöhnen. Irgendwann landeten sie lachend im Schlafzimmer, wo sie sich ausgiebig liebten. Um Mitternacht stießen sie auf ihren Geburtstag an. Christine war nun 26 Jahre alt geworden.

»Sag, würdest du dich den Bondagespielen noch einmal widmen oder war das eine einmalige Phase deines Lebens?«, fragte Sergio unvermittelt.

»Gute Frage. Wie du ja weißt, brauchen tue ich das nicht, um glücklich und zufrieden zu sein. Und jeder muss selber wissen, was er oder sie mag. Ich persönlich denke, es ist genug, die Grenzen einmal zu testen. Solche Grenzen zu weit auszudehnen, kann problematisch werden. Denn Gewalt halte ich für abnormal. Ein klares Nein sollte immer akzeptiert werden, es müssen klare Absprachen gelten und jeder sollte die Grenzen des anderen respektieren. Erfüllung muss man nicht erzwingen, man kann es schenken.«

Sergio lachte verschmitzt: »Dann darf ich dir jetzt Glück schenken? Nicht weil ich es brauche, sondern weil ich es will!«

Christine stockte fast der Atem, als der schöne Mann mit den funkelnden dunklen Augen sie erneut umarmte und sie lachend und neckend in die Kissen drängte. Wie sehr sie ihn doch liebte!

19. Die Western Lodge

Der Deal war gemacht. Im ersten Schritt sollte Sandy Tina Gehorsam beibringen, während Henk gleichzeitig lernen sollte, ein wahrlich gestrenger Meister zu werden. Sandys erste Hinweis für Henk war, Tina nie alleine irgendwohin gehen zu lassen. Wenn es sich nicht anders einrichten ließ, sollte sie mit dem Taxi fahren, wobei sie genaue Vorgaben bekommen sollte, wann sie am Ziel einzutreffen und wie sie sich zu melden hatte. Henk gelobte, alles so zu machen, wie Sandy es wollte, und strengte sich an, viel zu lernen. Der junge Mann hatte sich zu einem überragenden Vorbild gemausert, den die ganze Branche bewunderte. Und Henk wollte auch ein Mann sein, der Erfolg hatte und zu dem man aufsah. Doch mit seiner Achtsamkeit stieg auch sein Mißtrauen.

Gleich am Tag nach der Übereinkunft mit Sandy fuhr Henk mit Tina zu dessen Studio. Eines der leicht bekleideten Mädels begrüßte sie in der Lobby. Henk blickte sich interessiert um. Sandy änderte häufig das Design seines Studios und Henk hatte in der Vergangenheit ein paar der Dekorelemente in sein Penthouse übernommen. Dann stellten sich seine Nackenhaare auf. Die Frau hinten an der Bar hatte er schon einmal gesehen. Dort saß diese Auftragskillerin! Ja, er wusste, dass das nur eine Assoziation zu der Filmfigur war, aber trotzdem: Neben der rein äußerlichen Ähnlichkeit strahlte diese Frau selbst aus der Entfernung Härte und Kompetenz aus. *Das konnte kein Zufall sein, diese Frau musste eine wichtige Rolle bei Sandy und in seiner Organisation spielen,* dachte er.

Henk konnte nicht weiter darüber nachdenken, denn Sandy kam auf sie zu. An Tina gewandt, sagte er streng: »Dein Meister ist unzufrieden mit dir. Er hat mich beauftragt, dir beizubringen, wie sich eine Frau zu benehmen hat. Du hast die Ehre, das richtige Gebaren direkt von mir zu lernen.« Und zu Henk meinte er: »Ich rufe dich in ein paar Stunden an, wenn ich mit der ersten Lektion von Tina fertig bin und sie ins Taxi setze.«

Henk ignorierte den fragenden Blick von Tina. Er nickte Sandy zustimmend zu und sah noch, wie dieser eine leicht bekleidete junge Frau heranwinkte. Das knackige Mädel führte dann Tina in den hinteren Bereich des Studios, gefolgt von Sandy. Henk machte sich auf den Weg zurück in sein Penthouse und erwartete gespannt den Abend. Wenn Sandy in nur fünf Lektionen Tina erziehen konnte, müssten sich heute schon erste Ergebnisse zeigen.

Die nächsten Tage entwickelten sich zu einer Art Routine. Tina erhielt jeden dritten Tag eine Lektion von Sandy. Dazu setzte Henk sie in ein Taxi und rief bei Sandy an. Der tat das gleiche einige Stunden später für den Rückweg.

Einmal verspätete sich Tina auf dem Weg zurück vom SM-Studio zu Henks Penthouse. Ob das Taxi tatsächlich im Stau gestanden oder ob Tina sich einen kleinen Shoppingbummel geleistet hatte, war irrelevant. Tina bekam als Bestrafung eine Sonderstunde bei Sandy, nach der Henk zufrieden feststellte, dass Tina wirklich auf dem besten Weg zu einer blindlings gehorsamen Gespielin war. Abgesehen von diesen Lektionen lebten sie so etwas Ähnliches wie Normalität. Bei sich zu Hause war Henk nett zu Tina und gab ihr alles, was sie wollte, solange sie sich strikt an seine Anweisungen hielt. Wurde sie aufmüpfig, wurden Annehmlichkeiten gestrichen. Allerdings durfte Tina weder in den Club noch alleine einkaufen gehen. Henk hielt immer ein waches Auge auf sie. Um zu kontrollieren, dass sie auch nichts Verbotenes anstellte, während er selber seine Unterrichtsstunden bei Sandy nahm, installierte er Kameras in seinem Penthouse.

Henks eigene Lektionen begannen mit dem Gebrauch von Gerte, Peitsche und Paddle. Während Sandy über die Schwäche der Frau dozierte, erklärte er Henk die Handhabung der Gerätschaften. Zuerst in der Theorie, dann ließ er eine junge Frau kommen, die nach seinen Worten in den vergangenen Tagen einiges an Verfehlungen begangen hatte und bei der er noch nicht dazu gekommen war, sie zu bestrafen. Das sollte Henk übernehmen und dabei üben, mit den diversen Schlaginstrumenten umzugehen. Die Peitsche, mit der er begann, war ein Modell mit zahlreichen weichen Lederstreifen.

Henk fühlte sich anfangs unwohl. In der Vergangenheit hatte er Frauen gefesselt, aber nie so geschlagen, wie es Sandy jetzt von ihm verlangte. Er tat sich schwer und zögerte oft.

Nach fünfzehn Minuten stöhnte die Frau auf. »Bitte, Meister, bring es zu Ende.«

Henk sah Sandy fragend an.

»Okay, das soll genug sein. Jetzt zur Belohnung«, sagte Sandy, während er sich ohne Umschweife vor Henks Augen seine Hose öffnete und die an einen Pranger gefesselte Frau von hinten nahm.

Henk war überrascht von der Intensität und Kraft, dem Fehlen jeglicher Zurückhaltung, der schieren selbstsicheren Animalität, die von Sandy ausging. Verwundert stellte er zudem fest, dass es ihn erregte, Sandy zuzusehen. Laut schreiend kam die Frau schon nach wenigen Stößen – und Sandy offenbar auch. Henk neidete dem Mann dessen Rücksichtslosigkeit. So sollte ein Mann also sein, begriff er beim Zuschauen. Er musste lernen, sich nicht dauernd zum Opfer der Umstände zu machen, sondern alles und jeden seinem Willen unterordnen.

Die zweite Lektion bestand aus dem Umgang mit Knebel und Würgekette. Auf Henks Frage, ob das Strangulieren nicht gefährlich sei, lachte Sandy und bestätigte grinsend, dass das ja gerade den Reiz ausmache.

Henk meinte, sich an Berichte von Unfällen in Sandys Studio zu erinnern. Er hatte von unglücklichen Unfällen mit Todesfolge gehört, bei denen die Ursachenforschung schnell im Sande verlaufen war. Henk beschlich das ungute Gefühl, dass Sandy weit mehr verschwieg, als er auch nur ahnen konnte. Doch er verdrängte seine Sorgen. Den Vertrag musste er schließlich erfüllen. Aber vor allem gefiel dem Wolf in Henk alles, was Sandy tat.

Bei der dritten Lektion musste Henk in die Rolle eines Subs schlüpfen. Zum einen ging es darum zu erfahren, wie sich Fesselung und Bestrafung auf der eigenen Haut anfühlten. Henk begriff aber schnell, dass es um mehr ging. Sandy wollte wissen, wie stark Henk als Dom war, ob er sich Sandy unterordnen würde. Sandy wollte anscheinend auch testen, ob Henk vielleicht ein Switcher war, der je nach Situation und anwesenden Personen freiwillig zwischen Dom und Sub wechseln würde.

Schnell wurde Henk klar, dass ihm die Rolle eines Subs überhaupt nicht behagte. Die Kontrolle aufzugeben, ließ alles in ihm revoltieren. Bei dieser Lektion kam es zum Eklat, als eine von Sandys Dominas nach Henks Verständnis zu weit ging und er sie, nachdem sie die Fesseln wieder gelöst hatte – zu seinem eigenen Erstaunen – wutentbrannt verprügelte. Sandy sah nur zu und klatschte in die Hände. Lapidar merkte er an, dass er nun wisse, wo Henks Grenze sei. Henk war sich da nicht mehr so sicher.

Eine vierte Lektion bestand darin, einem Sub Schmerzen zu bereiten. Sandy überzeugte ihn, dass er als Dom auch dieses

Thema beherrschen müsse. Manche Verfehlungen benötigten klare Ansagen.

Sandy überreichte ihm abschließend einen Umschlag. »Mein Geburtstagsgeschenk für dich.«

Henk wandte sich innerlich bei dem Gedanken an dieses Datum. Fünfunddreißig! Eine fürchterliche Zahl, fand er. Er konnte nicht mehr vage sagen, er sei Mitte dreißig. Nein, die Mitte hatte er überschritten und ging jetzt auf die vierzig zu. Er wurde alt. In seiner Frustration wollte er seinen Geburtstag am 8. August gar nicht feiern. Gespannt, was Sandy im zugedacht hatte, öffnete er das Kuvert. Ein Gutschein fiel ihm entgegen. Henk musste grinsen, als er die Details betrachtete. Ein Wochenende in einer Western Lodge. Mit einer kleinen, aber wichtigen Einschränkung: Genau in der Zeit, für die der Gutschein galt, wurde in dem Ressort renoviert. Zwar würde es am Wochenende keinen Baulärm geben. Doch nur das Haupthaus war geöffnet, alle Nebengebäude gesperrt. Henk war es egal. Sie würden also nicht nur das Haupthaus an jenem Wochenende ganz für sich haben, sondern auch ungestört sein. Sandy war sicherlich sehr günstig an den Gutschein gekommen. Dann stockte Henk. Der Gutschein war auf Sandys Namen personalisiert. Er fragte nach und Sandy bestätigte, dass der Gutschein nur galt, wenn er ebenfalls mitkäme. Das sah Sandy ähnlich: scheinbar großzügig, im Detail aber auf seinen eigenen Vorteil bedacht.

Noch am gleichen Abend zeigte Henk Tina den Prospekt. Die Bilder zeigten eine typische zweigeschossige Lodge aus Holz. Das Haupthaus hatte im Erdgeschoß eine große Schiebetür, durch die man einen großen Raum mit einem Kamin betrat. Dieser zentrale Wohnraum wurde ganz von einem riesigen rustikalen Esstisch beherrscht, der mitten im Zimmer stand. Zehn passende Stühle gruppierten sich um den langen Tisch, die mit flauschigen Wollflokatis belegt waren. Das sah im Katalog alles sehr gemütlich aus. Rechts ging eine Treppe ins Obergeschoß. Dort waren vier Zimmer und zwei Bäder. Es gab keine richtige Küche, sondern nur eine kleine Pantry im hinteren Bereich des Erdgeschosses. Sie würden gut planen müssen.

Nach den Bildern und dem Lageplan in der Werbebroschüre zu urteilen, lag vor dem Haupthaus eine große Wiese. Mitten auf dieser Wiese stand ein Marterpfahl. Ging man rechts um das Haus, kam man zu einem Gelände, ganz einem Western-Film entsprungen. Mit Saloons, Böcken, woran man Pferde band, Schuppen, in denen Heu lagerte, einer typischen Western-Kirche und vielem mehr. Dieser Teil war jedoch für Besucher an jenem Wochenende gesperrt. Denn in den verschiedenen Räumen standen Baumaterialien. Das Resort würde an dem Wochenende menschenleer sein.

Tina freute sich unbändig. Henk erwähnte nur im Nebensatz, dass auch Sandy mitkommen würde. Da Tina sich nur noch mehr zu freuen schien, steckte ihre Freude auch ihn wieder an.

Doch bevor es so weit war, kam noch Sandys Geburtstag. Der lag nur zwei Tage nach dem von Henk. Sandy wollte aber, da es sich um einen Donnerstag handelte, erst am Samstag mit einer Mottoparty feiern.

Henk hatte lange gerätselt, was er Sandy im Gegenzug schenken sollte. Dann fiel ihm ein, wie sehr Sandy die Bilder gefielen, die Henk auf dem Partyschiff hängen hatte. Henk kaufte daher bei dem Galleristen, bei dem er sich auch die Bilder für die »Petite Péniche« und sein Penthouse besorgt hatte, mehrere lebensgroße Aktaufnahmen, die das Thema Unterwerfung der Frau auf erotische Weise verkörperten.

Die Mottoparty zu Sandys Geburtstag musste ein Erfolg gewesen sein, vermutete Henk. Denn er selbst konnte sich am nächsten Tag nur noch daran erinnern, wie er am Vortag die

Räume betreten und eine von Sandys Pillen mit einem Cocktail hinuntergespült hatte. Danach: Filmriss.

Endlich war der Freitag da, an dem das Wochenende in der Western Lodge beginnen sollte. Tina freute sich unbändig: endlich wieder ein Ausflug. Am Freitagnachmittag ging es los. Sandy holte sie mit einem Mietwagen von Henks Wohnung ab. Dieses große Auto war komfortabler und alle Koffer passten bequem hinein.

Die letzten Tage dieses Spätsommers waren trocken und erstaunlich warm gewesen. Die Sonne schien beständig aus einem nahezu wolkenlosen Himmel. So auch an diesem Tag.

Unterwegs steuerten sie noch einen Supermarkt an. Ein Einkaufswagen voller Bier, Wein, härterer Spirituosen, Säfte zum Mixen von Cocktails und Unmengen an Chips, Flips und anderem landeten im Kofferraum.

Während der Fahrt tranken Henk und Sandy bereits ihre ersten Biere, während Tina sich an dem Piccolo Prosecco gütlich tat. Henk reichte dann einen Joint herum. Sie machten Witze, alberten herum. Aus dem Autoradio erklang Musik.

Nach etwa zweieinhalb Stunden Fahrt kamen sie an. Sandy fuhr sie souverän, wie Henk zugeben musste, auf einem staubigen Feldweg bis zur Lodge. Den Schlüssel zu der Hütte hatte Sandy bereits. Das niedrige Holzhaus stand mitten auf einem Hügel und man betrat es tatsächlich über eine große Wiese. Ein wenig unterhalb des Hügels stand ein Marterpfahl, wie man ihn aus Indianerfilmen kannte. Der Eingang zum Gästehaus bestand aus einer großen Glasfront, die direkt auf diese Wiese blicken ließ. Als sie die Schiebetür aufzogen, betraten sie einen geräumigen Raum, der von einem gigantischen rustikalen Esstisch dominiert wurde. Die Stühle waren ganz wie im Prospekt mit weichem Wollpelz belegt. Rechts befand sich die Treppe ins Obergeschoß und links hinten noch eine gemütliche Wand mit riesigem Kamin. Ein flauschiger Teppich und die Stühle davor sahen sehr einladend aus. Tina strich bewundernd über das rustikale Holz des Tisches. Henk fiel auf, dass dieser Tisch eine ähnliche Farbe und Höhe wie seine Anrichte zu Hause in seinem Penthouse hatte. Darauf würde es sich vortrefflich fesseln und ficken lassen.

Als hätte Tina seine Gedanken erraten, legte sie die Finger der rechten Hand an ihre Möse und zog dabei ihr luftiges Sommerkleidchen hoch. Beide Männer betrachteten sie lüstern. Dann streckte sie sich erst ausgiebig, trat an den Tisch und legte die Arme darauf. Sie drückte die Arme durch, machte die Beine breit und fragte auffordernd: »Wer will zuerst?«

Sandy war schneller aus der Kleidung als Henk. Dabei stellte er seinen Adoniskörper erst einmal aus. Augenblicklich schwankte Henk zwischen Misstrauen, ob Sandy nicht eher sein eigenes Vergnügen im Sinn hatte, und Ärger hin und her, weil Sandy so großspurig auftrat. Doch war er wild entschlossen, sich keine Eifersucht anmerken zu lassen, denn er wollte das Wochenende genießen. Stattdessen funkelte er Sandy an: Der würde ihm sein Mädchen nicht wegnehmen.

»Henk, ich hatte dir versprochen, dir beizubringen, wie du dein Mädchen komplett an dich binden kannst. Lass es uns an diesem Wochenende durchziehen.«

Auf einen Wink von Sandy legte Tina sich auf den Tisch und winkelte die Beine an. Beide Männer stierten auf ihre entblößte Möse. Sie schien ungeduldig: »Los, wer macht es mir?!«

Beide Männer gingen gleichzeitig los und stießen dabei zusammen.

»Wir würfeln«, witzelte Sandy.

Henk sah ihn wütend an. Tina war sein Mädchen!

Sandy hob beide Hände und lächelte breit. Henk nahm das als Rückzug. Zu Tina gewandt meinte er: »Später haben wir noch genug Zeit dafür. Lass uns erst einmal richtig ankommen.« Gleichzeitig zog er sich wieder an.

Henk, immer noch ärgerlich über Sandys Gehabe, schickte diesen zum Wagen, um das Gepäck zu holen. Dann wies er ihn an, auch seinen und Tinas Koffer nach oben zu bringen.

Sandy verbreitete beste Laune, während er zurück zum Auto ging. Tina stieg lachend vom Tisch herunter und schaute sich neugierig in der Hütte um.

Henks Ärger verrauchte schnell durch die gute Laune von Sandy und Tina. Hinzu kam, dass er das Rustikale dieses Raumes ausgesprochen gut fand. Er fühlte sich wie in seinem Element. Er sah sich nach Material um, mit dem man Tina fesseln konnte, entdeckte aber nichts. Und seine Tasche befand sich noch im Auto. Also ließ er Tina, wo sie war, und wandte sich der Treppe zu. Dabei sah er im Augenwinkel den großen Kamin und einen Ständer mit schwerem Eisengerät, um diesen zu reinigen. Eine Idee kam ihm, denn mit so etwas hatte er schon oft in der eigenen Wohnung hantiert.

In diesem Moment kam Sandy schwer bepackt zurück und schleppte die Taschen lautstark die Treppe empor. Dabei sang er Pop Schlager. Wie selbstverständlich und als ob er die Hütte schon kannte, wies er Henk das größte Zimmer ganz hinten auf dem Flur zu, welches auch ein eigenes Bad hatte. Er kannte Henks Eigenheit, grundsätzlich alleine zu schlafen.

Die vorderen beiden, mit einer Verbindungstür versehenen Zimmer hatten kein Bad. Es lag jedoch eines auf der gegenüberliegenden Seite, welches sich Tina und Sandy nun teilen mussten.

Draußen wurde es langsam dunkler. Es wurde Zeit, sich etwas zu essen zu organisieren. Kurz entschlossen bestellten sie bei einem Pizza Lieferservice in der Nähe, dessen Flyer

Sandy mitgebracht hatte, per Telefon Pizzen und Salate. Henk werkelte am Kamin herum und recht schnell brannte ein kleines Feuer.

Es dauerte etwa vierzig Minuten, bis der Lieferdienst kam, und die drei machten sich, nachdem Sandy bezahlt hatte, heißhungrig über das italienische Essen her. Die bereits eingekauften Spirituosen stellten sie auf den Tisch und begannen sich reichlich einzuschenken.

Das Holz im Kamin loderte und verbreitete überraschend viel Wärme. Nach dem Essen setzten sich die beiden Männer auf die breiten Sessel direkt vor dem Kamin. Tina rekelte sich unmittelbar davor auf dem dicken Fell. Henk sah den lüsternen Blick von Sandy. Ihm wurde klar, dass Tina eine Show abzog und sie beide neckte.

Tina genoss offensichtlich, wie sehr sie von zwei Männern begehrt wurde. Doch Henk blieb unschlüssig. Er wusste, dass Sandy seine BDSM Tasche griffbereit am Treppenabsatz stehen hatte, weil er seine eigene danebengestellt hatte.

»Soll ich oder willst du?«, neckte ihn Sandy mit einem Nicken auf Tina mit ihrem offensichtlich geilen Gehabe.

Henk fühlte sich unwohl und der Wolf in ihm knurrte zurückhaltend. Er fühlte sich herausgefordert. Allerdings war Sandy ein Profi mit eigenem BDSM Studio. Henk wusste innerlich, wer von ihnen beiden der Bessere war. Und das gefiel ihm nicht.

»Wir würfeln«, sagte er, als sei das ursprünglich seine Idee gewesen, und fest entschlossen zu gewinnen. Sandy nahm seine eigenen Würfel aus der Tasche – und gewann zu Henks Verdruss.

Sandy zog seine Bondagekette, die er als Gürtel trug, aus den Gürtelschnallen seiner Hose und wies damit auf Henk. »Du wirst jetzt kein schlechter Verlierer sein, nicht wahr? Du warst damit einverstanden: Ich kann alles, aber auch wirklich alles machen, was zur Ausbildung von Tina erforderlich ist.«

Henk war wütend, sowohl auf Sandy als auch auf sich selbst, konnte aber nichts tun, ohne den Verdacht eines Spielverderbers zu bestätigen. Widerwillig nickte er.

Sandy prahlte: »Ich zeig dir, wie man es macht!«

Henk runzelte angewidert über so viel Arroganz die Stirn. Der Wolf in ihm verfolgte allerdings wissbegierig jeden Handgriff von Sandy, als dieser in Aktion trat.

Zuerst stapelte Sandy ein paar Kissen übereinander.

»Komm her!«, befahl er und winkte Tina zu sich. Die stand auf, trat mit gesenktem Kopf zu ihm und glitt direkt vor seinen Füßen in die Kindspose. Sandy beugte sich hinunter und flüsterte ihr einige Worte ins Ohr, die Henk nicht verstand. Henk wunderte sich über die Vertrautheit, die beide ausstrahlten. Es glich einer Szene, die bereits einstudiert worden war. Welches Angebot hatte Sandy Tina gemacht? Doch Henk hatte keine Zeit zu überlegen. Sein Glied begann zu zucken, als er sah, was Sandy tat.

Der junge athletische Mann hieß Tina, den Oberkörper zu heben. Dann legte er Tina eine weiche Lederaugenbinde an, die hinter dem Kopf mit einem Riemen festgezogen werden konnte. Er presste ihr einen Knebel in den Mund, der wie ein kleiner Ball geformt war und dessen Bandenden sich ebenfalls hinter dem Kopf zusammenbinden ließen. Tina ließ alles mit sich machen und Henk hatte den Eindruck, sie kannte das schon und wusste, was kommen würde. Sie ließ sich zu dem Kissenstapel führen und legte sich mit dem Rücken darauf. Der Kopf hing nun an der einen, die Beine an der anderen Seite herunter. Henk glotzte auf die Scham, die nun gut zu sehen war, und befahl sich zur Ruhe. Tina zog die Füße an, öffnete die Beine und legte die Arme so, dass Sandy es nun sehr leicht hatte, jeweils einen Arm mit einem Bein zu verknüpfen.

»Schau genau zu«, wies er Henk an, als er geschickt die Seile anzog und eine perfekte Verschnürung anlegte, die sehr straff und eng zu sein schien. Tina atmete hektisch und unregelmäßig und Henk versuchte sich auf etwas anderes zu konzentrieren. Am liebsten hätte er Sandy in die Wüste geschickt und wäre gerne selber aktiv geworden. Doch bevor er etwas sagen konnte, hatte sich Sandy schon entblößt und Henk stierte auf ein Intimpiercing an einem immens gut gebauten Mann. Schon wieder kamen bei Henk Minderwertigkeitsgefühle auf, die er so nicht kannte.

Nun legte Sandy Tina eine Kordel um den Hals, die er vorne einfach um einen Holzstab wickelte und diesen drehte. Er zog die Kordel so fest, dass Tina zu röcheln anfing, rot anlief und zu zucken begann. Dann nahm er die Peitsche und schlug leicht zu. Ein seltsamer Laut drang aus Tinas Mund. Als sei dies der richtige Augenblick, rammte Sandy sein erigiertes Glied in Tina und stieß fest zu. Er bewegte sich rhythmisch und extrem überlegt, zwischendurch benutzte er kurz die Peitsche und rammte augenblicklich wieder hart in sie, während er dazwischen sanftere Stöße benutzte, um sie zu reizen. Zwischendurch löste er die Strangulierung, um sie dann wieder fester anzulegen.

Henk hatte Tina noch nie solche Töne ausstoßen hören. Doch für Neid war kein Platz. Denn in Henks Hose zuckte es gewaltig. Er befreite sich von dem lästigen Kleidungsstück und fühlte die Beule in seiner Unterhose, die nun mehr Platz hatte zu erblühen. Gierig schaute er auf das Geschehen und masturbierte dabei. Und wenige Minuten später schien es ihm, als wären sie alle gleichzeitig gekommen. Tina wurde still, Sandy zog sich mit einem Seufzer zurück und Henk kam in seiner Unterhose.

Als sie Tina von den Fesseln befreiten, lag diese völlig erschöpft da. Sandy mixte Drinks und all drei betranken sich den Abend über heillos. Henk konnte sich später nicht mehr daran erinnern, wie er die Treppe hinauf und in das Gästezimmer am Ende des Flurs gekommen war.

Völlig verkatert torkelte Henk am nächsten Morgen zu seiner Toilette, zog sich einen Bademantel an und ging dann den Flur zur Treppe entlang. Er hatte mordsmäßige Kopfschmerzen und Brand im Hals. Er musste dringend nach unten gehen und sich etwas Kühles zum Trinken holen.

Als er auf dem Rückweg an Tinas Zimmer vorbeikam, meinte er, ein unterdrücktes Stöhnen zu hören. Henk trat näher. Lauschte eine Weile, hörte aber nichts und öffnete dann die schwergängige Tür. Tina lag nackt inmitten zerwühlter Laken im Bett und rekelte sich schlaftrunken.

»Morgen«, nuschelte Sandy, der in diesem Moment aus dem Zimmer daneben herausgetreten war.

»Was'n los?«, fragte Henk, dem Sandy seltsam demoliert vorkam.

»Nix, hab' mich nur gestoßen.« Sandy rieb sich demonstrativ das Bein. Henk blinzelte ihn irritiert an. War das Sandys Schwanz, der da vorwitzig aus der Boxershorts lugte?

Für einen Moment hatte Henk den Verdacht, dass Sandy es mit der schlafenden Tina getrieben und er auf dem Flur den Abschluss gehört hatte. Doch gleich darauf schüttelte er den Kopf. Sandy war zwar ein Hurenbock, doch ohne Absprache würde er es wohl nicht gewagt haben. Oder war es das, was im Vertrag gestanden hatte und Sandy durfte tatsächlich alles. Henks Mißtrauen wuchs erneut.

»Mach deinen Hosenstall zu und sieh zu, dass du dich endlich anziehst«, maulte er Sandy an. Der lachte vergnügt.

Henk ging in sein Zimmer, um sich zu duschen und anzuziehen, ohne sich weiter um den ständig breit grinsenden Sandy zu kümmern, der in seinem eigenen Raum verschwand.

Kurze Zeit später saß Henk am Tisch und trank einen starken Kaffee. In engen schwarzen Hosen und einem schwarzen Seidenhemd sah Sandy an diesem Morgen einfach beneidenswert gut aus, bemerkte Henk, der ihn kurze Zeit später die Treppe hinabkommen sah.

»Henk, mein guter Freund! Einen schönen guten Morgen«, rief ihm Sandy zu und ließ sich anschließend wieder in denselben Sessel fallen, den er am Vorabend ebenfalls in Beschlag genommen hatte. Dort auf dem Tisch standen noch die Gläser und die verschiedenen Getränke und Sandy begann sich erneut einzuschenken.

»Reicht es nicht?«, grummelte Henk, dem sein Kater schwer zu schaffen machte und der ob der guten Laune von Sandy neidisch erneut war.

»Mein moralischer unmoralischer Kumpel. Mach dich mal locker!« Sandy grinste und Henk ärgerte sich immer mehr. »Henk, wir benötigen Frühstück. Holst du uns bitte etwas?« Henk wollte schon aufbegehren, als Sandy nachsetzte. »Du siehst, ich kann und darf nicht mehr Autofahren und Tina schläft noch.«

Henk wand sich und lenkte notgedrungen ein. Er strich über seine Haare, beschloss, dass sein Aussehen gut genug für eine kurze Fahrt zum nahe gelegenen Supermarkt nebst Bäcker wäre.

»Die Autoschlüssel liegen auf dem Tisch.«

Henk schnappte sich seine Jacke, nahm die Wagenschlüssel und verließ die Hütte.

Als er 45 Minuten später wieder zurückkam, staunte er nicht schlecht. Sandy hatte die Hütte aufgeräumt und saubergemacht. Von der kleinen Party des Vorabends war keine Spur mehr zu sehen. Und doch, neue Dinge lagen strategisch gut verteilt rund um den Kamin. Das war Sandys Bondage Equipment, konstatierte Henk und starrte diesen misstrauisch an.

»Mach dich locker!« Sandy grinste breit, kam ihm entgegen und nahm ihm die Tüten mit den Einkäufen ab. Jetzt erst sah Henk, dass der große Esstisch bereits mit Besteck, Servietten und sauberen Gläsern bestückt war.

»Da hinten ist eine winzig kleine Pantry«, belehrte ihn Sandy, der die Tüten in diese Richtung trug. »Gekochte, Rühr- oder Spiegeleier, was darf es sein?«

Henk antwortete nicht, weil er einerseits sah, dass das Seidenhemd, welches Sandy heute Morgen noch in der Hose getragen hatte, nun locker über seiner Hose lag. Und weil Tina in diesem Moment die Treppe herunterkam. Henk schluckte und die Augen wären ihm fast aus dem Kopf gefallen. Tina trug ein blütenweißes Sommerkleidchen, welches kaum irgendetwas verbarg. Anmutig wie ein kleiner süßer Engel schwebte sie lächelnd die Treppe herunter. Ihre Haare trug sie in winzigen Strähnchen, in die Perlen eingewoben waren. *Der absolute Wahnsinn*, dachte sich Henk und fragte sich, ob man so was überhaupt alleine hinbekommen konnte. Ganz kurz begann er sich zu fragen, wer ihr dabei geholfen haben könnte, verwarf aber seinen Verdacht, denn er hielt Sandy nicht für einen Künstler. In dem Moment wurde er abgelenkt, weil Sandy in der Pantry ein Liedchen zu pfeifen begann, während es gleichzeitig nach Kaffee und nach Eiern in der Pfanne roch. Henks Magen knurrte vernehmlich und Frust und Lust wandelte sich in einfachen Hunger. Er hatte seit der Pizza gestern nichts Vernünftiges gegessen. Henk setzte sich an den Tisch, während Tina zu Sandy in die kleine Küche ging. Dort lachten und tuschelten sie, doch bevor Henk beschließen konnte, gucken zu gehen, was sie denn da machten, kam Sandy mit dem Kaffee und Tina mit einer Platte mit Rührei in den Raum. Innerhalb kurzer Zeit stand alles auf dem Tisch und die drei machten sich hungrig über das späte Frühstück her.

Die Stimmung schlug schlagartig um. So als sei Aufputschmittel im Essen gewesen, alberten sie herum und landeten kurz darauf wieder auf dem Fell vor dem großen Kamin. Henks Welt schwankte. Auf eine seltsame Art und Weise konnte er nichts mehr ernst nehmen, lachte wie ein Kind und plauderte dummes Zeug. Es war, als wäre alle Last von seinen Schultern gefallen.

»Mein neuestes Produkt, eine Designerpille der besonderen Art.« Sandy stellte eine Dose auf den Tisch und öffnete diese. Die länglichen gelben Pillen sahen aus wie jene anderen aus seiner Produktion. »Mit Shots kommt das am besten.« Sandy stellte jedem einen Kurzen vor die Nase und ließ dann die Dose herumgehen. »Echt krass cooles Zeug, das müsst ihr probieren. Lasst uns feiern und das Leben genießen.«

Henk genoss das Gefühl der Leichtigkeit. Er überlegte kurz, was Sandy wohl hatte zusammenmischen lassen. Die Wirkung war wie eine Mischung aus psychedelischen Drogen und Amphetaminen. Doch dann lachte er ohne Grund und ließ sich von dem wohligen Gefühl davontragen.

Irgendwie hatte Sandy aber auch an alles gedacht: Er stellte eine kleine Stereobox auf und rockige Musik dröhnte durch die Hütte. Tina wiegte sich lasziv zu den Klängen und beide Männer sahen ihr eine Weile zu. Doch dann fragte Sandy: »Und was machen wir noch den restlichen Samstag?«

»Das Gelände erkundigen?« Tina strich sich über die Schenkel und es war Henk unklar, ob sie sich selber oder die Umgebung der Hütte gemeint hatte. Zwischenzeitlich war es bereits Nachmittag geworden.

Sandy wandte sich an Henk: »Wie wäre es, wenn ich dir noch ein wenig Unterstützung biete. Ich zeige dir, wie du Tina vollends an dich bindest, und du erlaubst mir, die neue Designerdroge in deinem Club zu verkaufen. Natürlich beteilige ich dich an allen Gewinnen.«

Das klang für Henk wie eine Win-win-Situation. Er musste sich eingestehen, dass er, seitdem er die Ausbildung zum Dom bei Sandy begonnen hatte, viele neue Gelüste hatte, die er noch nicht ausleben konnte, weil ihm die nötige Härte und wohl auch noch Equipment fehlte. Außerdem waren ihm finanzielle Mittel immer Recht. Er nickte zustimmend.

»Okay. Kleinen Moment, ich bin gleich wieder da!«, entschuldigte sich Sandy.

»Muss mal!«, meinte Tina und stand ebenfalls auf. Die beiden gingen die Treppe zu den Zimmern hoch. Laut lachend schienen sie sich prächtig zu amüsieren.

Bis die beiden wieder da waren, goss sich Henk weitere Shots ein. Er war ganz in einer anderen Welt, als Sandy ihn irgendwann zurückholte.

»Bediene dich!«, sagte Sandy und hielt ihm erneut die Dose mit der Designerdroge hin. Das war eine zu viel. Henk sollte sich später für immer dafür verfluchen, was an diesem Tag passiert war. Er war augenblicklich abhängig von dem Zeug.

Henk sah durch die Glastüren nach draußen. Die spätnachmittägliche Sonne tauchte den Marterpfahl vor dem Haus in rotgoldenes Licht. Tina starrte verzückt auf den Pfahl. Henk folgte ihrem Blick, ging zur Tür und öffnete sie. Gerade so, als teilte er mit Tina eine gemeinsame Vision, gingen sie beide wie in Trance über die Wiese.

Bei näherer Betrachtung sah Henk einen fast fünf Meter hohen Totempfahl. Unten war ein Biber dargestellt, auf dem ein Adler hockte. Zur Ausschmückung dieser zweiten Figur hatte der Erbauer ungefähr in Schulterhöhe noch zwei seitlich abstehende Flügel an dem Stamm befestigt. Nicht historisch genau, mehr auf Show und dem westlichen Geschmack angepasst.

Tina lief geschwind über die Wiese. Sie jauchzte wie ein Kind, welches zum Geburtstag zwei Daddys bekam.

»Ja, ich will, ich will, ich will«, rief sie. Sie stellte sich vor den Marterpfahl und rief. »Los, Leute, das ist es.« Sie breitete die Arme aus und stellte sich breitbeinig hin. »Genau hier. Los, macht schon! Nagelt mich da fest. Nagelt mich. Ich will es. Jetzt gleich. Tut es. Macht es mir hart.« Dabei wiegte sie den Unterkörper aufreizend vor und zurück, als würde sie jemand ficken, der unsichtbar war. Ihr weißes Kleidchen war nahezu durchsichtig.

Die Männer überlegten nicht lange und zogen sich aus. Tinas laszives Tun mit dem Unsichtbaren wurde immer lauter und Sandy ergriff als erster die Initiative.

Doch der Marterpfahl war zu voluminös, sodass Tinas Position zu ungünstig war, um an ihre Möse zu kommen. Sie beschlossen, sich lieber eine andere Lokation zu suchen.

Es war ein unglaublich warmer Abend und so torkelten sie, nur in ihre hastig übergeworfenen Bademäntel gekleidet, den Weg zum Western Dorf entlang, welches wegen Renovierung geschlossen war.

Ein gelb-schwarzes Absperrband blockierte den Weg. Sandy ging zurück, packte die Taschen mit dem Equipment und seine Stereoanlage in den Wagen und fuhr einfach durch die Absperrung. Er parkte den Mietwagen direkt in der Mitte zwischen den Häusern und ließ die Fahrertür offen. So ertönte die Musik über den gesamten künstlich aufgebauten Straßenzug.

Mehrere Holzhäuser, wie man es aus den Western im Kino kannte, standen links und rechts von der Straße.

Henk rüttelte erfolglos an der Tür zum Saloon und ging zum nächsten Gebäude. Dieses fand er unverschlossen vor und stieß die Türe auf. Es war nicht mehr als ein Pferdeschuppen. Mit Boxen, Heuballen und Vorrichtungen zum Ablegen von Geschirr und Sätteln. Sandy klatschte Henk die Hand auf die Schulter und redete etwas von einer Belohnung. Dann schritt er zur Tat und motivierte Henk, ihm Hilfe zu leisten.

Sandy bugsierte zwei Heuballen direkt vor eine stabile Querstrebe an der Wand. Er wies Tina an, sich auf das Heu zu setzen, aber mit Gesicht zu ihm, und die Arme seitlich zu spreizen. Tina tat wie geheißen und es wurde offensichtlich, dass der Querbalken nun genau hinter ihr auf der Höhe ihrer Schultern lag. Als wüsste sie, wie sie es machen musste, plazierte sich Tina ganz vorne auf dem Ballen. Mit geübten Händen band Sandy ihre ausgestreckten Oberarme an die Strebe, die wohl für Sättel oder Zaumzeug hätte gedacht sein können. Von einer ihrer Fersen aus führte Sandy dann ein Seil um ihren Hals und weiter zur anderen Ferse, sodass die kleinste Bewegung eine Strangulation verursacht hätte. Tinas Beine wurden seitlich weggezogen und öffneten sich. Tina blieb völlig teilnahmslos und starrte in die Ferne, als würde sie etwas völlig anderes sehen. Henk lief ein Schauer über den Nacken. Es ging eine Schwingung von ihr aus, als ob sie den Tod herbeisehnte, als würde sie wissen, dass sie heute Abend hier sterben sollte. Dem Wahnsinn nahe, ließ Freude ihre Augen funkeln. Wobei es nicht ganz klar war, ob sich nicht einfach nur der Wahnsinn der Männer in ihren Augen spiegelte.

Aufgeputscht durch die Droge und durch den halluzinogenen Teil in eine ganz andere Welt getaucht, fachsimpelten Henk und Sandy, als wären sie mittelalterliche Kirchenfürsten, über Hexenverbrennungen, Steinigungen und den Wassertest. Statt Wasser kippten sie Tina Alkohol in den Mund. Ganz standesgemäß fickten sie abwechselnd die Hexe.

Plötzlich fühlte sich Henk seltsam einig mit Sandy. Es war jetzt die Zeit gekommen, sie ans Kreuz zu nageln. Und so zogen sie eine Tina, die kaum mehr laufen konnte, über den Platz zur kleinen Kirche des Dorfes, während über Tinas Lippen unentwegt Worte flossen, die wie eine Anrufung oder ein Gebet klangen, doch völlig unverständlich in einer fremden Sprache hervorgebracht wurden.

Henk und Sandy waren sich einig, dass es sinnvoll und notwendig war, Dämonen brutal zu exorzieren. Mit diesem Vorsatz näherten sie sich der kleinen Frontierkirche, die kaum mehr als eine Scheune mit einem kleinen Glockentürmchen auf dem Dach war.

Als selbst ernannte Henker und Richter wollten sie nun Tina den Gefallen tun, ihren schwarzen Engel, von dem sie ständig redete, auszutreiben.

Die Tür an der Stirnseite war unverschlossen. Sie traten ein. Durch die schmalen Fenster an den Seitenwänden fiel Licht in den Raum. Das Kirchenschiff an sich war ein simpler, rechteckiger Bau. Innen war die Kirche ebenso schlicht eingerichtet: einfache Holzbänke, die jetzt für die anstehende Renovierung zur Seite geräumt waren. Links und rechts je zwei Fenster. An der Stirnseite der Altar, ein schlichtes Holzkreuz an der Wand. Rechts vom Altar stand eine alte Orgel, links vom Altar führte eine Tür nach hinten. Anscheinend gab es dort noch einen Anbau, in dem sich ein Priester vorbereiten konnte. Das Kirchenfenster an der linken Seite war mit einer einfachen Glasmalerei in überwiegend roten Farben versehen. Den feierlichen Gesamteindruck störten nur die herumliegenden Werkzeuge und die aufgestapelten Renovierungsmaterialien.

Fachmännisch überlegte Henk laut, dass dieser Nachbau einer Kirche tatsächlich einmal geweiht worden sein musste.

Denn laut Prospekt bot der Western Park auch Trauungen an. Der Gedanke, dass dem so sein könnte, machte die Sache für ihn nur noch geiler. Ein Traum von ihm sollte wahr werden. Endlich durfte er in einer Kirche eine Frau ficken.

An der Stirnwand hinter dem Altar hing ein großes schlichtes Holzkreuz. *Perfekt*, dachten die beiden Männer, die wie in das tiefste Mittelalter verrutscht erschienen.

»Fünfzig Stockhiebe als erstes oder gleich den Strappado?«, fragte Henk. Passend zur Situation erklangen aus dem draußen parkenden Auto die Klänge von Kirchenmusik. Die beiden Männer schritten gewichtig zum Altar hinüber und zogen Tina dabei mit sich. Dabei benahmen sie sich, als trügen sie statt Bademänteln Talare und einer überbot den anderen mit Geschichten über die notwendige Bestrafung von Sünderinnen.

»Beides, würde ich meinen, aber so, dass wir unseren Spaß dabei haben. So lange, wie der eine in ihr drin ist, darf der andere zuschlagen. Den Strappado dann auf einem Bock.« Sandy nickte zu einer Tischplatte, die auf zwei Tischlerböcken lag und offensichtlich Malerarbeiten gedient hatte.

»Sieh mal.« Henk hatte hinter einem Bauholzstapel, verdeckt unter einer Abdeckplane, einen kleinen Minilader entdeckt. Anstelle einer Schaufel war er mit einem Kranaufsatz bestückt und wurde wohl zum Anheben von schweren Teilen benutzt.

»Super. Doch der hängende Strappado«, jubilierte Sandy.

»Ich wusste gar nicht, dass Folter so viel Arbeit ist«, meinte Henk eine Weile später, nachdem sie einen der Böcke unter den Kran gestellt und sich mit der Bedienung desselben vertraut gemacht hatten. Schnell prosteten sich beide mit weiterem Alkohol zu. Tina hatten sie bereits fachmännisch verschnürt. Sandys Eigenbau eines kleinen, aber sehr stabilen X-

Kreuzes – quasi eine Variante eines Hogtie-Kreuzes mit festen Streben statt Ketten oder Riemen – war die einfachste Wahl gewesen, Tinas Hände und Füße hinter dem Rücken an je einem Ende anzubinden. Eine stabile Halterung lag zusätzlich unter ihrem Becken, um das volle Gewicht auf Arme und Beine beim Anheben besser zu verteilen. Sandy hatte ihr wieder den Ballknebel verpasst und zusätzlich eine Strangulation angelegt. Henk und Sandy hoben sie nun gemeinsam auf den Bock und Sandy befestigte die Schelle am oberen Ende seiner Vorrichtung mit dem Haken des kleinen Krans. Henk betätigte die Fernbedienung und Tinas Füße und Hände hoben sich.

Okay, später ganz hoch, jetzt will ich erst mal meinen Stress abbauen, dachte sich Henk, der unvermittelt auf die auf dem Bauch liegende Tina und die gut sichtbare Möse stierte.

»Du zuerst,« sagte Sandy gönnerisch, der schon seine eigene Peitsche in der Hand hatte und sadistisch grinste.

Henk klopfte zweimal auf seinen Halbmast, der sich daraufhin zwar etwas hob, aber nicht wesentlich. Sandy reichte ihm breit grinsend ein Gleitgel, welche Henk annahm und sich einschmierte. Dann trat er an Tina heran und stopfte sein Glied in ihre Möse. Er bückte sich leicht und diesen Moment nutzte Sandy, um ihm die Peitsche über den Rücken zu ziehen. Henk wollte laut protestieren, doch hinterrücks steckte ihm Sandy auch noch einen Analdildo in den Arsch. Henk wollte quieken, doch nur ein seltsamer Laut trat ihm über die Lippen. Sein bestes Stück war noch nie so breit, dick und steinhart gewesen wie jetzt. Während Sandy den Analdildo bewegte, stieß Henk in Tina. Zweimal noch zog ihm Sandy die Peitsche über den Rücken und Henk kam wie nie zuvor. Anschließend ließ er sich einfach auf den Boden fallen und rang nach Atem. Auch versuchte er, wieder klar zu sehen, und presste ein paarmal die Augen zusammen.

Sandy war unterdessen an die Fernbedienung des Minikrans getreten und hatte seine Konstruktion samt Tina angehoben. Nun schwebte Tina ein paar Zentimeter über dem Bock, den Sandy beiseitestellte. Er prüfte kurz die Höhe und zog die Strangulierung an. In Tina kam wieder Leben, sie röchelte und wand sich. Wie eine Schaukel bewegte Sandy Tinas Körper und damit ihre einladende Möse auf seinen dicken Schlegel zu und stieß tief in sie. Tina gab erstickte Laute von sich.

»Los, schlag zu oder ich mach's.« Sandy streckte Henk die Peitsche entgegen.

Henk versuchte aufzustehen, um die Peitsche von Sandy zu nehmen. Er überlegte noch, ob er sie Tina oder Sandy überziehen sollte, kam aber nicht wirklich gut auf die Beine. Er suchte nach einem Gegenstand, an dem er sich aufrichten konnte. Klar, der Kran. Warum Henk an die Fernbedienung kam, wurde ihm nie ganz klar. Was danach passierte, auch nicht. Der Kranarm fuhr plötzlich ganz nach oben und hob Tina ruckartig an. Sandy hatte aber beim Anlegen der Strangulation nicht an diese Art des Anhebens gedacht und so zog sich die Schlinge zu. Als Tina in Höhe der Kirchenfenster schwebte, wurde sie erdrosselt. Einige Schocksekunden starrten die Männer auf das Desaster und viel zu spät begriffen sie, was sie angerichtet hatten.

Sandy rührte sich als Erster. »Du holst Hilfe«, herrschte er Henk an. Während Henk seinen Bademantel zusammenraffte und zum Auto lief, machte er sich bewusst, dass dieses kein Telefon hatte. Aber in der Hütte hatte er eines gesehen. So schnell ihn seine wackeligen Beine trugen, rannte er den Hügel hoch.

Sandy befreite Tina derweil vom Kran und der Fesselung und begann mit der Reanimation. Er machte so lange weiter, bis er den Krankenwagen hörte. Dann räumte er seine Sachen weg und ging. Während Henk den Krankenwagen zu der kleinen Kirche des Western Parks lotste, packte Sandy seine Sachen in der Hütte zusammen, putzte, so gut es ging, seine Spuren weg und lief zur Hauptstraße. Irgendwann nahm ihn ein Autofahrer mit. Das wurde Henk erst später klar. Henk sah ihn lange nicht wieder. Und sah sich plötzlich in der alleinigen Verantwortung für das Debakel.

20. Züchtigung

In den nächsten Tagen trafen sich Tina und Henk jeden Morgen nach dem Frühstück in der Stadt. Tina schaute immer mal wieder in der Pension vorbei. Aber von Birgit keine Spur. Einen öffentlichen Waschsalon hatte sie schnell gefunden und widmete sich jetzt regelmäßig ihrer Wäsche. Zum Mittag kehrte sie am liebsten im Club ein. Dort saß die Belegschaft mittags immer zusammen und Pedro war stets dort. Seltener ließ sich Henk blicken. Aber wenn beide dort speisten, war es immer besonders lustig. Henk und Pedro erzählten viele Anekdoten und Witze, sie ergänzten sich einmalig.

Henk hatte Tina ein kleines Taschengeld zugesteckt und so ging sie regelmäßig zur Kosmetik und zum Friseur. Dort vermittelte man ihr auch einen Kurs, um die Landesprache zu lernen. Tina freute sich, bereits nach kurzer Zeit viel mehr zu verstehen und die ersten Sätze auf Holländisch sagen zu können.

Langsam wurden die Tage immer wärmer. Tina gewöhnte sich an, bei schönem Wetter lange Spaziergänge zu machen und, wenn es warm genug war, auch ins Freibad zu gehen. Dort lernte sie dann wieder neue Leute kennen, die sich mit ihr unterhielten. Allen erzählte sie lebhaft von ihrem Henk, dem Club und dem Partyboot. Sie bemerkte gar nicht, dass sie als Henks Mädchen einen Status bekam, der sie einerseits unantastbar, andererseits jedoch in manchen Kreisen zu einem bedauernswerten Geschöpf machte. Gegen achtzehn Uhr abends kehrte sie immer in den Club zurück, wo Henk entweder selber vorbeifuhr oder einen Fahrer schickte, um sie abzuholen. Den Abend verbrachten beide in seinem Penthouse. Die nächsten Tage ließ sich Henk abends kaum noch im Club oder auf dem Boot blicken. Er vergnügte sich lieber mit Tina.

Christine starrte verdrossen auf den Monitor vor sich. Mehrere Tage hatte sie schon darauf verwendet, ihre Notizen und vollgeschriebenen Blätter in den PC zu tippen. Noch einige wenige und sie wäre fertig, munterte sie sich auf. Mit der Hand fuhr sie sich über das Gesicht, während sie die Menüstruktur überprüfte. Sie hatte ihre Word-Datei erst einmal nach Monaten eingeteilt, beginnend mit April.

Sie hatte bereit skizziert, wie sie Henk damals im Frühjahr des Jahres 1994 begegnet war. Wie schön die erste Zeit gewesen war. Wie stolz sie damals gewesen war, als ein Vertrag ihr Zusammensein besiegelte. Wahrscheinlich hatte sie gedacht, das sei ein Ehevertrag, und völlig ausgeblendet, was es wirklich gewesen war. Die erste Zeit hatte Henk sie ohne Ende verwöhnt. Und sie verstand sich bestens mit der Belegschaft des Clubs. Doch was nutzte ein Vertrag, dessen Versprechungen sofort gebrochen worden waren? Kaum war sie bei Henk eingezogen, quartierte er sie wieder in ein Hotel um und verschwand, ohne den Grund zu nennen. Deutlich bedrückt hatte er gewirkt, doch anvertraut hatte er sich ihr nie. Nichts von dem, was ihm passiert war, hatte sie gewusst. Warum wohl hatte er sie nicht seiner Familie vorstellen wollen?

Heute wusste Christine, dass Liebe auf Vertrauen aufgebaut werden musste. Geheimnisse und Lügen waren keine gute Basis. Das, was sie damals gelebt hatte, war eine Art von Abhängigkeit. Selbstbetrug. Er hatte ihren Mangel an Selbstwert bedient und ihr scheinbar die Geborgenheit geschenkt, die ihr als Kind gefehlt hatte. Und sie hatte alle Probleme ausgeblendet. Ja, sie hatte sich eingeredet, dass es schön sei. Warum? Weil sie keinen Vergleich gehabt hatte oder weil ihr Elternhaus so mies gewesen war?

Jetzt wollte sie ihren Frieden mit den damaligen Geschehnissen machen. Sie wollte ein für alle Mal abschließen damit. Sie war damals jung und naiv gewesen. Na und? Heute war sie das nicht mehr. Das eine war die kleine freche Tina und das andere war die ältere Christine, die sich nicht nur ihrer Verantwortung für ihr Leben bewusst war, sondern sich nie wieder zum Opfer oder Sub von irgendjemandem oder irgendetwas machen wollte.

Nun war es an ihr, die immer dunkler werdenden Zeiten mitten im Sommer und Herbst des Jahres 1994 aufzuschreiben. Alles war gut gewesen, bis zum Juli dieses Jahres. Danach war es schräg geworden. Sie seufzte. Alles als Tina aufzuschreiben, war gut, so hielt sie ihr jugendliches und ihr jetziges Ich auseinander. Die standen in keinem Einklang mehr. *Also in der dritten Person weiterschreiben. Okay,* ermunterte sie sich und setzte dann erneut an:

Es war nach ihrem Einzug bei Henk nur wenig Zeit vergangen, als er Tina unvermittelt einfach aus seiner Wohnung geschubst hatte. Er hatte sie in einem schönen Hotel einquartiert, doch fühlte Tina sich einsam und betrogen. Sie sollte doch bei ihm wohnen. Hatte das nicht so im Vertrag gestanden? Er wollte nicht, dass sie alleine in dem Penthouse blieb? Auf der einen Seite sah sie ja ein, dass sie sich dort alleine gefühlt hätte, aber wäre nicht auch ein Hausschlüssel angebracht und möglich gewesen?

Zum Glück war das Hotel in unmittelbarer Nähe der City und so machte sie sich gleich am nächsten Morgen als Erstes auf, in einem Café zu frühstücken, sich die Zeit mit Shoppen zu vertreiben und mittags im Club vorbeizuschauen. Pedro kümmerte sich rührend um sie. Und Tina nahm seine Hilfe und Begleitung gerne an, denn sie mochte nicht alleine sein. Er ging mit ihr Eis essen und zeigte ihr bis dahin unbekannte

Ecken von Amsterdam. Besonders gut konnte sie sich an einen Besuch im Zoo erinnern. Tina hatte Gorillas und Elefanten bestaunt. Es war ein sehr schöner Tag für Tina gewesen. Sie hatten danach immer mehr Zeit zusammen verbracht. Und hatten viele Gemeinsamkeiten entdeckt. Vor allem wollte Pedro sie nie ändern. Er versuchte sie nie zu manipulieren oder zu erpressen. Mit Pedro konnte sie so sein, wie sie war. Wann hatten sie zum ersten Mal miteinander geschlafen? Es war wohl an Pedros Geburtstag gewesen. Die gemütliche Party fand mit zahlreichen seiner Freunde bei ihm zu Hause statt. Karibischer Flair und Unbekümmertheit – das hatte ihr sehr gefallen. Pedro hatte sie in ihr Hotel zurückgebracht – war ein vollendeter Kavalier gewesen und Tina hatte ihn gebeten, noch mit hochzukommen. Sie hatten lange geredet, geredet und Tequila getrunken. Dann war eins zum anderen gekommen. Sie hatte eine ganz neue Art der Erotik kennengelernt. Pedro benötigte keine Hilfsmittel, um sich oder sie zufriedenzustellen. Sehr geschickte Hände massierten sie und seine Zunge tat ein übriges. So viel Zärtlichkeit kannte Tina nicht. Das war neu für sie gewesen. An dem nächsten Wochenende im damaligen Juli hatten sie sich noch einmal getroffen. Ende Juli war Henk dann wieder da. Und das änderte alles.

Christine machte eine kurze Pause vom Schreiben und holte sich etwas zu trinken aus der Küche. Dabei überlegte sie, warum sie damals gar nicht bemerkt hatte, dass Pedro in sie verliebt gewesen war. Alle Anzeichen hatten dafür gesprochen. Aber er war eben der Freund von Henk gewesen, und so hatte er sich schnell wieder zurückgezogen, als dieser wieder dagewesen war. Im Nachhinein wäre vieles nicht passiert, hätten sie oder Pedro sich damals anders entschieden. Aber dieses »hätte« war müßig.

Christine ermahnte sich, einfach nur weiter die Erlebnisse aufzuschreiben. Ja, woher hätte sie wohl wissen können, dass Henks Eltern nacheinander gestorben waren? Er hatte ja nichts gesagt und Nachfragen hatte nie geholfen. Warum Henk im Juli so beschäftigt gewesen war, hatte ihr Pedro erst im September erzählt. Henk selber hatte sie direkt nach Vertragsabschluss einfach ins Hotel und in Pedros Hände vermittelt. War dann nicht er der Verantwortliche gewesen, dass es so hatte kommen müssen? Aber natürlich war Henk nur eifersüchtig und kontrollwütig gewesen. Bis dahin war alles so perfekt gewesen. Oder auch nicht, weil sie sich hatte kaufen lassen. Henks Verhalten gegenüber Pedro änderte sich nicht viel und Tina betete darum, dass er von dieser Affäre nie erfuhr. Doch war sie sich nie wirklich sicher, was genau er wußte oder nicht. Tina versuchte besonders lieb zu Henk zu sein. Doch das fruchtete wenig. Beziehungsweise wurde es jetzt schräg. Henk hatte sie mehr oder minder zu Hause eingesperrt. Und Ende Juli hatte er auch für ihre Ausbildung gesorgt.

Sandy war für Christine bis dahin ein freundlicher Kerl gewesen. Was dann passierte wurde merkwürdig. Christine überlegte lange, dann notierte sie, dass diese besagte Zeit zwischen dem 25.07. und 08.08.1994 stattgefunden haben musste. Sie hatte in jener Zeit die Wohnung kaum verlassen. Doch Henk hatte sie ein paarmal in die Stadt und zu Sandy gefahren. Dummerweise vertraute er in jener Zeit Sandy mehr als Pedro, der ihn angeblich enttäuscht hatte. Aber Sandy hatte genau diesen Keil in die Freundschaft treiben wollen. Er sah in Menschen nur zukünftige Kunden, die er über kurz oder lang auf die ein oder andere Weise abhängig machen konnte. Und wenn er sie nicht binden konnte, dann entledigte er sich ihrer Freundschaft und vernichtete deren Existenz. Doch das alles hatte Christine viel zu spät erkannt. Und ausgerechnet dieser Mann hatte Henk eine Ausbildung in seinem Studio schmackhaft gemacht. Und Henk zehn Stunden bekommen, die sie sich aufteilen konnten. Henk hatte sofort sieben Termine für Tina vereinbart.

Christine schlug die Faust auf den Tisch. Sie hatte diese erste Zeit der »Gefangenschaft« bei Henk als angenehm abgespeichert. Zu der Journalistin hatte sie gesagt, alles wäre in jener Zeit freiwillig und auf Absprache geschehen. Genau dieses Bild brach nun zusammen. Nichts war gut gewesen. Wie hatte sie nur so blind sein können! Wie hatte sie nur die Worte von Sandy glauben können! Dieser hatte wie ein Magier ihr ohnehin schon geringes Selbstwertgefühl zertrümmert und fortan hatte sie sich völlig wertlos gefühlt. Das war der Grund für ihre Haltung gewesen, die es anderen erlaubte, ständig so mit ihr umzugehen. Zudem hatte Sandy sie langsam an seine Lieblingsdroge herangeführt: Heroin.

Sandys Studio war ein hohes und schmales Haus am Rande der Innenstadt. Im Erdgeschoß befanden sich die Rezeption, Umkleiden und Toiletten, im ersten Obergeschoß die verschiedenen Themenräume, in denen seine Mädchen arbeiteten. Im zweiten Obergeschoß befand sich sein Partyraum, sein sogenanntes »Atelier«. Von dort erreichte man über eine Wendeltreppe seine Privaträume.

Henk hatte sie bis zur Rezeption begleitet und war weitergefahren. Es war vereinbart worden, dass Sandy Henk anrufen würde, sobald Tina abgeholt werden sollte.

Eine der Damen hatte ihr gezeigt, wo sie sich umziehen sollte. Ein dünner Bademantel lag bereit. Über einen Fahrstuhl erreichte man die Etage über dem Studio von Sandy, die er »Atelier« nannte und die er auch für private Partys nutzte. Wenn man das »Atelier« betrat, stand man in einem großen Raum ohne Innenwände. Die Außenwände waren weiß verputzt und der Fußboden schwarz gefliest. Auch alles andere war in kaltem Ton gehalten. Schwarz, Weiß, Glas und Edelstahl dominierten. Eine Glastrennwand auf der linken Seite ließ eine schwarze Wendeltreppe in Sandys Privaträume vermuten. Die linke Seite nahmen außerdem einige Gästezimmer und zusätzliche Umkleideräume nebst Duschen und Toiletten ein. Die längere Wand gegenüber vom Eingang war zur Hälfte eine Bar, dahinter unzählige Flaschen und Gläser, die andere Hälfte diente als Videowand. Je nach Wunsch konnte er dort ein Motto an die Wand zaubern. Wenn man sich in dem riesigen Raum umsah, fiel auf, dass der Fußboden zur Mitte hin abschüssig verlief. Stand man in der Mitte, konnte man einen Abfluss sehen. Hier konnte man ruhig mit Flüssigkeiten hantieren, alles war einfach zu reinigen. Über dem Abfluss war in der Decke ein Kettenzug installiert. Diese Konstruktion sah sehr stabil und hochmodern aus. Auch alle anderen Werkzeuge schienen neu und erstaunlich in ihrer Bauart. Alle standen an der rechten Wand bereit für den Einsatz. Eine »Massagebank« ließ sich in der Höhe verstellen als auch nach unten oder oben kippen, die Stangen an den Seiten ließen es zu, Arme und Beine in verschiedenen Höhen zu fixieren. An einer Wand befand sich ein großes Andreaskreuz mit entsprechenden Plüschfesseln. Diverse andere Geräte standen dort und die gesamte Wand war über und über mit Peitschen und Bondage-Werkzeugen dekoriert. Ein großer Schrank enthielt Gleitmittel, Handtücher und alles Mögliche andere. Tina blieb erst einmal stocksteif im Eingang stehen. Sandy schubste sie in den Raum. Sein »Atelier« an diesem ersten Tag von insgesamt fünf vereinbarten Schulungsstunden, plus Zwischen- und Abschlussprüfung, war menschenleer.

Tina stand immer noch eingeschüchtert im Raum, als Sandy ruhig sagte: »Du weißt, was die Kindspose ist? Auf den

Boden! Die Knie unter den Körper und die Arme nach hinten. Blick zum Boden.«

Henk hatte ihr eingetrichtert zu tun, was Sandy sagte, und von ihm zu lernen. Also gehorchte sie und glitt auf den kalten, schwarz gefliesten Boden. Die Reitgerte in der Hand überprüfte er ihre Position.

»Ich werde dir Anweisungen geben, die du befolgen musst.« Langsam lief er um sie herum und dozierte: »Es ist eine Sünde, ungehorsam zu sein. Eine solche Befehlsverweigerung gehört bestraft. Die Klarheit, ohne Verfehlung zu leben, entsteht am ehesten, wenn du dir wegen jeder Sünde deine Strafe selber einforderst, um sie nie wieder zu begehen. Verstehst du das?«

Tina richtete sich auf, um eine Frage zu stellen. Sandy zog ihr die Reitgerte über den Rücken.

»Hey«, protestierte Tina.

»Keine Widerrede!« Noch einmal schlug Sandy zu. Nach diesem zweiten Hieb fiel sie zur Seite und Tränen traten in ihre Augen. Sie war froh, dass der dünne Stoff des Bademantels sie ein wenig geschützt hatte. Sandy hob erneut die Peitsche.

»Zurück in die Kindspose.«

Tina schluckte und beeilte sich, in die richtige Position zurückzukehren. »Nein, bitte nicht schlagen. Ich tu ja, was du willst.«

»Gut, das werden wir heute testen. Keine Fragen, keine Widerworte. Bleib, wo du bist, solange ich es dir sage, und tue nur, was ich dir sage! Am Ende dieses Tages will ich, dass du sofort um eine Strafe bittest, wenn du weißt, etwas falsch gemacht zu haben.«

Tina bemühte sich redlich, sich die vielen Befehle wie »Hogtie« oder »Spread Eagle« zu merken. Denn auf Anweisung sollte sie genau in einer dieser Positionen und am richtigen Platz im Raum sein, wo die nächste Übung stattfinden sollte.

An jenem ersten Tag schlug er nur noch einmal zu. Er übte mit ihr, die Positionen korrekt einzunehmen und immer, wenn sie etwas falsch gemacht hatte, in die Kindspose zu gleiten und zu sagen: »Ich bitte um Verzeihung oder Züchtigung.« Als Tina müde wurde, begann sie fahrig zu werden. Sie wurde ihm zu langsam. Er hob die Peitsche und sie glitt schnell in die Kindspose und sagte: »Ich bitte um Verzeihung oder Züchtigung.«

Dass er es ernst meinte, zeigte er ihr klar, als er ihr stehend die Arme und Beine an zwei rechts und links platzierten Streben knüpfte und dreimal mit der weichen, mit zahlreichen Lederriemen bestückten Dom-Peitsche über den Rücken zog. Tina japste.

»Das ist Züchtigung«, erklärte er beim ersten Schlag, »Du hast es verdient und du wolltest es so!« beim zweiten und »Du gehörst mir und du willst es!« beim dritten Schlag. Nachdem er die Fesseln gelöst hatte, zitterten ihre Beine. Tränen rannen aus ihren Augen. Sie fühlte sich unwert und ungeliebt. Während er sie losband, massierte und streichelte er sie. Mehrfach nahm er sie fest in den Arm und drückte sie zärtlich. »Gut gemacht,« lobte er. Augenblicklich wurde ihr wohler. Dann hieß er sie, sich in den Umkleideräumen frisch zu machen und zu gehen.

Henk und Tina sprachen nie über ihre Ausbildung, die er bezahlt hatte.

An einem der nächsten Tage zeigte Sandy ihr, wie man einen Mann seiner Güte befriedigte. Er schminkte sie und zog ihr ein weißes Minikleid an, welches nichts verbarg. Sein Spezialpranger war zum Sitzen. Dabei fesselte man die Füße unter dem Stuhl und bog den Körper sehr weit nach hinten. Die Arme wurden seitwärts ausgestreckt fixiert. Der Hals wurde mittels Ring so befestigt, dass ein Hochkommen eine Strangulation verursachen konnte. Sandy nahm sie hart von vorne. Dabei zeigte er ihr, welche Laute sie ausstoßen durfte und welche nicht. Es dauerte, bis Tina sich merken konnte, welche Töne sie von sich geben durfte und welche nicht. Und sie hatte Mühe sich diesbezüglich unter Kontrolle zu haben. Doch irgendwann gelang es ihr und Sandy belohnte sie dafür mit besonders viel Liebe, Aufmerksamkeit und Geschenken.

Auf der »Massagebank« zeigte er ihr drei weitere Positionen.

»Aber du weißt, ich liebe dich!«, sagte Sandy dabei mehrfach.

Tina bemerkte, wie ihr Körper reagierte. Sie kamen mehrfach zusammen. Tina lernte, im richtigen Moment »Ja« zu sagen, »Los fick mich härter« oder »Mach es mir, zeig es mir« oder »Lass mich dich spüren«. Sie übte, ihn zu reizen und heiß zu machen und seine ganze Energie in den Fick zu stecken. Sie begann seine Schläge so zu fürchten, dass sie alles tat, um ihnen zu entgehen. Gleichzeitig sehnte sie sich nach seiner Art der Liebe, die Sandy überschwänglich verteilte, wenn alles bestens lief.

»Wenn ich müde bin, darfst du es auch sein. Keine Sekunde früher oder später. Eine Frau ist immer bereit, ihn zu empfangen und stets zu Diensten zu sein. Das ist ihr Daseinszweck.«

An einem weiteren Tag hatte er sie an einer Kette mitten im Raum kopfüber aufgehängt, sodass sein Schwanz auf Höhe ihres Mundes war. Er hatte ihr beigebracht, wie die Mundstellung zu sein hatte, damit sie ihm die richtigen Dienste erweisen konnte. Auch zeigte er ihr, wie sie ihn mit den Händen befriedigen konnte.

An einem der darauffolgenden Tage hatte er sie an Augenbinde, Maske und Knebel gewöhnt. Er fesselte ihre Arme und

Beine hinter dem Rücken an sein Hogtie-Kreuz und legte sie über den eigens dafür entwickelten gepolsterten Bock, der zusätzlich eine Halterung für den Kopf besaß. Er fickte sie dabei von hinten. An diesem Tag zeigte er ihr noch zwei weitere gefesselte Positionen und sie hatte den ganzen Tag in diesem Raum die Augenbinde und den Knebel zu tragen und jeder Anweisung zu folgen. Ohne Anweisung oder in den Pausen sollte sie in der Kindspose verharren. Sandy schenkte ihr an dem Tag eine ganze Packung Xanax. Somit fühlte Tina keinerlei körperlichen Schmerz und war fitter als sonst.

An irgendeinem Folgetag brachte er ihr bei, auf Musik zu hören. Drei verschiedene Typen zeigte er ihr. Die sanfte Musik, die Pop & Rock Welt und die Klassik.

»Besondere Musik zu besonderen Anlässen. Dieser Song gehört zu den eher kuschelbedürftigen Momenten. Du bewegst dich durch den Raum und nimmst verschiedene erotische Positionen ein. Rock und Pop Musik spiele ich, wenn diese ganzen Spiele, die ich dir bereits gezeigt habe, stattfinden. Die Klassik ist für jene, die sich nur noch abreagieren wollen. Am besten bittest du – würde diese Musik gespielt – sofort um ein Schmerzmittel. Das ist keine Schande!«

An diesem Tag benötigte sie die Pillen auch. Bei klassischer Musik zeigte er ihr die Grenze zwischen Erotik und Schmerz. Er zeigte ihr, wie man Männer reizte, auf dass sie zuschlugen, und das Maß an Passivität, welches notwendig war, um Ausraster ohne ernsthafte Schäden zu überstehen. Tina fühlte sich betäubt. Durch die Drogen empfand sie keinen physischen Schmerz, wohl aber die ganze Scham, die Sandy ihr einimpfte. Zum Schluss hatte er Tina soweit, dass sie um Strafe bettelte und machte Sandy so sehr glücklich. Tina lernte, dass man sie liebte, wenn sie unterwürfig und demütig tat, was er wollte. Und sie bekam eine Belohnung, wenn sie sich klaglos schlagen ließ.

»Sei ein Gefäß für meine Wut. Hilf mir, diese Kräfte zu kanalisieren, die sich gegen dich und deinesgleichen richten. Du hast alles verdient. Du bist schuld daran. Also reinige mich von deiner Schuld. Züchtige dich, indem du meine Wut annimmst und erduldest. Du musst leiden, damit mein Leid aufhört. Denn du bist die Sünde.«

Er hatte ihr die Arme über dem Kopf gefesselt und sie an eine umgekehrte Ypsilonkonstruktion gehängt, wo die Beine breit an die zwei Enden des eigens dafür entwickelten Gerätes geschnallt wurden. Auf der Verbindung saß ein Dildo, den man in seiner Höhe einstellen konnte. Dieser war mittels eines Kabels an das Stromnetz angeschlossen. Tina fiepste, als der erste sanfte Stoß durch den Dildo in ihren Unterleib drang. Sandy zog ihr die Peitsche über den Rücken. Tina biss die Zähne zusammen. Sie wußte ja nun, wie Sandy tickte.

»Ja, Meister, ich habe verdient, was du mir gibst. Ich gelobe Besserung. Züchtige mich, ich nehme alles auf mich. Mach mit mir, was dir beliebt. Ja, töte mich, wenn es dir beliebt.«

Sandy nickte wohlwollend. »Du hast vergessen, mich an Knebel und Augenmaske zu erinnern. Ich führe ab sofort weitere Strafpunkte ein. Drei Schläge auf die Handfläche bei leichten Vergehen. Drei Hiebe auf den Rücken bei schweren Vergehen. Bei allen mittleren kannst du zwischen einem harten Fick und einem ungemütlichen Arrest wählen. Das erste kennst du schon. Das zweite zeige ich dir nun. Ich gehe jetzt Mittag essen und komme danach wieder. Bis später.«

Sandy hatte den Raum verlassen und der Dildo summte über eine Stunde in Tina und schob hin und wieder winzigste Stromstöße durch ihren Körper, während sie in einer unbequemen, aber stabilen Lage stand, in der keine Bewegung möglich war.

Als er wiederkam und ihre Fesseln löste, sagte er: »Deine Eltern haben es völlig falsch gemacht. Dein Vater hatte seine Wut nie im Griff und deine Mutter nahm ihre Aufgabe nicht wahr, seine Frau zu sein. Männer sind die Erziehungsberechtigten und müssen dieser Verantwortung auch gerecht werden, und Frauen sind wie Kinder, die erzogen werden müssen zu gehorchen. Sie sollte redlich und fleißig sein; er aber auch. Der Stärkere ist ein weiser Meister und das schwache Weibliche muss er stärken, indem er es zunächst zerbricht und in dem rechten Willen wieder erstarken lässt. Seine Verantwortung ist es, eine starke Frau an seiner Seite zu haben, die seinem klugen Willen untergeordnet ist.«

An jenem Tag war sie zunächst noch von Sandy belehrt und wieder aufgebaut worden und beide hatten im Anschluss die Zeit vollkommen vergessen. Sandy hatte neben seiner harten auch ein sehr weiche Ader. Dann kuschelte er. Außerdem war er sehr amüsant. Er brachte sie zum Weinen und – wenn er es wollte – auch zum Lachen. Und an jenem Abend lachten und kuschelten sie viel. Weswegen Tina viel später als ursprünglich verabredet in Henks Penthouse eintraf. Der hatte sie sofort bezichtigt, Einkaufen gewesen zu sein, und Tina hatte jedes Widerwort hinuntergeschluckt. So hatte sie es gerade gelernt. Henk rief bei Sandy an und vereinbarte einen Termin zwecks Bestrafung wegen Ungehorsams. Sandy ließ sich die Situation erklären und beschloss, dass sie keine Verfehlung begangen hatte, denn sie war nur bei ihm gewesen. Da sie weder Widerworte geleistet noch seine Unterrichtsmethoden in Zweifel gezogen hatte, beschloss Sandy als ihr Meister, dass nichts davon eine Sünde gewesen war. Sie hatte also keine Strafe, sondern eine Belohnung verdient.

Sandy nahm sie mit auf eine Kneipentour mit ausgesuchten Mädchen und Geschäftspartnern. Sie besuchten zunächst eine Cocktailbar, in der man lernen konnte, diese selber zu mixen. Danach zogen sie in eine Bar ein, wo Sandy sich Anregungen holen wollte. Zu seiner großangelegten Geburtstagsparty plante er, die Beachatmosphäre dieser Bar zu übernehmen. Während Sandy für alle Essen bestellte, schwärmte er von der geplanten Schaumparty, die er am Samstag nach seinem Geburtstag steigen lassen wollte und die stadtbekannt werden sollte. Sandy nahm Tina an jenem Abend mit in den privaten Bereich seines Hauses. Doch sie sollte sich nicht mehr erinnern, was danach geschehen war. Gleich am ersten Ausbildungstag hatte er sie Heroin schnupfen lassen und dann ganz langsam davon abhängig gemacht. Nach diesen insgesamt sechs Terminen bei Sandy war ihr Wille gebrochen. Sie hätte nunmehr alles getan, was er sagte, nur um an weiteren Stoff zu kommen.

Der letzte Termin sollte eine Privatparty von Sandy sein. Diese fand am Ende ihrer Ausbildungszeit in seinem Atelier statt. Auf Geheiß trat Tina an jenem Abend als Letzte ein. Völlig nackt betrat sie aus Richtung der Umkleiden den Raum. Als Erstes sah sie Sandy, der mit drei seiner engsten Freunde in einer Gruppe beisammen stand. Alle Männer waren schlank und extrem gut gebaut. Einer war schwarz. Offensichtlich sollten diesen vier Männern vier Frauen zur Verfügung stehen. Eines dieser Mädchen war eine extrem schlanke Asiatin. Sie lief nur mit einer Kellnerschürze bekleidet aufreizend an den Herren vorbei und schmiegte ihren Körper an sie. Dabei fasste sie ihnen auch in den Schritt. Die Herren schienen bereits deutlich betrunken und bereit. Zwischendurch offerierte die Dirne Drinks.

Tina ging zu Sandy, der ihr lächelnd entgegensah. Sie kniete sich in die Kindspose und küsste seine Füße. Er hieß sie aufzustehen. Artig erhob sie sich, drehte sich um und bückte sich, damit er, wenn er wollte, sie von hinten nehmen konnte.

Sandy strich ihr über den Rücken. Der Schwarze trat an sie heran, als sei er von Sandy dazu aufgefordert worden. Er fesselte Tinas Handgelenke auf dem Rücken. Tina spürte seine starken Hände und seinen steifen Schwanz auf ihrem Kopf, seine Eier drückten ihr ins Gesicht. Als hätten sie sich verabredet, stieß Sandy seinen steifen Schwanz von hinten in Tinas Möse, während der große schwarze und lange Schlegel ihr in den Mund gestopft wurde. Wie sie gelernt hatte, versuchte sie beide Männer zufriedenzustellen. Gleichzeitig zwei Männern zu dienen, war leichter als gedacht, bemerkte sie, als beide abspritzten.

Zur Belohnung bekam Tina einen Drink ihrer Wahl. Sichtlich zufrieden mit seinem Werk hatte Sandy sie danach wählen lassen: eine Dosis Pillen und die Fesselung oder Heroin und freie Bewegung. Tina wählte Letzteres. Es verlangte sie nach der nächsten Dosis. Während sie ihr Getränk getrunken und auf ihr Besteck gewartet hatte, konnte sie die Szene am Rand betrachten.

Die anderen beiden Mädchen waren in unterschiedlichen Positionen gefesselt. Eine Tina unbekannte Rothaarige lag auf dem Boden. Das rechte Bein war hochgestreckt an einen Pfahl gebunden worden. Drei Stricke hielten es an Ort und Stelle. Das linke Bein war zur Seite gestreckt am Fußboden festgebunden worden. Die Höhe war dabei so angelegt, dass das Knie an den linken Ellbogen und das Handgelenk außen an den Unterschenkel gefesselt werden konnte. Das rechte Handgelenk hatte man mit dem unteren Strick – welcher am Hüftgelenk das rechte Bein an den Pfahl fixierte – verbunden. Den Kopf hatte man auf dem Boden fixiert. Eine Augenmaske bedeckte ihre Augen und eine Beißschiene steckte in ihrem Mund.

Die zweite Frau war kopfüber über eine Stange gelegt worden. Hände und Füße steckten in breiten Schnallen. Ihr dunkler Haarschopf mit vollen Locken fiel auf den Boden und verdeckte ihr Gesicht. In ihrem Hintern steckte ein Analdildo.

Ganz in Ruhe hatten sich die vier Herren, die Asiatin und Tina an diesem Abend auf den Boden gesetzt, sich gegenseitig die Arme abgebunden und die Spritze gesetzt. Danach nahm Tina nichts mehr ernst und später nur noch alles verschwommen wahr. Irgendjemand band ihr eine Kellnerschürze um. Und Tina funktionierte einwandfrei. Sandy strahlte über seine gelungene Ausbildung und lobte sie den ganzen Abend. Tina half beim Abfüllen der Männer und Frauen. Jedem der Männer besorgte sie es, wo und wie sie es wollten. Jeder durfte ihr Befehle erteilen, die sie ausführte. Tina konnte alles nur als spaßige Feier sehen. Und so steckte sie auch Dildos in die Mösen oder After der Damen, während irgendjemand sie oder eine der anderen Damen fickte. Der Rest des Abends fehlte ihr komplett.

Als sie am nächsten Morgen in einem der Gästezimmer erwachte, bemerkte sie, dass wohl alle Mädchen dasselbe Bett geteilt hatten. Als sie aufstand und die Tür öffnete, sah sie einige Leute an der Bar. Während sie im geliehenen Bademantel auf die Gruppe zutapste, roch sie Kaffee, abgestandenen Zigarettenrauch und frische Brötchen. Lautstark machte sich ein Reinigungstrupp daran, die Beweise der Orgie wegzuputzen. Tina hatte Kopfschmerzen. Sie griff als Erstes zu der Familienpackung Paracetamol, die auf dem Tresen lag. Zwei Tabletten spülte sie mit Orangensaft hinunter. Danach nahm sie sich ein Käsebrötchen.

Irgendwann hatte sie sich geduscht und angezogen. Wenig später sagte jemand, ihr Taxi sei da. Sie war hinuntergegangen und im Auto eingeschlafen. Tina hatte keine Erinnerung mehr an das, was danach geschehen war. Und sie war auch in den Folgetagen nicht mehr richtig klar geworden.

Die Mottoparty am Samstag nach Sandys Geburtstag fand in den Räumen seines Studios statt. Henk und Tina waren neben unzähligen anderen Gästen zu diesem großzügig beworbenen Event eingeladen. Die meisten verteilten sich in Sandys Studio. Jene mit VIP-Pässen fuhren mit dem Fahrstuhl nach oben in sein Atelier. Tina wunderte sich nur kurz, dass Henk offensichtlich nicht mit dabei war. Die Musik dröhnte, auf der Wand stand in grellen Farben »Foam Party«. Alle Gäste waren in Badekleidung und die Karten mit der Auswahl an Getränken waren auf Beachbälle gedruckt. Als die Maschine den künstlich riechenden Schaum in die Mitte des Raumes pumpte, war die Party in ein Gelage übergegangen. Tina konnte sich nicht mehr an Einzelheiten erinnern. Nur dass Sandy sehr zufrieden mit ihr war und sie seinen kleinen Engel nannte.

Wenige Tage nach der »Foam Party« fuhren Sandy, Henk und Tina zur Erholung in die Western Lodge.

21. Eskalation

Die Befragung zum Unfallhergang in der Western Lodge durch die Polizei noch am gleichen Abend wurde immer intensiver. Henk beunruhigte es, dass die Polizisten anscheinend von vorsätzlicher Körperverletzung, wenn nicht gar Mordversuch ausgingen. Sie hielten seine Darstellung eines Unfalls bei einem bizarren Sexspiel für unglaubwürdig. Dass Sandy sich klammheimlich verzogen hatte, bevor der Krankenwagen eintraf, erschwerte für Henk die Lage. Sandy hatte fein säuberlich alles mitgenommen oder verschwinden lassen, das auf seine Beteiligung hingewiesen hätte. Selbst die Schlüsselübergabe war anonym vor sich gegangen. Also verschwieg Henk notgedrungen Sandys Beteiligung an der Geschichte und nahm übelgelaunt alles auf sich.

Erst nach Mitternacht verließ Henk frustriert die Polizeiwache. Es war ein Unding, so mit ihm umzugehen, fand er. Diese Polizisten auf dem Revier waren für seinen Geschmack viel zu gründlich bei der Sache. *Da muss ich mal mit van der Horst reden,* dachte Henk bei sich. Der könnte als hochrangiger Polizeibeamter da sicherlich helfen.

Trotz der späten Stunde rief Henk noch im Krankenhaus an. Nach endlos scheinenden Diskussionen mit der Nachtschwester erhielt er zumindest eine gute Neuigkeit: Tina war kurz zu Bewusstsein gekommen und schlief jetzt. Henk war aufrichtig erleichtert. Die Ärzte wollten sie aber den Sonntag über zur Beobachtung da behalten. Als Henk sich erkundigte, ob er Tina dann am Sonntagabend abholen könne, kam sehr spontan eine Zustimmung. Henk atmete zufrieden durch. Es sah so aus, als würde sich diese Episode zum Guten wenden. Doch dann kam alles anders.

Nach einer kurzen und unruhigen Nacht ging Henk in den Club. Dort waren alle entsetzt. Sie hatten im örtlichen Radio von dem Unfall erfahren. Irgendein Reporter mit guten Verbindungen zur Polizei hatte brühwarm darüber berichtet. Zwar ohne Namen zu nennen, aber doch so detailliert, dass sie die Verbindung zu dem Ausflug von Henk und Tina ziehen konnten. Henk erzählte natürlich nur eine entschärfte Version. Sie wären aus Neugier in den Baustellenbereich gegangen und Tina hätte sich im Seilgewirr einer Maschine verheddert.

Wie ein eingesperrtes Tier lief er im Club auf und ab, bis er es nicht mehr aushielt und zum Krankenhaus fuhr. Bei seiner Ankunft wurde er sofort zum behandelnden Arzt geführt. Der eröffnete ihm, dass Tina beim Unfall unter Heroineinfluss gestanden hatte.

Henk fiel aus allen Wolken. Wo sollte Tina den Stoff herbekommen haben? Der Einzige bei ihnen in der Western Lodge war Sandy gewesen und dem vertraute Henk, sich an sein Heroinverbot zu halten. In Henk stieg der Verdacht auf, dass Tina schon vor dem Wochenende in der Western Lodge mit der Droge in Kontakt gekommen sein musste. Nur: Wer könnte es ihr verschafft haben? Er musste aufpassen, musste wachsam sein!

Angesichts von Tinas Drogenkonsum hatte Henk eine Verschärfung der polizeilichen Untersuchung erwartet, doch das Gegenteil war der Fall. Als hätte jemand im Hintergrund an den Fäden gezogen, wurde der Fall geschlossen und »Unfall« offiziell als Grund für Tinas Verletzungen ins Protokoll eingetragen. Van der Horst konnte es nicht gewesen sein, den hatte Henk noch nicht kontaktiert. Ob es Sandys Einfluss gewesen war?

Während die Gefahr durch die Polizei sich wider Erwartung aufgelöst hatte, machten plötzlich die Ärzte Schwierigkeiten. Überraschend teilte man Henk mit, Tina sei doch noch nicht transportfähig und er müsse bis Montag warten. Als er an dem Tag anrief, hieß es, es habe Komplikationen gegeben. Am Dienstag, als er Tina besuchen wollte, verwehrten die Stationsschwestern ihm den Zutritt zu ihr. Die Patientin habe eine akute Hepatitis B und aufgrund ihres geschwächten Immunsystems und der Ansteckungsgefahr hätte der behandelnde Arzt sie auf die Isolierstation verlegen lassen. Henk kochte vor Wut. Die Ärzte und Schwestern hatten sich gegen ihn verschworen! Er versuchte, sich über die Stationsschwester hinwegzusetzen und die Station gegen ihren Widerstand zu betreten, doch sehr schnell kam der Sicherheitsdienst. Zu schnell für Henks Geschmack. Als hätten sie nur darauf gewartet, dass er so etwas versuchen würde.

Andererseits: Tina lag tatsächlich auf einer Isolierstation. Doch wie hätte sie sich mit Hepatitis anstecken können? Plötzlich schien die Idee, Tina zur Ausbildung Sandy überlassen zu haben, gar nicht mehr so gut gewesen zu sein. Henk beschlich der böse Verdacht, dass Sandy mit Tina weit mehr gemacht hatte, als er sollte. Die Vorstellung, dass Tina im SM-Studio angeschafft hatte und mit Hepatitis B angesteckt worden war, schien gar nicht abwegig. Das wäre aber ein Tabubruch im Milieu. Henk schimpfte sich einen Idioten. Wenn in der Szene jemand das Mädchen eines anderen für sich arbeiten lassen wollte, hatte er Ablöse zu zahlen. *Du bist ein Trottel,* beschimpfte er sich selbst. Statt Ablöse zu bekommen, hatte Henk sogar an Sandy gezahlt. Henk war stinksauer und beschloss, die Vereinbarung mit Sandy zu kündigen und ihm Tina nie mehr zu überlassen.

Bei einem seiner Besuche im Krankenhaus glaubte Henk für einen Moment, die Frau, die er insgeheim »Sandys Auftragskillerin« nannte, zu sehen. Sie bog gerade in einen Gang, als er aus dem Fahrstuhl trat. Er sprintete hinter ihr her, doch als er um die Ecke kam, war der Gang leer. Henk schob das Erlebnis auf seine angespannten Nerven. Was sollte auch jemand, der eng mit Sandy zusammenarbeitete, hier im Krankenhaus tun? *Du wirst langsam paranoid,* dachte er abfällig über sich selbst.

An einem anderen Tag, Tina lag mittlerweile seit einer Woche auf der Isolierstation, traf er Pedro auf dem Gang. Henk war sowieso schon sauer und frustriert, weil man ihm erneut den Zutritt zu Tina verwehrt hatte. Aggressiv fuhr er seinen Geschäftspartner an: »Du hier?«

Pedro trat einen Schritt zurück und hob abwehrend die Hände. »Natürlich. Glaubst du, nur du vermisst Tina? Die ganze Belegschaft macht sich Sorgen um sie. Ihre spritzige Art fehlt allen. Tina ist zwar manchmal anstrengend in ihrer Art, die Aufmerksamkeit auf sich zu ziehen, doch zaubert sie auch viel frischen Wind und jugendliche Lebendigkeit in jeden Raum, den sie betritt, und mit ihrem natürlichen Charme verzaubert sie jeden, den sie trifft. Aber du redest ja nicht mehr mit mir. Da muss ich doch selber gucken, wie es ihr geht.«

Ohne auf Pedros Worte einzugehen, beschwerte sich Henk: »Bekommst du denn Zutritt zu ihrem Zimmer? Mich lassen sie nicht rein.«

Pedro stockte kurz, bevor er antwortete. »Die sind hier sehr restriktiv, was Besuche bei Tina anbelangt.« Dann wechselte er abrupt das Thema: »Ich weiß nicht, welche Laus dir über die Leber gelaufen ist. Seit Wochen sprichst du nur noch das Allernotwendigste mit mir und gehst mir aus dem Weg. Wird es nicht langsam Zeit, dass wir uns wieder vertragen oder du mir wenigstens sagst, was los ist?«

Henk überlegte. Abgesehen von Sandys Aussage vor fünf Wochen hatte er keine Beweise, dass Pedro ihm die Freundin ausspannen wollte. Der Verdacht war noch nicht ganz aus der Welt, aber in Sachen Club vertraute Henk ihm, während Sandys Glaubwürdigkeit Risse bekommen hatte. So reichte er Pedro die Hand. »Ich hatte zu viel um die Ohren. Auch privat.«

»Okay, vergessen wir es«, nahm Pedro das Friedensangebot an.

Am Freitagmorgen konnte Henk endlich Tina aus dem Krankenhaus abholen. Dreizehn Tage lang hatte er sie nicht gesehen und als er sie jetzt wiedersah, erschrak er. Tina sah wirklich krank aus. Die Wiedersehensparty, die er in Gedanken schon geplant hatte, musste wohl ausfallen. Dann setzte der Arzt noch einen drauf: Aufgrund der Hepatitis B Erkrankung verbot der Doktor Intimitäten. In vierzehn Tagen sollte Tina zur Nachuntersuchung kommen. Bis dahin hieß es für Tina, abstinent zu bleiben – sowohl sexuell als auch was Alkohol und Drogen betraf.

Während sich das Verhältnis zu Pedro wieder verbesserte, ging Henk einer direkten Konfrontation mit Sandy vorerst aus dem Weg. Dafür beauftragte er Handwerker mit der Aufgabe, Schlösser und Türen zu seinem Penthouse zu verstärken. Solange sie nicht fertig waren, wollte er Tina auf keinen Fall dort alleine lassen. Lieber nahm er sie mit in den Club und ließ sie dort bei den Angestellten, wenn er an den Nachmittagen zu seinen Pokerrunden ging. Henk schien es so, als ob er dabei von den anderen Spielern plötzlich seltsam schief angesehen wurde. Außerdem hatte er den Eindruck, als würden sie hinter seinem Rücken über ihn tuscheln. Sie schienen sogar zusammenzuarbeiten, um ihn zu hohen Einsätzen bei schwachen Blättern zu verleiten.

In deinem Anflug von Verfolgungswahn glaubst du wohl auch, dass der Regen der letzten Tage kein Zufall ist, oder?, knurrte der Wolf in ihm höhnisch.

Anfang September, an einem regnerischen Samstag, saß Henk missmutig an seinem Schreibtisch im Büro vom Club und versuchte aus den Zahlen für die Buchhaltung schlau zu werden. Warum zum Teufel hatte Pedro nur die Buchhalterin Famke gehen lassen? Als sie von dem neuen Jobangebot bei Sandy erzählt hatte, hätte ihr Pedro sofort den Lohn verdoppeln und sie halten müssen! Die blonde Frau Mitte dreißig war eine Inselbegabung. Zahlen und Logik waren ihre Expertise und ihr einziges Interesse. Ansonsten schien sie, zumindest in Henks Augen, naiv bis schon fast kindlich zu sein. Bei dem Bewerbungsgespräch, damals vor gut sechs Jahren, hatte Henk gefragt, ob es ihr nichts ausmachen würde, für einen Nightclub zu arbeiten. Famke hatte verneint und auch die Tatsache, dass sie dabei teils direkt, teils indirekt illegale Tätigkeiten unterstützte, war für sie ohne Belang.

»Seien Sie kreativ bei der Buchhaltung«, hatte ihr Henk bei der Einstellung gesagt. Was sie in den Jahren ihrer Tätigkeit für den Club auch gewesen war, und das sehr gut. Das war auch der Grund, warum er seit ihrem Weggang vor sieben Wochen immer noch mit der Buchhaltung zu kämpfen hatte.

Und jetzt nervte ihn auch noch Tina. Nachdem sie aus dem Krankenhaus entlassen worden war, war knapp eine Woche vergangen. Henk sah ihr an, wie sie mit den Auswirkungen des Heroinentzugs kämpfte. Das machte sie reizbar, nervös und aufmüpfig. Wenn sie Sandy als ihren Dealer und die Drogen vermisste, war das eine Sache. Wenn ihr der Sonnyboy jetzt aber als Liebhaber fehlte, sollte sie was erleben, dachte sich Henk, der ebenfalls immer gereizter wurde.

Just in diesem Moment, in dem Henk über den Büchern brütete, erschien Tina und stellte sich demonstrativ an seinen Schreibtisch.

»Ach nee. Der ach so tolle Charmebolzen lässt sich schon wieder von Nullen und Einsen an den Schreibtisch ketten.«

Henk versuchte sie zu ignorieren. »Weißt du, warum? Weil du selber eine Null bist. Ein Nichts, ein gar nichts.« Wütend wie eine Furie wischte sie einige Blätter, die auf dem Schreibtisch gelegen hatten, herunter. Henk wollte angenervt die Dokumente vom Boden aufheben, da hörte er sie lachen: »Bückst du dich vor Autoritäten auch so? Für kleine Kleckse Tinte auf grauem Papier krabbelt der kleine Henk auf allen vieren durch die Gegend.« Bevor er sich wieder aufgerichtet hatte, griff sie ihm von hinten in den Schritt. Wieder lachte sie: »Deine Kumpels aus der Szene haben dich in den letzten Tagen wohl in den Arsch gefickt. Oder hast du es mit der Schlampe Birgit getrieben?« Sie drehte ihm den Rücken zu, bückte sich und hob den Rock: »Hier ist ein echter Knackarsch. Versuch's doch mal damit.« Sie richtete sich auf und strich den Rock wieder glatt. Ihre Stimme triefte vor Sarkasmus »Ach nein, ich hab's ja vergessen: Der Stier ist am Schreibtisch ja nur ein kastrierter Ochse.«

Henk kochte vor Wut. Nach einer Woche sexueller Abstinenz, in der ihm niemand anders zur Verfügung gestanden hatte, an dem er sich hätte abregen können, waren die Beleidigungen einfach zu viel. In Sandys Club wollte er nicht mehr, Lieke war anderweitig beschäftigt gewesen und keine der anderen möglichen Gespielinnen war ans Telefon gegangen. Tina war immer noch sein Favorit. Doch die wiedersetzte sich. Und das auch noch mit Worten, die vor Spott trieften. Er sah rot. Er packte ihr Handgelenk und verdrehte es. Mit der anderen Hand griff er das Holzlineal und ließ es auf ihren Hintern knallen. Tina gab einen erstickten Laut von sich. Doch statt sich eingeschüchtert zu zeigen, spreizte sie lasziv die Beine.

»Komm schon, gib's mir!«

Henk wollte, konnte aber nicht. Die ganzen Sorgen hatten seine Lust vernichtet. Und er hatte Angst vor Hepatitis B. Also ließ er von ihr ab. Und schon pöbelte Tina weiter. Als er sich umdrehte, kam er ins Straucheln und fiel auf den Teppich. Tina lachte laut auf und konnte ihr Lachen scheinbar gar nicht mehr stoppen.

Neben dem Schmerz kochte Wut hoch. Henk stand auf und packte den Briefbeschwerer, als wolle er ihn ihr über den Schädel ziehen. Das hämische Grinsen auslöschen, indem er das Gesicht zu Brei schlug. Doch plötzlich war sie still. Sie stand ganz ruhig da. Sie sah ihm gespannt entgegen. Ihr Blick wirkte fragend. Das stoppte Henk. Er ließ den Briefbeschwerer wieder sinken.

Drohend kam er auf sie zu. »Meine Geduld ist am Ende. Du klingst schon wie Sandy. Ich habe echt keine Lust mehr. Du wirst ohne Widerspruch machen, was ich von dir verlange. Denn ich bin dein Herr und Meister. Wir fahren jetzt zurück zum Penthouse, wo du vorerst bleiben wirst. Ich werde dir zeigen, wer dein Meister ist.«

Wegen Tinas Hepatitis B Erkrankung war noch Abstinenz gefordert. Harte Fesselungen hatte der Arzt aber nicht verboten. So besann sich Henk auf die Lektionen, die er von Sandy erhalten hatte, und zeigte Tina den gesamten Samstag über, dass sie zu gehorchen hatte. Zu Anfang begehrte Tina noch auf, schrie ihn an und wehrte sich. Sie verhöhnte ihn, indem sie wiederholte, was Sandy über Henk dachte. Die Beleidigungen reichten, um Henk erneut rot sehen zu lassen. Er schlug so lange zu, bis Tina zu schreien aufhörte und still wurde. Irgendwann rieb sie sich die Augen und plötzlich klappte, sehr zu Henks Verwunderung, alles. Sehr brav und unterwürfig tat sie dann, was er sagte.

Auch am darauffolgenden Sonntagmorgen hatte er zu seiner Zufriedenheit ihre Ergebenheit getestet, bevor er sich mit ihr auf den Weg in die Innenstadt machte. Entspannt und zufrieden wollte er den Club um zwölf Uhr aufschließen.

Auf einmal verlangte eine verdächtige Bewegung seine Aufmerksamkeit. Ein hagerer Typ mit strähnigem Haar und einem Zucken in den Mundwinkeln, das einen Beobachter erst irritierte und dann beinahe in den Wahnsinn trieb, reichte Henk einen schmuddeligen Umschlag und verschwand sofort wieder zwischen den Passanten.

Henk riss den Umschlag auf und las: »Hab Nachrichten. Dringend. Bin ab zwei am Platz. S. L. Y.«

Wenn Sly am helllichten Tag aus seinem Loch hervorkroch, sich ungefragt näherte und um ein Treffen bat, musste etwas an der Nachricht wirklich wichtig sein. Henk sah auf seine Rolex. Bis 14 Uhr war noch Zeit, er konnte noch in Ruhe mit den anderen essen.

Um halb drei sah sich Henk auf dem Platz an der Gracht um, auf dem Sly seine Drogen anbot. Nur wenige Touristen waren unter den vielen Passanten. Er entdeckte Sly, der mit dem Rücken zur Gracht am Geländer lehnte und mit nervösem Blick nach Kunden und Polizei Ausschau hielt.

Nach einer kurzen Begrüßung kam Henk gleich zur Sache und wollte wissen, worum es ginge.

Die Polizei sei Henk auf den Fersen, meinte Sly. Henk lachte abfällig. Davon hätte er gehört. Doch dann wurde er hellhörig, als Sly die KLPD – Korps Landelijke Politiediensten – erwähnte. Die war unter anderem für die Bekämpfung der organisierten Kriminalität zuständig und galt als unbestechlich. Es war eigens eine Task Force entwickelt worden, um der Branche beizukommen?

Bei der Bezahlung der Information wand Sly sich wie ein Aal und murmelte, dass das nicht billig wäre und er gehört hätte, dass Henk nicht mehr zuverlässig zahlen würde. Der fasste das als Beleidigung auf – obwohl es stimmte – und zog

500 Gulden aus der Tasche. Sly griff zu, überreichte hastig ein gefaltetes, zerknittertes Blatt und verschwand in der Menge.

Henk faltete das Papier auseinander und erstarrte. Es war die Fotokopie eines Faxes von der Interpol an die KLPD. Es war nur ein Blatt von einem anscheinend längeren Fax. Oben prangte nur ein einzelner vollständiger Satz: »Die Liste in der Reihe der Priorität und Wichtigkeit der Zielobjekte lautet: …«

Es folgten die Namen von Bars, Clubs, Geschäften und Personen, nicht nur aus Amsterdam, sondern landesweit. Er fühlte sich geschmeichelt, dass sein Club und sein Name recht weit oben auf der Liste standen. Allerdings fand Henk Sandys Club nicht auf der Liste. Welche Kontakte hatte der?

Der folgende Montag setzte die Reihe frustrierender Tage fort. Henk saß wieder am Schreibtisch in seinem Büro im Club und wälzte die Unterlagen. Doch so sehr er auch rechnete: Die Zahlen wollten einfach nicht stimmen. Nach Jahren, in denen es immer aufwärtsgegangen war, hatte er plötzlich mit rückläufigen Einkünften bei gleichzeitig gestiegenen Ausgaben zu kämpfen. Aber damit nicht genug. Es hatte den Anschein, als ob im Hintergrund jemand am Werke war und ihm Steine in den Weg legte. Langjährige Kunden verkürzten plötzlich ihre Zahlungsziele oder verlangten gleich Vorkasse. Leute, von denen er bisher noch nie etwas gehört hatten, tauchten plötzlich mit Schuldscheinen auf, die er bei den Pokerrunden ausgestellt hatte, und forderten die Gelder ein. Kumpel, die er früher um Gefälligkeiten gebeten hatte, verlangten nun das Gleiche. Henk konnte viele dieser Anfragen aber nur durch Bestechungen bedienen, denn auf einmal war niemand mehr bereit, ihm einen Gefallen zu tun. Es war, als würde jemand, der ihn und seine Geschäfte gut kannte, systematisch all seine kleinen Geheimnisse verraten und ihn in den Ruin treiben.

Henk musste zudem zugeben: Ihm fehlte Pedro, der sich trotz ihrer Versöhnung nur noch sehr selten blicken ließ. Als hätte Pedro die Freude am Club verloren. Dabei war das Unternehmen sein Baby, von der ersten Idee über die Umsetzung bis heute.

Die Arbeit blieb an Henk hängen, der sich bis dahin auf seinen Freund und Geschäftspartner verlassen hatte. Überall im Club sah man Pedros Handschrift. Henk fehlten der Wille und die Fantasie zur Planung eines Events der Güte, wie Pedro es immer geschafft hatte, und ohne die Kampagnen von Pedro stagnierten die Verkäufe über die Partys zusätzlich.

Außerdem wuchs in Henk der Verdacht, dass irgendjemand im Club mit Heroin dealte. Nach den Geschehnissen in der Western Lodge war zwar Sandy für Henk der Hauptverdächtige, aber er konnte dem Sonnyboy nichts nachweisen. So blieb die Frage, wer ihn hinterging, vorerst unbeantwortet.

Plötzlich schrillte das Telefon. Zu seiner Überraschung war es Famke, die ihn anrief. Sie bat um ein Treffen an einem verschwiegenen Ort, den Henk normalerweise nie besuchen würde. Gab es Zufälle? Henk glaubte in diesem Fall an Vorherbestimmung und sagte neugierig zu.

Eine Stunde später trafen sie sich in einer Confiserie mit angeschlossenem Café. Famke saß bereits an einem Tisch und sah sich immer wieder nervös um. Als Henk sich zu ihr setzte, atmete sie erleichtert auf.

»Guten Tag, Mijnheer van Mechelen, wie schön, dass Sie da sind!« Sie schluckte und kam mit zitternder Stimme sofort zum Punkt: »Ich will nicht mehr für Sandy arbeiten. Können Sie mir helfen?«

»Wobei helfen?«, fragte Henk und hoffte angesichts des Chaos in seinem Büro inständig, dass sie ihre alte Stelle als Buchhalterin wiederhaben wollte.

Famke holte Luft und legte los. »Die Arbeit bei Sandy gefällt mir nicht. Er verlangt Dinge, die mit der Buchhaltung nichts zu tun haben. Er hat Dinge mit meinem Körper gemacht, die ich ablehne. Es tat weh. Ich verstehe nicht, was an Schmerz schön sein soll. Andere Handlungen waren erniedrigend. Natürlich habe ich protestiert, doch Sandy hat sich darüber hinweggesetzt.«

Henk hatte schon früh nach der Anstellung festgestellt, dass Famke Sex als etwas betrachtete, worauf der Körper aus einer mechanistischen Sichtweise reagierte. Er empfand ihre Welt als gruselig, und so war sie eine der wenigen Frauen im Club gewesen, mit denen er nie geschlafen hatte. Aus ihrer von sich selbst distanzierten Beschreibung schloss Henk, dass Sandy Famke mehrfach vergewaltigt haben musste.

Famke bestätigte es indirekt, als sie fortfuhr: »Sandy kann sehr gewalttätig werden und er kennt keine Skrupel.« Das war eine Einschätzung, die Henk mittlerweile teilte. Famke sah Henk gerade in die Augen. »Ich habe Angst vor ihm. Ich will weg, weit weg. An einen Ort, an dem er mich nicht finden kann. Ich brauche jemanden, der mich vor Sandy beschützt und mir dabei hilft wegzugehen, am besten unter einem neuen Namen. Deshalb bin ich hier. Ich weiß, dass das einiges kosten wird. Dafür habe ich dies hier.«

Famke zeigte auf eine Sporttasche, die sie zwischen ihre Füße gestellt hatte. Sie öffnete den Reißverschluss und Henk erblickte im Inneren der Tasche viele Geldscheine in den verschiedensten Nennwerten.

»Das sind 286.531 Gulden und ein Kwartje«, erklärte Famke. »Ich habe auch Gelder von Sandys Konten abgezweigt. Insgesamt 122.674 Gulden habe ich in das Geflecht von Scheinkonten überwiesen, das ich zur Buchung und Integration der illegalen Einnahmen des Clubs über die Jahre hinweg aufgebaut habe.«

Kein Wunder, dass ich durch die Buchhaltung nicht durchsteige, dachte Henk bei sich. *Wahrscheinlich kenne ich nur die Hälfte der Konten.*

»Warum kommen Sie zu mir? Sie wissen doch alles, von der Durchführung der Geldwäsche bis zu der Liste der Länder ohne Auslieferungsabkommen, wahrscheinlich sogar besser als ich.«

Plötzlich wirkte Famke hilflos. »Sie sind der Einzige, den ich neben Sandy kenne und der Kontakte in der Szene hat.«

Henk starrte auf die Reisetasche. Zusammen mit dem Geld auf den Konten waren das über 400.000 Gulden. »Wann wird Sandy es bemerken? Das ist eine Menge Geld, das ihm jetzt fehlt!« Henk wünschte sich neidvoll, er hätte so viel an liquiden Mitteln.

Als Famke ihm eröffnete, das Sandy es spätestens zum Monatsende bemerken würde, kratzte sich Henk am Kopf. Heute war der Zwölfte. Das war verdammt kurzfristig für eine Geldwäsche, um danach unterzutauchen.

Famke sah ihn flehend an. »Bitte, helfen Sie mir zu verschwinden!«

Henk hatte noch nie erlebt, dass Famke so wie jetzt kurz davorgestanden hatte, in Tränen auszubrechen. Sie musste eine wahnsinnige Angst haben. Dann fiel ihm eine weitere Konsequenz von Famkes Handeln ein.

»Sie sagten, Sie haben Konten vom Club für die Veruntreuung verwendet. Wird Sandy diese Spur zum Club herausfinden?«

»Unwahrscheinlich, aber nicht unmöglich.«

Henk fluchte. Ob er es wollte oder nicht, er hing da jetzt mit drin. Sein Gefühl der Bedrohung durch Sandy stieg.

Du wolltest doch sowieso abhauen, knurrte der Wolf in ihm.

Ja, das war eine gute Gelegenheit zu verschwinden, beschloss Henk für sich. Zuerst beruhigte er Famke und versprach ihr zu helfen – natürlich gegen einen entsprechenden Anteil an dem veruntreuten Geld. Er ließ sich von Famke eine Anzahlung geben und gab ihr den Rat, für ein paar Tage in einer der vielen Familienpensionen Unterschlupf zu finden. Er selber wollte als Erstes einen falschen Pass für sie erstellen lassen und dann überlegen, wie weiter vorzugehen sei.

Mit einem fingerbreit gefüllten Whiskyglas in der Hand starrte Henk am Abend grüblerisch aus dem Fenster in die tiefschwarze Nacht. Tina lag in ihrem Zimmer und schlief erschöpft, nachdem er in einer langen Session im Bondageraum seinen Frust an ihr ausgelassen hatte.

Laut dem Fax, das Sly besorgt hat, ist die Polizei mir auf der Spur, überlegte Henk. *Und über kurz oder lang auch Sandy. Verdammte Famke.* Es war nur noch eine Frage der Zeit, bis einer seiner Verfolger ihn am Kragen zu packen bekam. Sandy wäre zweifellos der Unangenehmere.

Henk brauchte dringend einen Fluchtplan. Für sich, Tina und für Famke. Ab in die Karibik, und zwar so schnell wie möglich! Noch stand er nur unter Beobachtung, sicherlich würde man ihn ausreisen lassen. Mit seinem Anteil an Famkes Geld konnte er dort, wo es viele Touristen gab, sicherlich einen Neuanfang für sich und Tina beginnen – und Famke natürlich auch. Damit wären sie, Tina und er aus Sandys Schusslinie. Es wäre zwar besser, wenn er zusätzlich zu Famkes Geld noch mehr hätte. Doch der Club warf kaum noch etwas ab und auf Pedro zugehen und ihn einweihen, wollte er auch nicht.

Am nächsten Morgen gab es einiges zu tun. Die Aussicht auf einen Neubeginn gab Henk frischen Schwung. Er beauftragte einen Passfälscher, den er gut kannte, und Famke bereitete alles Notwendige für den Transfer der Girogelder in die Karibik auf ihren neuen Namen vor. Nach einer kurzen Diskussion mit Famke wählten sie die Dominikanische Republik als Fluchtort. Diese war politisch einigermaßen stabil. Zudem war sie ein beliebtes Touristenziel und die größeren Städte hatten eine vernünftige Infrastruktur. Und das wichtigste: Es existierte kein Auslieferungsabkommen mit den Niederlanden.

Der falsche Pass kostete angesichts des Zeitdruckes eine größere Summe, als Henk ursprünglich einkalkuliert hatte, aber es störte ihn nicht. Er hatte mit Famke verabredet, dass die für die Flucht notwendigen Ausgaben – einschließlich der Flugtickets – von ihrem Anteil bezahlt wurden. So konnte Henk sich großzügig und spendabel geben.

Als letztes vor dem Abflug am Donnerstag quartierte Henk Tina auf dem Partyschiff ein. Sie war trotz der Abrichtung ihm gegenüber immer noch ab und zu quengelig und nervtötend. Als Strafe sollte sie jetzt sehen, wie es war, wenn sie seine Gunst verlor. Vorne im leer geräumten Bugraum, der ehemaligen Abstellkammer, sollte sie darüber nachdenken, wie es war, auf der Straße zu sitzen. Wenn er für sich in Santo Domingo einen Platz gefunden hatte, würde er sie nachkommen lassen. Sie würde dankbar und glücklich sein, dachte er.

Der Flug nach Santo Domingo verlief ohne Zwischenfälle. Jetzt, im September, war es in Amsterdam noch angenehm warm gewesen, doch als sie die Ankunftshalle des internationalen Flughafens Las Américas verließen, traf Henk die tropische Hitze wie ein Keulenschlag. 30 Grad Celsius und 90 Prozent Luftfeuchtigkeit hatte er noch nie erlebt. Famke ging es ähnlich. Sie wollte so schnell wie möglich ins klimatisierte Hotel, das sie schon von Amsterdam aus gebucht hatten.

Das Hotel stellte sich als anonymer Großbau heraus, doch das kam Henk gerade recht. Er wollte vermeiden, dass man sich an ihn oder Famke erinnerte.

Da Henk noch nie in der Karibik gewesen war, wollte er vor der Arbeit erst einmal die Situation genießen und ein wenig Zeit am Strand verbringen. Famke, die nach eigener Aussage noch nie die Niederlande verlassen hatte, stimmte nach einigem Zaudern zu. Mit jemandem, der so weltgewandt wie Henk war, fühlte sie sich sicher. Aber sie dachte auch an die Ausgaben wie die Hotelübernachtungen und dass ihre Mittel zwar reichhaltig, aber eben nicht unbegrenzt waren.

Sie fragten an der Rezeption nach, welcher der vielen Strände empfehlenswert sei. Vom Playa de Güibia, der sich in unmittelbarer Nähe befand, riet ihnen der Mann an der Rezeption ab. Der Strand eigne sich aufgrund der spitzen Steine nicht zum Baden. Auch den Playa de Boca Chica würde er nicht empfehlen. Zu viel Sextourismus, zu viel Abzocke. Henk wurde hellhörig und schmunzelte. In der Umgebung könnte er vielleicht seinen Neuanfang starten. Der Mann an der Rezeption legte ihnen dann den Playa Juanillo näher. Der wäre für so wohlhabende Gäste wie Henk mit seiner Geschäftspartnerin – als solche hatten sie sich eingetragen – viel besser geeignet, da sich dort auch Sonnenliegen mieten ließen.

Henk nickte zufrieden. Ja, in so einer Umgebung würde er sich wohlfühlen. Schnell mieteten sie über den Hotelservice ein Auto an. Das würden sie auf ihrer Suche nach Wohnungen und Jobs sowieso brauchen.

Die Fahrt mit dem kleinen Auto, auf dem Famke mit ihrem strengen Buchhalterdenken bestanden hatte, dauerte nicht lange. Der Rezeptionist hatte nicht zu viel versprochen. Strahlend weißer Sand, Palmen und das Meer in einem unglaublichen Türkiston: Der Strand war atemberaubend. Mit 28 Grad kam Henk, der die Temperaturen der Nordsee gewohnt war, das Wasser warm wie in einer Badewanne vor. Ausgelassen schwamm er eine Runde.

Er genoss den weiteren Tag in vollen Zügen. Natürlich sah er sich nach den Bikini-Schönheiten um, aber keine konnte es mit Tina aufnehmen. Als Häppchen zwischendurch würde er die eine oder andere schon mit auf das Hotelzimmer nehmen wollen, aber sein Herz beziehungsweise sein Verlangen lag weiterhin bei Tina. Er dachte an den Moment zurück, als sie in der Western Lodge im weißen Kleidchen die Treppe heruntergeschwebt war. Augenblicklich wurde er geil. Er vermisste Tina.

Gegen Abend gingen Henk und Famke essen. Die Restaurants waren alle sehr gut, aber auch entsprechend teuer. Nun gut, für einen Tag konnten sie sich den Luxus leisten, was Famke auch zugab.

Am nächsten Tag wollte Henk wieder an den Strand, doch Famke insistierte, dass sie sich endlich mit dem Aufbau ihrer neuen Zukunft beschäftigen mussten. Widerwillig stimmte Henk zu. Famke arbeitete einen Plan aus. Sie würden sich sowohl nach Wohnungen als auch nach Investitionsobjekten umsehen und sich generell einen Überblick über den Arbeitsmarkt verschaffen. Famke ließ keine Zweifel daran aufkommen, dass sie wieder als Buchhalterin arbeiten wollte. Bei einem der großen Hotels oder einer der international agierenden Firmen würden sie sicherlich unterkommen können.

Henk stand der Sinn mehr nach Gastronomie und Tourismus. Zwar empfand er den Gedanken an einen Angestelltenjob als Barkeeper für unter seiner Würde, aber er brauchte einen Einstieg in die Szene. Er zweifelte nicht daran, schnell Fuß fassen zu können.

Zuerst gingen sie gemeinsam auf Besichtigungstour. Nach ein paar Tagen teilten sie sich auf, um schneller zu einem Ergebnis zu kommen. Famke hatte schließlich eingesehen, dass Henks Vorstellung von der Zukunft doch sehr von der ihren abwich.

Auch wenn die Strände lockten, Henk blieb am Ball. Auf seine Weise. Bars und Clubs zu besuchen, hier einen Drink ausgeben, dort mit einem Mädchen zu plaudern: Das gehörte seiner Meinung nach dazu, sich einen Überblick zu verschaffen. Famke rümpfte über dieses Gebaren nur die Nase.

Zehn lange Tage wälzten sie Zeitungen, sprachen mit Maklern und erkundeten die Stadt mit dem Mietwagen, doch bisher ohne Erfolg. Müde kehrte Henk nach einem anstrengenden Tag zum Hotel zurück. Erschöpft, wie er war, wollte er seinen Zimmerschlüssel an der Rezeption abholen, sich aufs Bett werfen und eine Runde schlafen, bevor er sich ins Nachtleben stürzte. Doch dann ein Schock: An der Rezeption bekam er zu hören, dass Famke sie beide ausgecheckt und samt Gepäck das Hotel verlassen hatte. Henk starrte die Angestellte hinter dem Tresen ungläubig an. Nein, es war kein schlechter Scherz oder gar ein Traum. Famke hatte sich tatsächlich aus dem Staub gemacht!

Henk überlegte angestrengt. Heute war Mittwoch, der 28. September. Spätestens in drei Tagen würde Sandy die Unterschlagung feststellen.

Henk hatte nichts mehr außer der Kleidung am Leib und ein wenig Bargeld im Portemonnaie. In so einer Situation hatte er sich noch nie befunden.

Henk hatte in seiner Verzweiflung nur noch einen letzten Strohhalm, an den er sich klammern konnte. Er atmete einmal tief durch. Das nächste Telefongespräch – sein Bargeld würde für den teuren internationalen Anruf hoffentlich ausreichen – würde wahrscheinlich sehr unerfreulich werden. Schließlich würde er zugeben müssen, versagt zu haben. Aber es blieb ihm keine Wahl. Er wählte die Nummer vom Pedros Apparat im Club.

Ohne Umschweife kam er zur Sache. Hektisch und drängend gestand er, ohne Geld in Santo Domingo gestrandet zu sein. Henk konnte Pedros Verblüffung durch das Telefon spüren. Doch Pedro fasste sich schnell. Wie üblich war er derjenige mit einer Idee. Über Western Union wollte er Henk Geld zukommen lassen. Henk fiel ein Stein vom Herzen. Auf seinen Freund konnte er sich verlassen!

Pedro wollte natürlich wissen, was Henk ausgerechnet in Santo Domingo wollte. Kleinlaut gab Henk zu, dass er sich in der Karibik eine Existenz aufbauen wollte. Pedro erkannte, dass hinter diesem Satz eine große Geschichte stand. Er meinte zu Henks Überraschung, dass er sich selber ein Flugticket besorgen und in die Dominikanische Republik fliegen würde. Sie könnten dann alles ganz in Ruhe besprechen.

Am nächsten Tag traf Pedro am Flughafen ein. Bevor sie zu Pedros Eltern fuhren – der hatte sie extra gebeten, ihn nicht gleich vom Flughafen abzuholen – wollte er mit Henk reden. Der fühlte sich alles andere als wohl bei dem Gedanken, über die Gründe der finanziellen Nöte – sowohl die des Clubs als auch seiner eigenen – sprechen zu müssen.

Sie setzten sich dazu in eine Ecke von einem der vielen Flughafencafés. Bevor Henk beichten konnte, was er angestellt hatte, fing Pedro an zu erzählen. Er hatte bemerkt, dass die Geschäfte nicht mehr so gut liefen, und er hatte schon seit einiger Zeit daran gearbeitet, den Club wieder zu Geld zu machen und an einem anderen Ort neu anzufangen. Auf Henks vorsichtige Frage, ob Pedro wirklich keine Schwierigkeiten damit hatte, den Club zu schließen – schließlich war der Pedros Lebensprojekt – meinte dieser, dies würde kein Problem darstellen. Ihm wäre da etwas eingefallen und Henk sollte alles nur ihm überlassen.

Henk atmete erleichtert auf. Es sah so aus, als könnte er seine persönlichen Verfehlungen noch weiter vertuschen. Lieber berichtete er von Famkes Aktion und der Möglichkeit, dass eine Task Force gegen sie ermittelte.

Pedro pfiff leise durch die Zähne. »Deshalb heißt es also, dass Sandy ausgeflippt ist. Bisher habe ich nur gehört, jemand hätte ihn hintergangen. Aber 400.000 Gulden? Das ist heftig.«

Henk sackte das Herz in die Hose. Wie viel wusste Sandy, ahnte er von Henks Beteiligung an Famkes Flucht?

Pedro sah seinen ängstlichen Gesichtsausdruck und begriff schnell den Ernst der Lage. Zuversichtlich versicherte er Henk: »Ich habe aber noch nichts davon gehört, dass er dich oder mich verdächtigen würde.«

Im weiteren Gespräch erläuterte Pedro, dass er mit dem Geld vom Clubverkauf und mit Unterstützung seiner Eltern, streng genommen des ganzen Clans, für sie beide eine neue Existenz schaffen würde. Nachdem die Basisidee aufgestellt worden war, fuhren sie zu Pedros Eltern, die ihren Sohn überschwänglich begrüßten.

In den nächsten Tagen besuchten sie Onkel, Tanten, Nichten und Neffen und natürlich Pedros Geschwister auf der ganzen Insel. Zwischendurch verfeinerten sie den Plan, in die Dominikanische Republik überzusiedeln. Dabei rückte Henk nach und nach damit heraus, dass ein Großteil der finanziellen Engpässe durch ihn entstanden waren. Doch das brachte Pedro keineswegs aus dem Konzept. Henk war erleichtert, dass sein Freund so souverän reagierte. Der letzte Rest an Mißtrauen gegen Pedro schmolz in sich zusammen. Pedro war so unkompliziert und gleichzeitig souverän. Sie verstanden sich bestens und Henk freute sich auf eine neue Zukunft.

Nach zehn Tagen war eigentlich alles zu Henks Zufriedenheit geregelt. Er überlegte, wozu er überhaupt noch nach Amsterdam zurückkehren sollte. Doch Pedro schüttelte den

Kopf. Henk musste mit zum Notar für die Unterschrift zum Verkauf des Clubs. Denn die Schanklizenz lief auf seinen Namen und für die Übernahme einer Gastwirtschaft brauchte der neue Eigentümer eine Verzichtserklärung vom vorherigen Lizenzinhaber. Außerdem musste ein Käufer für die »Petite Péniche« gefunden werden, die Henks Eigentum war. Das Geld konnten sie gut gebrauchen.

Pedro holte tief Luft und ließ dann eine Bombe platzen. Henk musste außerdem nach Amsterdam zurückkehren, weil Tina schwanger war. Von Henk.

Der stand mit offenem Mund da und starrte Pedro an. »Wie ... Was ... Wann ... ?«, stotterte er. Seine Gedanken überschlugen sich. Tina war schwanger von ihm? Er würde Vater werden? Unglaube wechselte mit Zweifel. Konnte das wirklich sein? Er dachte nach und sprach seine Vermutung laut aus. »Das muss kurz vor dem Wochenende in der Western Lodge passiert sein.«

Pedro zuckte mit den Schultern. »Wenn du es sagst.«

Plötzlich machte sich auch Stolz in Henk breit. Es gehörte doch zu einem potenten Mann, Kinder zu haben! Das zeigte, dass er ein wahrer Hengst war. Gleich darauf kippte seine Stimmung aber wieder. Ein Kind im Milieu? Er hatte selber erfahren, wie hart so eine Kindheit sein konnte. Würde er das seinem Sohn wünschen wollen? Konnte er es besser machen? Dann nagte ein Gedanke an ihm. Vertraute Tina ihm nicht mehr? Er fragte Pedro: »Warum hat sie mir das nicht selber gesagt?«

»Weil du manchmal wie ein Idiot reagierst. Da du und ich uns wieder verstehen, konnte ich dir die Nachricht besser überbringen.« Dann klopfte Pedro Henk auf die Schulter. »Komm schon, freu dich. Du wirst Vater! Los, darauf müssen wir einen Trinken gehen! Ich gebe einen aus.«

Was Henk daran erinnerte, dass er pleite war, wahrscheinlich von der Polizei beobachtet wurde und bald einen mordlüsternen Sandy auf den Fersen haben würde. Henk war nicht wirklich zum Feiern zumute.

Am Tag darauf packte er notgedrungen die Koffer und flog mit Pedro zurück nach Amsterdam. Er wusste aber schon, dass er dort in Deckung bleiben musste.

22. Skandal

Der Aufenthalt in der Western Lodge war Christine wie ein einziger Rausch vorgekommen. Alle waren alkoholisiert gewesen. Sandy hatte ihr gegeben, was sie wollte. Oder aber seine eigenen Pläne verfolgt. Sie machte alles mit. Amüsierte sich. Hatte Spaß. Eine lustige Anfahrt und viel Sex mit ihren beiden Verehrern. So speicherte sie es damals ab. Ihr Lachen gellte ihr selbst nach Jahren noch in den Ohren. Nun klang dieses Lachen unecht. Wie erzwungen durch eine Spaßgesellschaft, die Freude suchte, doch dafür Unglück akzeptierte. Heute schüttelte sie nur noch den Kopf über so viel Ausgelassenheit, Geilheit und Fahrlässigkeit bis hin zu gefährlichen Spielen, die dann ja auch in einem Unfall endeten. Ein Unfall, bei dem nie klar wurde, ob es ein Mord- oder ein Suizidversuch war.

Sie war schon bei der Ankunft in der Lodge nicht mehr so richtig auf dieser Erde. Dann schenkte ihr Sandy im Zimmer ein Besteck und dieses Heroin war irgendwie anders. Sie fühlte sich frei und als sie in der Kirche schwebte, war sie voller Glück. Ja, sie war einen winzigen Augenblick lang tot. Und fassungslos glücklich. Nie wieder sollte sie danach Angst vor dem Tod haben. Vor dem Sterben vielleicht – doch nicht vor dem Danach. Im Nachhinein kam ihr alles wie ein Horrortrip vor, bei dem die Geister der Vergangenheit mit ihnen gespielt hatten. So, als sei alles nur ein luzider Traum gewesen. Aus dem es fortan kein Entrinnen gab. Ein Traum, aus dem man nicht einmal entkommen wollte und nur nach dem nächsten Schuß lechzte, der einen wieder in der anderen Realität hielt.

Als sie im Krankenhaus erwachte, stand sie völlig neben sich. Sie schenkte weder den Polizisten noch einer anderen

Person Gehör. Als sie etwas wacher war, begriff sie, dass man etwas von ihr wollte. Doch sie wehrte sich gegen jede Bevormundung. Lustig, wenn man bedachte, wie die Männer mit ihr umsprangen. Doch hatte sie damals keine Einsicht, warum man ihr denn helfen sollte. Sie bildete sich ein, alles zu haben, was sie brauchte. Und dass doch nichts passiert sei, sie war ja noch da. Sie wollte nur zurück zu Henk.

Erst Monate später erklärte man ihr, dass die Task Force verzweifelt versuchte, sie von Henk und Sandy wegzuholen. Sie wollten sie dazu bringen, gegen die Szene auszusagen. Doch damals begriff sie gar nichts. Es war als ob sich Gedanken verlangsamen, wenn sie von einer Realität in die andere wechseln.

Christine erinnerte sich, dass sie gesagt hatte, die Männer würden niemals zulassen, dass sie ginge.

Eine Frau erklärte ihr dann, dass man ihr nach außen hin eine ansteckende Krankheit unterjubeln würde. So habe sie genug Zeit, über das Angebot nachzudenken. Doch Christine wollte nicht. Sie wurde so lange bedrängt, bis sie völlig dichtmachte. Der Entzug war heftig.

Es wunderte sie heute wenig, dass die Task Force so eigenmächtig handelte. Die hatte ganz ohne Unterstützung, ja, mit ordentlich Gegenwind agieren müssen. Kurzerhand zogen sie einen Arzt auf ihre Seite, der ihr Hepatitis-B attestierte, und sie kam auf eine Station, in der sie erst einmal Ruhe hatte. Christine schlief tagelang. Gegen die Schmerzen des Entzuges gab man ihr Medikamente. Eigentlich hätte sie danach in eine Klinik gehen sollen. Doch sie unterschrieb nie. Stattdessen rief sie Henk an. Wie dumm und verliebt sie war! Nach dem Aufenthalt im Krankenhaus wäre sie frei gewesen zu gehen, überlegte Christine heute. Doch war sie damals nur in ihr Verderben gerannt.

Zunächst hatte Henk sie nicht mehr angefasst. Der hatte ja Angst vor der nichtvorhandenen Hepatitis. Sandy war weniger gutgläubig und sah schon wieder seine Chance gekommen. Anfang September kam Christine aus dem Krankenhaus und Mitte des Monats flog Henk in die Karibik. Zwei Tage vor ihrem Geburtstag, um genau zu sein. Das war ein Fehler der besonderen Art. Die damalige Version ihrer selbst hasste es, alleingelassen zu werden. Christine setzte sich an den Rechner, öffnete in Word ihr Manuskript und schrieb weiter.

Er hatte ihr nicht gesagt, wo er hinwollte. »Weit weg«, sagte er nur. Wo war das? Und warum konnte sie nicht mit? Wollte Henk sie nicht mehr? War sie nicht gut genug? Oder störte sie? Aber musste es das Partyschiff sein? Das letzte Mal war es wenigstens ein Hotel gewesen. Weswegen musste sie sich in einem Hinterzimmer wiederfinden? Wütend, oder besser verletzt, hätte man ihren Gemütszustand auch nennen können. Sie hatte Liebeskummer. Verfluchte und vermisste ihn.

Tina saß auf einer schäbigen Matratze in einer leer geräumten Kammer im Bug des Schiffes. Jedes Mal, wenn sie nach draußen wollte, musste sie erst einmal über ihren Koffer steigen. Und sie musste das allgemeine WC und die Gemeinschaftsduschen benutzen. Verglichen mit dem Luxus, den sie vorher gehabt hatte, war dies ein herber Rückschlag. Tina fühlte sich alleingelassen und dieses Gefühl hasste sie.

Als sie am Morgen erwachte und Henk vermisste, verstärkte sich ihr Kummer. Sie weinte den ganzen Tag und Pedro begann sich Sorgen zu machen. Er kam am Abend vorbei, um ihr etwas zu essen zu bringen und sie aufzumuntern.

Christine blinzelte. Sie kam kurzzeitig wieder im Hier und Jetzt an und nahm einen Schluck aus ihrem Wasserglas. Ja, richtig: Es war wieder Pedro gewesen, der sie sprichwörtlich aus dem Loch befreit hatte. Der hatte sich später dafür entschuldigt, selber Koks genommen und ihr auch davon gegeben zu haben, um sie aufzumuntern. Damals hatte er das als logisch angesehen, da es ihm auch immer geholfen hatte. Heute sah er das natürlich völlig anders. Christine wollte ehrlich sich gegenüber sein. Die damalige Tina war es nie gewesen.

Tina konnte sich später nicht mehr daran erinnern, wann sie das erste Mal Koks geschnupft hatte. Aber die Zeit danach fühlte sie sich wohler. Nach mehreren Tagen, an denen sie nur auf der Matratze gelegen und geweint hatte, konnte sie sich, dank dem neuen Zeug, das Pedro ihr gegeben hatte, wieder aufraffen, sich anzuziehen und unter die Leute zu mischen. Doch blieb sie den Partys fern und saß oft einfach nur mit einem Heißgetränk in der Ecke und starrte ins Leere. Pedro nahm sich viel Zeit, sie systematisch wieder auf die Beine zu bringen.

Dann kam ihr Geburtstag und Pedro tat alles, um sie zu überraschen und zu verwöhnen. Und es kam, wie es kommen musste. Tina und Pedro erneuerten ihre Affäre.

Wäre sie damals ehrlich zu sich selber gewesen, hätte sie auch gewusst, dass es dieser Geburtstag gewesen war, an dem sie schwanger geworden war. Christine überlegte, wie sie das schreiben wollte. Denn ihr altes Ego hatte diese Tatsache zwar später ausgerechnet, doch sofort wieder verdrängt. Christine beschloss, erst einmal weiterzuschreiben. In der richtigen Reihenfolge.

Die ersten zwei Wochen von Henks Karibik Trip kümmerte sich Pedro sehr intensiv um sie. An ihrem Geburtstag waren sie in der Stadt und abends in einem exklusiven Restaurant.

Sie übernachtete in seiner Wohnung. Und auch die folgenden Tage blieb sie bei ihm. Doch dann war auch er plötzlich weg. Sehr viel später wurde ihr klar, dass er auch in die Karibik geflogen war. Nämlich um Henk im Auftrag der Task Force wieder zurück ins Land zu holen. Den Club verkaufte er in diesen Tagen bereits an das Konsortium. Genau, wie es die Behörden wollten. Er hatte sich bereits auf einen Deal eingelassen. Und für die Task Force gearbeitet. Weil er alle Hände voll zu tun hatte, gab er Tina während seiner Zeit in der Karibik in die Obhut von Sandy. Ein schwerer Fehler, wie sich später herausstellte. Pedro hatte aber damals nichts von dem Ausbildungspaket von Sandy gewusst.

Sandy hatte nur auf diese Gelegenheit gewartet. Schließlich hatte er Erfahrung im Abrichten von Mädchen und seine Kunden zahlten viel für devoten Sex und für sein Heroin. Er sah nur eine neue – schon vorbereitete – Kundin und mögliche Angestellte und schritt sofort zur Tat. Schließlich war ja noch die Abschlussprüfung fällig. Also vollendete er seine Ausbildung. Die Zwischenprüfung war seine Schaumparty mitten im August und anlässlich seines Geburtstags. Die Endprüfung sollte am ersten November stattfinden.

Sandy hatte absichtlich überall Misstrauen gesät. Er verriet Pedro an Henk und Tina erzählte er, wie oft es Henk mit Birgit getrieben hatte und wie häufig er fremdgegangen war. Sandy wollte alles: Henks Mädchen, seinen Club und sein Schiff. *Zuerst den Ruf vernichten, dann die Mitarbeiter abwerben, dann alles billig übernehmen und, wenn möglich, sogar als Retter dastehen. Diese Masche war und ist typisch für miese Menschen,* dachte Christine.

Nachdem Pedro aus der Szene verschwunden war, begann Sandy sich jeden Tag in Henks Räumen als Chef zu zeigen und plante eine groß angelegte Party auf seinem Schiff. Sandy wähnte sich sicher, denn sein Mäzen hatte ihm seine Protektion versichert. Sandy wollte sehen, wie die anderen untergingen und die Scherben dann günstig übernehmen. Dabei wollte er sich zudem die besten Mädchen der Branche sichern. Das gab er offen zu.

Tina gähnte. Gestern war Sandy bei ihr. Beziehungsweise begegneten sie sich wie zufällig morgens in der Stadt. Tina hatte im nahen Supermarkt Einkäufe erledigt und Sandy war so nett und trug ihr die Tasche bis in ihr Kabuff auf dem Schiff. Er zeigte sich entsetzt, wie sie hier untergebracht wurde. Seine Empathie tat Tina gut. Sandy erklärte ihr, dass sie lernen musste, auf eigenen Beinen zu stehen. Mit mehr Geld in der Tasche könnte sie sich auch ein Zimmer mieten und selbstständiger werden, erklärte er. Traurig sah Tina Sandy an und fragte gleich, wo es denn ein günstiges Zimmer gäbe, welches sie sich leisten hätte können. Sandy machte ihr sofort ein Jobangebot. Sie konnte in Henks Club strippen und in seinem Studio Massagen anbieten und schon wären alle ihre Probleme vergessen. Besondere Nebenjobs würde er extra vergüten. Als Tina noch zögerte, verführte Sandy sie. Erst ging er mit ihr Essen, dann in eine teure Cocktailbar. Als sie später in Sandys Studio landeten, bat er sie mit hinauf in seine Privaträume. Tina staunte über das riesige Loft. War das Studio eher funktional und in kalten Farben gehalten, so waren seine privaten Räume in warmen Erdtönen dekoriert. Die Bilder an den Wänden, zwischen bodennahen Fenstern, zeigten Südseeflair, Palmen und Wasser. Der ganze Raum war sehr hell, das Wohnzimmer gemütlich und die geniale Küche sehr sehenswert. Überall standen Pflanzen. Faszinierend fand Tina vor allem das Bad. Es war nur durch schwere weinrote Samtvorhänge vom Rest des Lofts getrennt. Ohne

Trennwände oder Jalousien fühlte man sich unglaublich exponiert darin.

Sandy ging zur Bar und reichte Tina ein mit einem bunten Schirmchen dekoriertes Glas. Tina bedankte sich artig. Er trat dicht an Tina heran und sagte: »Jetzt lass uns Spaß haben.« Das Heroin nahm Tina gerne. Und Sandy fuhr mit seiner Belehrung fort: »Sei ein Gefäß meiner Macht und tue, was ich dir befehle, denn so will es Gott. Seine Strenge bindet den Mann an seine starke Rolle und macht die Frau zu seiner Dienerin. Sei stets artig und tue, was man dir sagt. Kein Leid ist zu groß, du kannst alles ertragen. Du wirst alles klaglos hinnehmen. Denn du weißt, dass ich dich liebe. Nur aus Liebe werde ich dich züchtigen. Ich bin dein Gewissen und du hast alles verdient. Du kannst nicht wissen, warum dieses oder jenes ein Fehler war. Du weißt es nicht, weil du unwissend bist. Du bist eine Frau und somit ohne den Verstand, der den Männern die glorreiche Macht verleiht, die Welt zu regieren. So ist es nur logisch, dass ich als der Diener Gottes zur dir spreche und dich anleite. Das Einzige, was du zu tun hast, ist voller Demut allem zu gehorchen, was ich verlange. Kannst du das, wirst du Gnade erfahren. Bist du willig zu lernen, wirst du belohnt. Und wenn du mich im rechten Maß positiv überraschen willst, kannst du auf meine Achtung zählen.«

Zuerst hatte er sie wieder an die Lektionen erinnert. Doch was im weiteren Verlauf des Abends geschehen war, entzog sich ihrem Gedächtnis. Sie wurde am nächsten Morgen in Sandys Bett wach, ganz unter einer schwarzen Bettdecke vergraben. Erst jetzt sah sie den Spiegel über sich an der Decke. Sie fühlte sich zerschlagen und müde. Kaum etwas wahrnehmend, griff sie sich den Bademantel, der am Fußende auf dem Bett lag, und stand dann unvermittelt Sandy gegenüber, der sie anwies, sich in den unteren Räumen frisch zu machen. Er schubste Tina förmlich aus seiner privaten

Wohnung, gab ihr ihre Klamotten und sie ging hinunter in das Atelier. Dort kannte sie sich schon bestens aus. Sie duschte und zog sich an. Auf dem Tresen lag wieder die Familienpackung Paracetamol. Aber dort stand auch wieder eine Kanne voll frischem Kaffee und eine Platte mit Brötchen.

Ein zufriedener Sandy überforderte Tina in der nächsten Zeit ständig, indem er sie erst durch sein Studio führte und dann in die Arbeit einwies. Sie bekam augenblicklich Birgits Platz, die schon seit Längerem nicht mehr gesehen worden war. Fortan schlief sie in Sandys Bett, frühstückte mit Sandys Belegschaft und arbeitete bis Mittags in Sandys Studio. Zum Mittagessen ging sie oft in Henks Club. Nach dem Essen dort gönnte sie sich noch einen Kaffee und begann dann nahtlos mit Cocktails. Sie strippte für die Gäste und verteilte Flyer für Sandys zahllose Partys. Das brachte ihr genug ein, um sich regelmäßige Friseurbesuche, Einkaufstouren und einige wenige Drogen kaufen zu können.

Wie sie mehr verdienen konnte, zeigte ihr Sandy. Er wies sie weiter ein, wie man Männer befriedigte, und zeigte ihr, wie sie an das Geld der gierigsten kam. Es dauerte nicht lange und Tina hatte ihre ersten Kunden. Sie strippte im Schaufenster des Clubs und nahm sich dann mindestens einen Freier mit auf ein Zimmer im Obergeschoss.

Damit sie das Kokain bezahlen konnte, versprach ihr Sandy einen Auftritt an einem seiner Themenabende. Doch Tina wurde krank. Ohne zu zögern, schleppte Sandy sie zu einem Arzt. Der bestätigte nur eine Schwangerschaft und für Tina brach die Welt zusammen. Sie wollte nicht schwanger sein. Das passte derzeit nicht in ihre Lebenspläne. In ihrer Verzweiflung betrank sie sich heillos.

Einige Tage später stand ihr Entschluss fest, abzutreiben. Jetzt benötigte sie noch mehr Geld. Also arbeitete sie mehr.

Und beschaffte sich den Auftritt beim Themenabend an einem Freitag: dem Glücksrad.

Das Glücksrad war eine flache, massive Holzscheibe von fast zwei Metern Durchmesser, die in vierzehn Segmente aufgeteilt war. Ein Segment, das Kopfsegment, war grün bemalt und mit einer Null gekennzeichnet. Dem gegenüber befand sich das Fußsegment, buchstäblich ein Leersegment, denn dort war das Holz entfernt worden. Die anderen zwölf Felder verteilten sich gleichmäßig auf den restlichen Kreisbogen. Sie waren abwechselnd in Rot und Schwarz und von eins bis zwölf durchnummeriert auf das Rad gemalt. So gesehen ähnelte es einem Rouletterad und wie bei diesem gehörten Einsätze auf die Ziffern mit zum Spiel.

Am Außenrand waren an den Segmentspitzen kurze fingerdicker Stangen befestigt, die in der Drehung mit lautem Klackern an einem Zeiger vorbeistrichen. Man konnte das Ganze somit auch ein liegendes Glücksrad nennen. Liegend war das Stichwort: Für solche Abende war vorgesehen, dass eine Frau an Hand- und Fußgelenken gefesselt auf der Scheibe liegen sollte, die Arme und Beine weit gespreizt; fast in Form eines X. Außer einem schwarzen Tuch, das sie als Binde über den Augen trug, musste sie nackt sein. Ihr Kopf lag stets im grünen Segment mit der Null, während sich zwischen ihren geöffneten Beinen das Leersegment befand. Die Spielregeln waren einfach: Jeder Spieler gab seinen Einsatz für eine Runde, das Rad wurde in Schwung gesetzt und der Mann, vor dem das Leersegment mit den gespreizten Beinen der Frau zum Stehen kam, durfte für fünf Minuten die Frau rammeln.

Der Zeitpunkt einer solchen Veranstaltung war streng geheim, die Eintrittspreise deftig. Die Herren unterschrieben Geheimhaltungsklauseln. Es war zudem üblich, Geldscheine auf die Scheibe zu legen und Nebenwetten abzuschließen. Außerdem konnte jeder, der wollte, dem Gewinner einer Runde anbieten, die fünf Minuten mit der Frau auf dem Glücksrad abzukaufen, indem er laut »Ich überbiete« rief und einen Betrag nannte. Erklärte sich der ursprüngliche Gewinner damit einverstanden, wurden die Plätze getauscht und der Bieter durfte ans Werk gehen. Der Bieter musste aber die gleiche Summe auch an Tina zahlen, bestimmte sie, als sie »ihren Auftritt« plante.

Es sollte eine »Ägyptische Nacht« werden. Eine Mottoparty. Sandy versuchte, den Raum wie ein Amphitheater einzurichten. Er ließ entsprechenden Stoff kommen und verkleidete die Wände. Zwar war es nicht möglich, Ränge zu schaffen, aber eine runde Stuhlreihe ließ sich stellen, hinter der man bequem um den Tisch laufen konnte. Alle sollten als Römer verkleidet eintreffen.

Sandy und Tina amüsierten sich sehr, als sie die Herren eintreffen sahen. Diese hatten sich bereits ihre Plätze erkauft und liefen aufgeregt wie die Schuljungen auf die Stühle zu. Tina plante ihren Auftritt so, dass sie, nur mit einem ägyptischen Tuch bedeckt, durch die staunende Meute schreiten wollte. Dort wollte sie dann in einer inszenierten Show gefesselt werden, als ob die Römer eine Opferzeremonie vorbereiteten. Aus entsprechenden Kelchen wurde Wein in die passenden Gläser ausgeschenkt. Die Musik klang dramatisch. Dank Pedros Disco-Equipment schaffte Sandy es, künstlich Rauch zu erzeugen. Er hatte sogar extra einen Feuerspucker engagiert.

Tina ließ sich die Augen mit einem schwarzen Tuch verbinden und die Arme weit gespreizt und sehr fest auf die Scheibe schnallen, sodass keine Bewegung mehr möglich war. Kurz sah man ihre ganze Gestalt, bis das große Tuch locker wieder auf ihrem Unterleib dekorativ ausgebreitet wurde. Die

Haare hatte sie zu einem Zopf binden lassen, der nun neben ihr wie ein Schmuckstück ausgelegt wurde. Sandy spreizte ihre Beine und sorgte dafür, dass danach zunächst niemand ihre Muschi sah. Er fixierte ihre weit geöffneten Beine neben der Aussparung und nahm sich vor, selber so viele Freier zu überbieten, wie er konnte.

Die Herren wurden großzügig mit teuren Getränken, Zigarren und Gebäck versorgt. Als die Musik verklungen war, bat Sandy um Stille. Er erklärte kurz das Spiel und eröffnete dann den Abend.

»Faites vos jeux!«, rief er. Ein neues Spiel begann.

»Ein Hunderter auf Schwarz!«, schrie sofort ein Banker.

»Zwanzig, dass ich diesmal dran bin!«, versuchte ihn der Stadtkämmerer zu übertönen.

»Nie und nimmer!« Der hagere Mann rechts vom Kämmerer grinste. »Ihre Wette nehme ich an und setze zweihundert auf ungerade.«

»Fünfhundert, dass der Herr Generalstaatsanwalt wieder nicht zum Zuge kommt!«, forderte der kleinste der Gäste.

»Von wegen! Halte dagegen!«, grollte der Angesprochene.

Laut riefen auch die anderen der zwölf Spieler ihre Wetten in den Raum. Die bequemen römischen Kleidungsstücke, zumeist von einem Schneider hergestellt, ließ unter dem Stoff deutlich ihre erigierten Geschlechtsteile sehen. Der Grund dafür lag vor ihnen: Tina.

»Rien ne va plus«, gab Sandy bekannt. Dann gab der Spieler, der sich dafür das Recht erkauft hatte, dem Rad einen kräftigen Stoß. Schwungvoll drehte es sich.

Einige der Männer saßen, andere hielten es in ihrer Erregung nicht mehr auf den Stühlen aus. Aufgeregt standen sie da und starrten auf das Rad, das klackernd immer langsamer wurde.

»Komm zu mir, Baby!«

»Fortuna, schenke mir deine Gunst!«

»Eher Aphrodite«, witzelte ein anderer.

Das Rad kam zum Stehen, das Segment mit Tinas geöffneten Beinen vor dem fetten Kerl.

»Yeah!«, brüllte er.

Doch Sandy war schneller. Denn den Mann wusste er einzuschätzen. Dieser ließ sich schon mit 5.000 Gulden überbieten. Schnaubend trat der dicke Mann zurück, rot im Gesicht. Neidisch starrte er auf Sandy, der nun seine locker sitzende Hose herunterzog und sein sehr ansehnliches Stück zum Vorschein brachte. Wie jemand, der dieses Spiel schon oft mitgemacht hat, inszenierte er einen bühnenreifen Auftritt, wie ihn die aufgegeilte Schar Männer sehen wollte. Dabei legte er die Scheine auf die Scheibe und gab damit die Richtung vor, die dieser Abend haben sollte. Sandy trat schnell dicht an Tina und rammte ihr seinen steil aufragenden Penis direkt in die Möse. Er kam sehr schnell und musste den Orgasmus nicht einmal spielen. Doch Tina kam scheinbar auch und das heizte die Meute so richtig an. Denn sichtbar tropfte es aus ihrer Scheide. Jetzt wollte jeder mal. Gier und Geifer trat aus den Augen und Mundwinkeln der Männer, die sich gegenseitig zu überbieten begannen. Doch die Einzelnen hatten nur ungefähr fünf Minuten Zeit, bis sich das Rad wieder drehte. Kaum einer schaffte in der Zeit, was Sandy konnte.

»Faites vos jeux!« Ein neues Spiel. Ein teures Spiel. Die Herren tranken und feierten. Im 5-Minutentakt drehte sich das Rad. Bei »Zero!« erhielt Tina einen Schnaps. Einen besonderen Joker hatte man ebenfalls eingebaut: Wenn der Zeiger ins Leersegment zeigte, wurde von Mann zu Mann gedreht. Jeder durfte dann 30 Sekunden lang zustoßen. Doch nichts war hier dem Zufall überlassen. Mithilfe der verborgenen Bremse konnte man die Reichsten bevorzugen.

Ein guter Abend, urteilte Tina. Sie hatte viel Geld verdient. Zuerst füllte sie ihren Xanax Vorrat auf. Sandy und sie waren ein gutes Team, beschied sie. Vielleicht war da ja noch mehr zu holen?

Am darauffolgenden Tag endete die Schwangerschaft. Ein Blutschwall begleitete die Fehlgeburt und Tina wurde durch Sandys Arzt untersucht. Doch in ein Krankenhaus wollte sie nicht. Froh, das Problem losgeworden zu sein, nahm sie ein Aufputschmittel und zählte ihr Geld. Sie hatte glatte 15.000 Gulden verdient. 7.000 schuldete sie bereits Sandy, 3.000 investierte sie in den nächsten Stoff und für 5.000 ging sie erst einmal shoppen. An jenem Tag schmiss sie mit so viel Geld um sich wie nie zuvor in ihrem Leben. Dabei wähnte sie sich glücklich. Diese Phase ihres Lebens dauerte etwa eine Woche. Dann kam Henk wieder.

23. Streit

Wo zum Teufel steckte Tina? Gerade aus der Karibik wieder in Amsterdam angekommen, suchte Henk nach ihr. Auf der »Petite Péniche« war sie jedenfalls nicht. Pedro wusste auch nicht, wo sie sich aufhielt. Er hatte ja zusammen mit Henk im Flieger zurück nach Amsterdam gesessen.

Bereits übel gelaunt ging Henk in seinen Club. Aber auch dort war sie nicht. Er schnappte sich Claas, den Mann, der sich in seiner und Pedros Abwesenheit um den Club gekümmert hatte. Von ihm erfuhr er, dass man Tina mit Sandy gesehen hatte. Henk platzte beinahe der Kragen. Dass Sandy sich in der Zeit, in der er in der Karibik gewesen war, wieder an Tina heranmachte, hätte er wissen müssen.

Claas verlangte nach Henks Aufmerksamkeit. »Ähm, Boss, wo wir gerade bei Tina sind: Wo soll ich mit deinem Anteil vom letzten Glücksrad-Abend hin? Niemand hat mir die Handhabung dieser Gelder erklärt.«

Henk war perplex. Er hatte doch gar keine Veranstaltung für die Zeit seine Abwesenheit geplant gehabt und Pedro kümmerte sich zwar um vieles, aber nicht um das Glücksrad. Es war Pedro immer zu obszön vorgekommen. Zudem: Was hatte das mit Tina zu tun? Henk gab sich zerstreut und fragte, ob der Abend ein Erfolg gewesen war.

»Oh ja! So viel wie Tina hat noch nie jemand dabei verdient.«

Tina? SEINE Tina? Henk schnappte nach Luft.

Claas redete unbekümmert weiter. »Ich habe in den sieben Jahren hier noch nie erlebt, dass es jemand im Schaufenster getrieben hat. Okay, es war knapp davor, dass die Bullen gekommen wären, wenn Sandy das nicht gesteuert hätte. Aber,

Mann, danach war der Laden voll wie noch nie. Die hofften wohl alle auf eine Zugabe.«

Der Mann redete weiter, ohne Henks starren Gesichtsausdruck zu beachten. Er erzählte noch, wie gut sich Tina unter der Hand von Sandy entwickelt hatte und wie viele der reichen Geldsäcke sie so richtig ausgenommen hatte. Henk konnte nur mit äußerster Mühe seine Wut kontrollieren. Diese Plaudertasche war Gold wert, auch wenn die Informationen alles andere als gut waren.

»Wer hatte eigentlich den Glücksrad-Event organisiert, während ich weg war?«, fragte er beiläufig.

»Na, Sandy natürlich!« Claas sah jetzt erstaunt aus, als begriffe er nicht, warum sein Boss das nicht wusste. Dem Mann kam es auch gar nicht seltsam vor, dass während Henks und Pedros Abwesenheit ausgerechnet Sandy den Club führte. Waren die beiden keine Kumpel mehr?

Henk bedankte sich bei Claas und wies ihn an, das Geld vorerst im Tresor zu lassen.

Kaum hatte die Plaudertasche sein Büro verlassen, trat Henk hasserfüllt gegen den Papierkorb. Jetzt war er sich sicher, dass Sandy ihm Böses wollte. Der hatte ihm seine Freundin gestohlen, wollte ihn ausnehmen.

Henk wurde klar, dass Tina bei Sandy sein musste. Hastig trommelte er seine Türsteher und einige Freunde zusammen, um Tina aus Sandys Klauen zu befreien und zu sich zurückzuholen.

Keine zehn Minuten nach den ersten Anrufen waren alle beisammen. Während sie sich schusssichere Westen überzogen – die Zeiten im Milieu waren über die Jahre härter geworden – warnte Henk seine Truppe vor der Frau, die er des Öfteren bei Sandy angetroffen hatte und die eine Schusswaffe bei sich trug. Kampfbereit, mit Schlagringen, Messern und

Schlagstöcken bewaffnet, fuhren sie zu zehnt mit drei Wagen zu Sandys Studio.

Die Fahrt über schwiegen sie. Henks Kiefer mahlte ununterbrochen. Er fühlte sich unsicher. Er besuchte zwar regelmäßig das Kampfstudio zum Training, aber das letzte Mal, dass er zu einer realen Auseinandersetzung gefahren war, lag Jahre zurück.

Schließlich, nach einer gefühlten Ewigkeit, kamen sie an. Ohne Umschweife stürmten sie in das SM-Studio. Henks Leute wussten, wie sie vorzugehen hatten. Mit einem Sprung war einer hinter der Theke und versperrte dem Mädchen dort den Weg zum Alarmknopf, ein zweiter tat das gleiche im Foyer. Fünf der Männer stürmten in die oberen Räume und stellten sich Sandys Türstehern entgegen, die vollkommen überrascht waren.

Mit den beiden verbliebenen Männern im Schlepptau riss Henk die Tür zu Sandys Büro auf. Niemand da.

»Zuerst sein Bondage Studio!«, gab Henk die Richtung vor. Aber auch dort war keine Spur von Sandy oder Tina.

»Sandys Wohnung!«

Mit einer Brechstange verschafften sie sich Zutritt zu Sandys privatem Bereich. Henk staunte: Es war ein luxuriös ausgestatteter Loft. Rundum bodennahe Fenster, derzeit alle mit automatischen Jalousien versehen – eine Seltenheit hierzulande. Alles war offen und sie standen direkt im Wohnzimmer. Links war der Badbereich nur durch weinrote Vorhänge abgetrennt. Die Küche mit Tresen und Insel weckte in Henk sofort Neid. Überall standen Palmen. Die Einrichtung war wesentlich wertiger als die in seinem Penthouse. Doch das riesige Bett im hinteren Teil schlug dem Fass den Boden aus.

Dort lagen Sandy und Tina nackt auf zerwühlten Laken. Tina lag friedlich schlafend mit einem Lächeln auf dem Gesicht eng an Sandy gekuschelt da. Henk spürte, wie seine Stirnader heftig pochte. Der Wolf in ihm heulte auf und er sprang los.

Sandy versuchte sich nach der Schrecksekunde, als die Eingangstür aufgebrochen worden war, im Bett aufzurichten. Henk konnte einen harten Schlag landen, doch dann war Sandy bereit. Ein ungleicher Kampf begann.

Henk hatte sich in seinen frühen Jahren auf den Straßen durchgeschlagen und in der Hafenkneipe seines Vaters als Türsteher und Rausschmeißer fungiert. Aber das lag Jahrzehnte zurück. Sandy dagegen war zehn Jahre jünger als Henk, agiler und vor allem kompromisslos brutal. Schnell wendete sich das Blatt und Sandy ging in die Offensive. Henk gelang es zwar, ihn einige Zeit auf Abstand zu halten, aber letztendlich ging er blutend zu Boden. Das war der Moment, in dem Henks Verstärkung eingriff. Zu zweit und mithilfe von metallenen Teleskopstöcken überwältigten sie Sandy. Fest eingeklemmt im Griff der beiden Muskelpakete spuckte dieser in Henks Richtung.

»Tina soll dein Mädchen sein? Da lacht doch halb Amsterdam. Ich habe sie abgerichtet, die gehört mir! Du hast sie schön vorbereitet, aber den Feinschliff ernte ich. Du verstehst nicht? Du hast sie alleingelassen. Dummer Junge. Eine schöne Frau lässt man nicht warten. Sie will nur von dem Besten geritten werden. Von mir. Ich war immer da. Du Schlappschwanz hast sie mir sogar vertraglich zugesichert. Und in der Western Lodge kam sie mit mir und nicht mit dir. Ich habe sie zu dem gemacht, was sie heute ist. Und sie will es so. Du Hornochse warst nur zu vernagelt, ihr ganzes Potenzial zu sehen.«

»Schnauze«, nuschelte Henk durch die aufgeplatzte Lippe und verpasste Sandy einen Schlag ins Gesicht. Doch der lachte nur.

»Das Glücksrad war nur ein Teil vom großen Ganzen: meinem Imperium.«

»Du! Du hast sie angefixt und dann später mit Heroin versorgt«, rief Henk aufgebracht.

Sandy grinste nur.

Immer schneller fügten sich bei Henk die Teile zu einem Ganzen. »Du warst es auch, der mit Heroin bei mir im Club gedealt hat. Trotz meines Verbotes!«

Abfällig stieß Sandy hervor: »Gerade du machst den Moralischen? Dein Heroinverbot ist für den Arsch. Wer von uns kommt nicht mehr ohne die gelbe Designerdroge aus?« Er lachte hämisch. »Henk, deine Zeit ist vorbei! Deine Kontakte sind nur noch einen Dreck wert. Und deine lächerlichen Erpressungsversuche gehen nach hinten los. Du hast doch schon lange den Überblick verloren, was Sache ist!«

Henk stutzte. Sandy wusste, dass seine Erpressungsopfer nicht mehr mitspielten? Das konnte doch nur eines bedeuten. »Du steckst dahinter! Hinter meinen Problemen mit den Lieferanten, mit den Banken und dass es mit dem neuen Liegeplatz nichts wurde!« Er überlegte einen Moment, dann dämmerte es ihm. »Du willst den Club übernehmen!«

Sandy lachte laut auf. »Das hat aber gedauert. Ich frage mich schon lange, wann du es endlich kapierst. Jeder weiß, dass mein Imperium wahrwerden wird. Ich werde … Ich bin der König der Nacht.«

Henk hatte genug.

»Von jetzt an will ich dich weder im Sangreal noch auf der ›Petite Péniche‹ oder in ihrer Nähe sehen. Und Tina ist für dich tabu. Hast du mich verstanden?«

Sandy lächelte ihn nur unbekümmert an. Abfällig spuckte er aus: »Träum weiter!«

»Kümmert euch um ihn«, wandte Henk sich an seine Leute. »Verpasst ihm einen Denkzettel. Denkt euch was aus.«

Während die beiden kräftigen Türsteher Sandy aus dem Loft nach unten schleiften, schrie dieser Henk an: »Das wird dir leidtun. Ich werde mich rächen! Ich werde dir zeigen, wer der King ist. Was dir lieb und teuer ist, werde ich dir nehmen. Und dann mache ich dich kalt!«

Henk runzelte die Stirn. Sandy war zuzutrauen, die Drohung wahrzumachen.

Henk fühlte sich angeschlagen. Blut tropfte aus einer Platzwunde am Kopf. Ein Zahn schien locker zu sein und eine der kurzen Rippen schmerzte so gemein, wie es nur eine schwere Prellung tat.

Er wandte sich Tina zu, die sich ganz in Ruhe angezogen hatte. Ihre Kälte erstaunte Henk.

Henk wies zwei Männer, die nachgekommen waren, an, Tina in sein Auto zu bringen. Er selber sah sich nach einem Verbandskasten um. Während Henk sich mit Tüchern säuberte, berichtete seine Schlägertruppe, dass sie es Sandy ordentlich besorgt hatten. Das sollte die Runde machen. Henk wusste nicht, ob er sich freuen oder sorgen sollte. Sandy würde sicherlich alles daransetzen, ihn zu vernichten. Nur gut, dass er sich selber bald in die Karibik absetzen konnte, dachte sich Henk. Denn Sandy würde sicher Rache nehmen.

Auf der Fahrt zurück schwiegen Henk und Tina zunächst. Dann erinnerte sich Henk daran, dass Pedro ihm gesteckt hatte, Tina sei schwanger. Er hatte auch gesagt, Henk sei sicher der Vater. Henk wollte das gerne glauben. Also würde er, Henk, eine Familie haben. Seine Laune hob sich schlagartig. Um Versöhnung bettelnd, fragte er Tina, ob es wahr wäre. Doch zu seinem Entsetzen informierte Tina ihn nur, dass sie eine Fehlgeburt gehabt hatte. Direkt nach dem Glücksrad. Henk fiel ins Bodenlose, dann war er erleichtert. Wollte er nun eine Familie oder nicht? Doch vielleicht besser nicht, wo er jetzt abhauen wollte. Unschlüssig schüttelte er den Kopf und wusste nicht, was er sagen sollte. Doch dann setzte Tina einen drauf: »Es war auch nicht von dir, sondern von Pedro, und entstand, weil du mich an meinem Geburtstag alleine gelassen hast.«

Henk sah rot. In ihm kochte es. Alles, seine gesamte Realität war im entglitten! Seine Freunde hatten ihn verraten und nun auch noch seine Freundin. Die Polizei ermittelte gegen ihn und er musste so schnell wie möglich verschwinden. Dabei würde er sein geliebtes Schiff vielleicht verlieren. Zu allem Überfluss war Sandys Killer wahrscheinlich auch schon auf dem Weg.

Eins nach dem anderen, ermahnte er sich, als er mit dem Lift zu seinem Penthouse hochfuhr. *Beruhig' dich. Denk nach. Erst abreagieren, dann kann ich besser denken*, beschloss er.

»Los, in dein Zimmer!«, herrschte er Tina an, als er die Tür hinter sich geschlossen hatte. »Zieh dich aus, wenn du im Raum bist. Ich komme nach!« Erst einmal musste er seinen Frust abbauen, dann einen klaren Kopf bekommen. Also erst einmal Tinas Gehirn umpolen. Die gehörte schließlich ihm und er wusste ja nun, wie man jemanden dressierte. Konnte er ihr ein neues Baby machen?

Er wollte sich an Tina abreagieren, doch bei jeder Bewegung schmerzte seine geprellte Rippe, sodass er frustriert aufgab.

Dann eben den nächsten Schritt, sagte sich Henk und holte aus seiner Sammlung an Ketten eine besonders lange. Er legte Tina buchstäblich an die Kette, ein passendes Fußband fand sich schnell. Diese Metallkette war lang genug, dass Tina zum Bad gehen konnte. Doch ihr Zimmer zu verlassen, war ihr untersagt. Die Tür blieb stets geöffnet. Vorne an den Eingang des Zimmers stellte er einen Tisch und einen Stuhl, wo sie fortan essen sollte. Sie durfte sich waschen und sollte stets sauber rasiert sein. Er wies sie an, immer in der Kindspose auf ihn zu warten. Genau so wollte er sie vorfinden, sobald er die Tür zum Penthouse öffnete. Schlief sie oder befand sie sich woanders, bestrafte er sie. Fortan bestand die Belohnung darin, nicht bestraft zu werden. Tina bekam nur noch die Reste des Essens, das am Tag übrig blieb, und musste immer im Zimmer essen. Die Bestrafungen bestanden jetzt auch oft im Essensentzug. Die Drogen wurden rationalisiert. Das mit dem Heroin kam nicht infrage. Henk plante zunächst den Heroinentzug. Aber so süchtig, wie sie war, konnte er sie nur immer latent unterversorgt und bedürftig halten.

An vielen Tagen behielt Tina die Arm- und Beinmanschetten an. Gerade am Wochenende lohnte es kaum, sie abzunehmen. Sie hatte ihm mehrmals am Tag zur Verfügung zu stehen. Wenn er sie jetzt abends mit in den Bondageraum nahm, hatte er so etwas wie einen festen Ablauf.

Dann begab er sich schließlich auf sein Partyschiff, um zu sehen, wie sich alles in seiner Abwesenheit entwickelt hatte. Misstrauisch ließ er die Räume des Clubs und des Partybootes durchsuchen, fand aber nichts, was sich auf seiner Verbotsliste befand. Akribisch durchleuchtete er seine Bediensteten und entließ jeden, der nicht schnell genug seine Loyalität bekunden konnte. Traurig betrachtete er sein schönes Schiff.

Es würde sehr weh tun, sich von der »Petite Péniche« zu trennen, aber er konnte sie schlecht mit nach Santo Domingo nehmen. Doch wer würde sie ihm abkaufen wollen? In der Szene war Henk wegen Sandy unten durch. Von den Clubbesitzern, die expandieren könnten, würde er nur einen lächerlich kleinen Betrag bekommen. Das Partyschiff regulär über einen Makler als Gewerbeobjekt zu verkaufen, würde zu lange dauern. Beim Verkauf der alten Kneipe seiner Eltern hatte er schmerzhaft feststellen müssen, wie sehr Eile den Kaufpreis drückte.

Da fiel ihm der Banker van der Straat als Investor ein. Der war ein regelmäßiger Gast, kannte die Sonnenseite des Clubschiffes und hätte die Zeit, einen neuen Betreiber zu finden. Henk zögerte nicht lange und sprach van der Straat an, der nach ein paar Tagen des Zögerns das Angebot annahm. Der Notartermin für den Verkauf und die Übertragung aller Lizenzen und des Liegeplatzes wurde auf Mitte November gelegt. Henk wäre ein früherer Termin wesentlich lieber gewesen, doch die Mühlen der Bürokratie mahlten langsam. Er musste sich gedulden, auch wenn er wie auf heißen Kohlen saß. Die Drohung von Sandy, alles zu zerstören, was ihm lieb und teuer war, stand im Raum. Von der Morddrohung ganz zu schweigen. Auf Pedro war Henk erneut schlecht zu sprechen. Dennoch bereitete er die Unterlagen zur Übergabe des Clubs vor. Und da Pedro wie vom Erdboden verschluckt zu sein schien, steckte er die Dokumente in einen Umschlag für den Kurierdient. Henk fühlte sich elend, da er in Kürze seine Existenz in den Niederlanden hinter sich lassen musste. Er hatte nun beide Freunde, die mit ihm dieses Business aufgebaut hatten, verloren. *Es wird Zeit, zu verschwinden und neu anzufangen,* dachte er sich.

Die Bestätigung seiner Befürchtung kam dann ein paar Tage später von Sly. Der hatte erfahren, dass Sandy mittlerweile Henk für die Unterschlagung der Gelder verantwortlich machte. Woraufhin Sandy, soweit Sly gehört hatte, einen weiblichen Auftragskiller angeheuert hatte. Henk konnte sich denken, wer das war: Die Frau, die er bereits des Öfteren bei Sandy im SM-Studio gesehen hatte

24. Umbruch

»Gruselig! Nein, abartig. Was für ein kranker Typ, der Sandy.«

Christine blickte von ihrem Manuskript auf, aus dem sie Sergio gerade vorgelesen hatte. Es war das Kapitel über die Ausbildung gewesen und beschrieb die Lebenseinstellung von Sandy. Er hatte ein sehr spezifisches Rollenverständnis von Mann und Frau gehabt, alles in Gut und Böse eingeteilt und sich selber zum Richter und Henker ernannt.

» So kannte ich Sandy gar nicht. Für mich war er immer der absolute Charmebolzen. Speziell aber keineswegs mit diesem extremen Hang zu Gewalt und mit solch einer Einstellung. Aber ich habe auch wenig mit ihm zu tun gehabt und ihn gar nicht wirklich gekannt. Das sieht man nun auch an deinen Texten. Echt widerlich sein Denken und diese Machtgier.«

»Alle redeten sich und mir ein, wie gut solch eine Ausbildung für die weitere Karriere wäre.« Christines Stimme triefte vor Sarkasmus und Abscheu.

»Bei dieser Schaumparty war ich gar nicht geladen, aber das scheint mir nach deiner Beschreibung auch besser so gewesen zu sein.« Sergio schaute sie fragend an.

Tina nickte. Die Schaumparty von Sandy war wohl eher eine Orgie gewesen. Aber sie war sehr lange im Gedächtnis der Stadt verblieben.

»Der Aufenthalt in der Western Lodge war ein ›Geschenk‹ von Sandy. Die Ausbildung durch ihn lag davor. Das hätte ich fast vergessen. Ich hatte dieses wichtige Detail gründlich verdrängt. Aber hieran wird klar, warum er gerade diese Ideen in der Lodge hatte.«

Es war allen irgendwann klar geworden, dass Sandy alle gegeneinander aufgehetzt hatte und seine eigenen Geschäfte vorantrieb.

Sergio holte Christine aus ihren Gedanken: »Das mit dem Krankenhausaufenthalt kam mir stets sehr seltsam vor.«

»Das war es auch. Die Ärzte hätten mich fast sofort wieder entlassen.«

Sergio verstand: »Doch die korrupte Politik prallte gegen die Task Force, die sofort alle anklagte, die für sie beweisbar Dreck am Stecken hatten. Einer nach dem anderen brach unter diesem Druck sein Schweigen und wechselte die Seiten. Die Task Force bot exakt in dieser Zeit nach der Western Lodge und während deines damaligen Aufenthaltes im Krankenhaus auch Birgit und mir einen Deal an. Sie erzählten uns von den Ermittlungen und welche Stadtväter sie schon umgedreht hatten. Die Task Force wurde extra gegen das organisierte Verbrechen gegründet und war unbestechlich. Sie wollten die gesamte Umgebung säubern. Und der Straßenzug, in dem sich auch der Club befunden hatte, sollte an ein Konsortium fallen, das daraus hübsche Einfamilienhäuser machen wollte. Dass die gesamte Szene hochgenommen und die Stadt gereinigt würde, war beschlossene Sache.

Wir bekamen es ernsthaft mit der Angst zu tun, mit der gesamten Szene wie in einer Lawine unterzugehen. Birgit und ich akzeptierten den Deal sofort. Um straffrei da herauszukommen. Mir boten sie zudem an, die vorhandenen Gelder behalten zu dürfen. Sie versprachen, dass ich auch das Geld von dem Verkauf des Clubs nach Abschluss der Verhandlungen ausbezahlt bekäme, sofern ich ihnen gute Informationen lieferte. Ich hatte nicht wirklich eine Wahl. In diesen Tagen hatte ich alle Hände voll zu tun. Ich verkaufte den Club an das Konsortium, welches von der Gemeinde ausgesucht worden war, um ein ›sauberes Amsterdam‹ zu bilden. Die Szene durfte davon natürlich nichts wissen. Ich zog mich zurück, aber lieferte jede Menge Informationen ab.«

»Nach der Western Lodge und dem Glücksrad war Henk schlecht auf Sandy zu sprechen. Aus seiner Sicht der Dinge hatte der versucht, ihm das Geschäft wegzunehmen, das Mädchen auszuspannen sowie einen Killer auf die Fersen zu hetzen. Vorher war er aber schon wütend auf dich gewesen. Doch ihr habt euch wieder versöhnt? Oder warum bist du auch in die Karibik geflogen?«

»Es war leider keine Freundschaft mehr vorhanden. Ich war überrascht, als er mich aus der Karibik anrief. Doch es war gut, dass er ausgerechnet meine Hilfe wollte. So konnte ich ihn im Auftrag der Task Force wieder ins Land holen. Da hatte ich gleich alle Bonuspunkte, die ich brauchte, um gut aus der Sache rauszukommen.«

»Das heißt, als du zu Henk in die Karibik geflogen bist, gehörte dir der Club schon nicht mehr?«

»Richtig.« Sergio seufzte. »Henk dachte, ich würde ihm helfen. Ich bot ihm ja auch Unterstützung an und sagte, er könne sich mein Land vor Ort ansehen und meine Familie kennenlernen. Darauf ging er sofort ein. Doch ich hatte ihn bloß wieder ins Land zu holen. Ich erzählte ihm also, dass du von ihm schwanger seist und er fiel aus allen Wolken.« Sergio blinzelte Christine an: »Sorry, für die Lüge! Aber ich musste ihn zurückholen. Und ich sagte noch, dass der Club verkauft werden musste. Weil er die Schanklizenz hatte, musste er ebenfalls unterschreiben. Und das vor Ort bei einem Notar. Er kam also wieder mit mir zurück. Ziel erreicht.«

»Da hatte Sandy aber schon in Amsterdam gute Arbeit geleistet. Er hatte geplant, alle Mädchen von Henk und den Club zu übernehmen. Dass der dir gehörte und nicht Henk, wusste er nie. Er hat mir mal seine Pläne erzählt. Er hatte einen Gönner in der Hinterhand, der ihn ganz groß machen sollte. Sandy war richtig in seiner neuen Rolle als König der

Unterwelt aufgegangen. Er dachte wirklich, er gründe ein Imperium.«

»Zu der Zeit standen schon alle auf der Liste der Staatsanwaltschaft. Weit hätte da keiner mehr kommen können.« Sergio schüttelte den Kopf und fuhr dann fort: »Das mit dem Glücksrad war also Sandys Abschlussprüfung für dich. Ach so. Ich wollte das erst gar nicht glauben, als man es mir erzählte, als wir aus der Karibik wiederkamen.«

»Sandy war in der Lodge in meinem Zimmer.« *Mehrfach hatten wir an diesem Wochenende Sex.* »Am jenem Samstagmittag schenkte er mir mein erstes eigenes Besteck. Es sollte ein Geschenk für die Zwischenprüfung sein. Bestanden hatte ich die eher nicht, denn das endete im Krankenhaus. Und danach kehrte ich zu Henk zurück. Sandys Plan wäre fast gescheitert. Weil Henk ein waches Auge auf mich hatte. Doch dann musste der ja unbedingt mit Famke in die Karibik fliegen. So hatte Sandy wieder freies Spiel. Er organisierte in Henks Räumen Partys und spielte sich als Chef auf. Es war allerdings meine Idee, das mit dem Glücksrad. Ich musste ein paar Schulden bezahlen und brauchte das Geld. Von dem, was ich dort verdiente, tilgte ich allerdings nicht nur meine Auslagen, sondern hatte auch noch genug Geld für neue Drogen und einige teure Einkäufe. Es war ein berauschendes Gefühl damals, so viel Geld selber verdient zu haben.

Dieser Abschnitt, den ich gerade schrieb, macht deutlich, warum das so war. Sandy hatte bereits ganze Arbeit geleistet. Ich war zu seiner Spielgefährtin geworden, die ihn als seinen Herrn und Meister akzeptierte und ihn vergötterte.«

Sergio räusperte sich und setzte traurig nach: »Birgit und ich taten unser Bestes.«

»Der Hahn und seine Hennen.« Christines Stimme triefte wieder vor Spott. »Nein, wirklich, alles gut. Du weißt doch, welchen Selbstbeschiss Drogenabhängige leben. Niemand hätte damals etwas tun können. Ich gehörte damals mit Haut und Haaren Sandy, das kann man nicht schön reden. Ich war vollkommen abhängig von dem Zeug.«

Sergio nickte: »Ja, bei mir waren es Koks und Alkohol.«

»Darf ich ein sensibles Thema anschneiden?«, fragte Christine verschmitzt. Sergio lächelte sie fragend an und sie fuhr fort: »Hast du dich eigentlich gut an deinen neuen Namen gewöhnen können? Ich hatte eigentlich nie große Probleme. Christine klang richtig und gut. Und nach ein wenig Training konnte ich Birgit schnell Ursula nennen und dich Sergio. Du scheinst dich mit diesem Punkt sehr schwer abgefunden zu haben.«

»Ich finde den Namen auch heute noch schrecklich. Denn Sergio klingt mir zu italienisch. Schließlich komme ich ursprünglich aus der Dominikanischen Republik. Darf ich im Gegenzug auch ein sensibles Thema ansprechen?«

Christine nickte.

»Sandy erzählte mir, dass du schwanger warst, und brüstete sich damit zu wissen, dass nur ich der Vater hätte sein können. Woher wusste Sandy das?«

»Anfang Oktober war mir ständig übel gewesen. Es war genau in jener Woche, wo du zusammen mit Henk in der Karibik warst. Da kümmerte sich Sandy intensiv um mich. Sandy dachte, ich könnte mich vergiftet haben, und brachte mich zu seinem privaten Arzt. Ich weiß noch, dass es dort typisch nach Desinfektionsmittel roch und mir erneut übel wurde. Nach eingehender Untersuchung sagte der nur: ›Herzlichen Glückwunsch, Sie sind schwanger!‹ Ich muss sagen, ich war schockiert und verzweifelt.

Der Arzt hatte gesagt, ich sei mindestens in der zweiten Woche. Sandy rechnete zurück und fragte, mit wem ich denn vor etwa zwei Wochen geschlafen hatte. Der Sex mit ihm lag nur wenige Tage zurück. Und die Ausbildung fand Ende August statt, sechs Wochen vor dem Arzttermin. Zwei Wochen vor der Untersuchung war mein Geburtstag gewesen und in der Zeit war ich nur mit dir zusammen.«

»Hätte ich das gewusst …«

»Nein, du hättest nichts machen können. Sandy und Henk hatten immer mehr Einfluss. Bedenke, dass Sandy von der Sünde der Frau redete. Ich war zu jung, alles zu hinterfragen. Ich glaubte ihm und ein Kind in Sünde gezeugt zu haben, war da auch nicht förderlich. Sandy redete mir gleich ein, Buße tun zu müssen. Das war der Anfang vom Ende. Weil ich dumme Nuss seinen Unfug damals glaubte, wurde ich mit jedem Tag suizidaler. Außerdem war es tatsächlich nie ganz sicher, wer der Vater war. Ich hatte mit zu vielen Männern was gehabt. Ich hatte eine Vermutung aber das war auch schon alles. Tatsächliche Erkenntnisse hätte nur ein Vaterschaftstest bringen können. Doch all das überforderte mich damals. Ich wollte keine Verantwortung für ein Kind. Ich war selber noch eines. Es hat so kommen müssen, wie es kam.«

Sergio war nachdenklich geworden: »Wir hatten jeder so unser eigenes Drama. Ich versuchte meine Haut zu retten. Henk versuchte vor Sandy und vor der Polizei zu flüchten. Und Sandy träumte davon, seine Konkurrenz zu vernichten und ein Imperium zu gründen.«

Christine sah ihn ernst an: »Mit dem Unterschied, dass du versucht hast, nicht nur deine, sondern auch meine Haut zu retten.«

»Die Task Force stand ziemlich hilflos da«, erklärte Sergio. »Sie brauchten konkrete Beweise. Da haben Birgit und ich uns geeinigt, selber etwas zu unternehmen. Sie besorgte den Schlüssel und wir brachen immer dann ein, wenn Henk nicht da war. Anders wären wir weder an die Videos noch an dich herangekommen.«

»Mit Fremden wäre ich nie mitgegangen, nein. Aber Birgit und du – ihr seid zu mir durchgedrungen.«

»Wir haben erst die Fotos gemacht und der Task Force gezeigt. Dann haben wir die Erlaubnis bekommen, Videos zu drehen. Doch das Material rauszuholen, wurde schwer, da Henk sich in seinem Penthouse einbunkerte und neue Sicherheitsschlösser einbauen ließ. Somit waren wir ausgesperrt und kamen nur noch über den Getränkeboy an dich heran. Der mutige Bursche brachte dann Briefe für dich herein und das Beweismaterial heraus. Und das ergab sofort den Befehl zum Zugriff. Doch Henk war wieder weg. Man fand ihn schließlich auf seinem Partyboot. Er hatte sich wegen der durch die Task Force beschädigten Wasserleitung für einige Tage auf sein Schiff zurückgezogen. Er dachte wohl, sie würden ihn da nicht suchen. Dann musste der Zugriff neu geplant werden und also auf dem Schiff erfolgen. Montags hatte er immer seine Pokerrunde, das wussten alle. Du solltest vom Schiff geholt und Henk nebst Pokerrunde verhaftet werden. Wie wir beide wissen, ging das gründlich schief.«

Christine seufzte: »Was an jenem nieseligen siebten November passierte, konnte aber auch wirklich keiner ahnen!«

25. Der Mord

Scheiß Nieselregen, fluchte Henk vor sich hin. Graue Novembertage wie dieser Montag gehörten zu den Dingen, die er am wenigsten mochte. Nur noch eine Woche, dann standen die Notartermine an. Er brauchte nur unterschreiben und konnte dann abkassieren und in die Karibik umziehen.

Der Abschied von seinem Penthouse würde ihm jetzt sogar leichtfallen. Vor etwas mehr als vierzehn Tagen hatte es einen Rohrbruch im oberen Badezimmer gegeben. Er hatte das Malheur aber erst einen Tag später entdeckt, als sich ein großer Wasserfleck an der Wand im Stockwerk darunter gebildet hatte. Zu dem Zeitpunkt hatte sich das Wasser allerdings bereits unter dem Parkett ausgebreitet. Als Folge waren alle Fußböden im unteren Stockwerk herausgerissen worden. Große Baustellen-Entfeuchter liefen seither Tag und Nacht. Das Penthouse war unbewohnbar geworden. Kurzerhand war Henk mit Tina auf die »Petite Péniche« umgezogen. Jetzt im Winter war das Partyschiff sowieso nur noch am Wochenende geöffnet. Da konnte er es auch ganz schließen.

Nach einem Essen mit Tina auf der »Petite Péniche« hatte Henk sich mit hochgeschlagenem Mantelkragen zu Fuß zu seiner Pokerrunde aufgemacht. Nur wenige Menschen waren auf den Straßen. Plötzlich verlangte ein Gedanke nach seiner Aufmerksamkeit. Abrupt blieb er stehen und ein Passant stieß gegen ihn. Henk ignorierte den fluchenden Mann und sah in die Scheibe der Boutique an seiner linken Seite. Eine Gestalt, die etwa fünf Meter von ihm entfernt auf dem Bürgersteig stand und sich in dem Schaufensterglas der Boutique spiegelte, kam ihm vertraut vor.

Durchatmen, du wirst einfach nur ein wenig paranoid, beruhigte er sich. Kein Wunder bei all dem Stress. *Better safe than sorry,* überlegte er sich. War das wirklich niemand von Sandys Leuten? Vor denen hatte er am meisten Schiss. Henk ging ein paar Schritte, blieb dann vor einem Headshop stehen. Der Passant, der ihm aufgefallen war, stand jetzt vor einem Geschäft mit Damenunterwäsche. Henk empfand das als seltsam. Bei dem schlechten Wetter eilten alle anderen Passanten so schnell es ging zu ihren Zielen. Niemand nahm sich Zeit für einen Schaufensterbummel. Da stimmte etwas nicht! Sein Herz fing an zu rasen. Henk ging weiter, als wäre nichts gewesen. Verstohlen blickte er sich um, erwartete, in einem Hauseingang weitere Männer zu sehen. Es würde zu Sandy passen, wenn er Henk auf offener Straße als Exempel umlegen lassen würde. Er fühlte sich verfolgt. Der Mann kam ihm irgendwie bekannt vor. Wieder zupfte der Gedanke an ihm. Und dann hatte er es. Auf sein gutes Personengedächtnis konnte er sich verlassen. Scheiße, den Mann hatte er doch einmal im Polizeipräsidium gesehen! Das war keiner von Sandys Truppe, das waren die Bullen!

Unvermittelt drehte sich Henk um und ging hastig zur »Petite Péniche« zurück. Als er an dem Mann vorbeikam, erkannte er Ärger in dessen Blick. So sah ein Spitzel aus, der wusste, dass er enttarnt worden war.

Henks Herz klopfte bis zu seinem Hals. Wenn er beschattet wurde, war die Polizei ihm dichter auf den Fersen, als er angenommen hatte. Sly hatte ihn ja schon mehrfach gewarnt. Ihm sogar die Kopie eines Faxes von Interpol an die niederländische KLPD gezeigt, auf dem sein Name und der des Clubs sehr weit oben gestanden hatten. Wie lange war das her? Knapp zwei Monate? Seitdem musste er unter Beobachtung gestanden haben. Bisher hatte er es nur vermutet, aber jetzt hatte Henk die Gewissheit. Angst überrollte ihn mit

Macht. Kalter Schweiß brach ihm aus. Wenn er jetzt ununterbrochen beschattet wurde, konnte dies nur eines bedeuten: Die Polizei wollte immer wissen, wo er zu finden war. Der Zugriff musste unmittelbar bevorstehen. Wäre er doch nur in der Karibik geblieben!

Er musste verschwinden, und zwar sofort! Scheiß auf den Verkauf des Partyschiffes. Scheiß auf Pedro. Jetzt ging es um seine Freiheit, nicht um lausige Piepen. Verdammt, die gefälschten Pässe, sein teurer Goldschmuck: Alles befand sich im Tresor in seiner Wohnung. Hatte er Zeit, dort vorbeizufahren? Nein, entschied er. Wahrscheinlich stand das Penthouse auch unter Überwachung. Fieberhaft überlegte er. Er hatte den Spitzel enttarnt. Der Fahnder wusste, dass er erkannt worden war. Henk konnte sich nur noch eines vorstellen: Die Polizei würde jetzt in Aktion treten. Er würde verhaftet werden. Eine Stunde, vielleicht zwei, so schätzte er, hatte er noch. Er änderte kurzentschlossen sein Ziel. Statt zum Partyschiff und zu Tina erst einmal zum Club. Im Tresor des Clubbüros befanden sich sein und Tinas echter Pass, für den Fall einer überraschenden Razzia. Ohne Papiere landete man da schnell auf der Wache. Etwas Geld musste sich im Safe auch noch befinden.

Natürlich musste er auch Tina mitnehmen. Wenn er sie hier ließe, würden entweder Sandy oder Pedro sie sich schnappen. Das würde er ohne Kampf niemals zulassen! *Sie gehört mir!*, grollte der Wolf. Ja, Tina musste mit.

Verstohlen sah er sich um. Keine verdächtigen Bewegungen, kein Schatten zu sehen. Hastig ging er in sein Büro. Mit zittrigen Fingern gab er die Kombination am Safe ein. Mit einer Handbewegung raffte er den Inhalt – Geld, Papiere, ein paar Schachteln mit Drogen und einige Bündel von Dollarnoten, an die er gar nicht gedacht hatte – fahrig zusammen. Genug für ein Flugticket und um die erste Zeit davon leben zu können.

Er trat vor die Tür. Ängstlich huschte sein Blick über die Gassen. Noch war niemand zu sehen. Doch Henk war sich sicher, dass es nicht lange so ruhig bleiben würde. Mit weiten, raumgreifenden Schritten ging er zu seinem Wagen, der an seinem angestammten Parkplatz in der Nähe des Clubs stand. Er brauchte das Auto vor dem Partyboot, um Tina zu holen und dann schneller wegzukommen. Es kümmerte ihn nicht, dass vor der »Petite Péniche« ein Parkverbot bestand. Er fuhr einfach vor.

Schnell die Gangway rauf, durch das ehemalige Steuerhaus und dann hinunter in die Achterkajüte. Abrupt blieb er stehen.

Vor ihm stand Tina mit einem seltsam verschreckten Gesichtsausdruck. Als hätte er sie bei etwas Verbotenem erwischt. »Was zum Teufel …«, setzte Henk an, bemerkte dann, wie Tinas Blick angstvoll nach rechts huschte. Henk wandte den Kopf. Eine Frau stand in der Ecke und hielt einige Dokumente in der Hand. Verdammt, das war Sandys Auftragskillerin!

»Was wollen Sie denn hier?«, fauchte er.

»Ich nehme Tina mit«, meinte diese mit fester Stimme.

Das war der Beweis! Sie ist in Sandys Auftrag hier!, heulte der Wolf entrüstet in ihm. »Nur über meine Leiche!«, schrie Henk und machte einen Schritt nach vorne. Er bleckte die Zähne, fest entschlossen, sich der Frau in den Weg zu stellen.

Unvermittelt machte sie eine Bewegung Richtung Heck. Wie ein Raubtier spannte Henk seine Muskeln. Der Jagdtrieb verlieh ihm ungeahnte Kräfte. Die Frau schlängelte sich an Tina und dem großen Tisch in der Mitte der Kajüte vorbei. Das geöffnete Heckfenster, der Notausgang aus diesem Raum, war ihr Fluchtziel. In einem Aufbäumen sprang Henk vor, packte ihren Mantel und riss heftig daran. Die Frau wurde mitten im Lauf gestoppt und taumelte rückwärts. Henk war es, als würden die nächsten Sekunden in Zeitlupe ablaufen. Die Frau strauchelte und fiel zu Boden. Er sah ihre vor Schreck geweiteten Augen, den verzweifelten Versuch, sich mit den Armen abzustützen, wie sich der Mund zu einem Schrei öffnete. Der Schlag, als ihr Kopf gegen die Tischkante traf, klang dumpf in seinen Ohren. Bewegungslos blieb die Frau liegen. Blut tropfte auf den Teppich. Schockiert starrte Henk auf sie hinab. Panik machte sich in ihm breit. Seine Gedanken überschlugen sich. Er konnte nur noch eines denken: *Ich muss hier augenblicklich weg!*

Ruckartig drehte er sich um. »Pack deine Tasche, wir gehen«, herrschte er Tina an.

»Nein«, sagte diese zu seinem großen Erstaunen. »Du musst Naijke helfen!«

Wer war Naijke und wieso wusste Tine ihren Namen? »Das werde ich nicht. Pack deine Tasche. Sofort!«

Doch Tina ignorierte den Befehl und drängelte sich an ihm vorbei. Sie beugte sich zu der Frau und tastete nach dem Puls.

»Sie lebt noch. Du musst die Polizei holen!«

»Geh da sofort weg«, befahl Henk. Das fehlte ihm noch: Einer von Sandys Frauen zu helfen, noch dazu einer Auftragskillerin! Wieso hatte sie eigentlich nicht ihre Waffe gezogen?

Tina stand auf, um ihm Platz zu machen.

»Geh in deine Kajüte, hol die Fußmanschetten und leg sie an. Dann kommst du zurück.«

»Aber du kümmerst dich gleich um Naijke«, versuchte Tina zu verhandeln.

»Aber sicher«, meinte Henk. *Auf meine Weise,* setzte der Wolf nach.

Während Tina tat wie geheißen, nahm Henk aus einer der Wandschränke seine üblichen Fesselutensilien. Als Tina zurückkam, befahl er ihr, sich hinzuknien. Er verband die beiden Fußfesseln miteinander. Danach fixierte er ihre Handgelenke hinter ihrem Rücken mit einem über Kreuz gelegten Klettband. Das Ganze verband er mit der untersten Treppenstufe des offenen Niedergangs. Jetzt war Tina erst einmal aus dem Weg.

Henk spürte, wie sein Puls raste. Was sollte er zuerst tun?

Konzentrier dich, blaffte der Wolf.

Papiere und Geld hatte er bereits. Wohin sollte er flüchten?

Flughafen Schipol! Hunderte Auslandsflüge verließen am Tag den Flughafen, der nur eine halbe Stunde mit dem Auto entfernt war. Er widersprach sich selbst. Nein, da würden sie sicher schon auf ihn warten! Wenn sie seinen Club im Blickfeld hatten und ihn observierten, dann war sicherlich der Flughafen auch in Alarmbereitschaft. Wohin nur?

Er lief durch die Kajüte. *Du benimmst dich wie ein aufgeschrecktes Huhn,* dachte er abfällig über sich selbst. *Ich muss mich beruhigen!* War noch Kokain an Bord? Ja!

Henk riss das Geheimfach auf und zog hastig eine Nase weißes Gold.

Selbstvertrauen rann wie Lava durch seine Adern. Er hatte bisher jede Krise gemeistert, seine Ideen waren perfekt durchdacht. Er würde auch jetzt eine Lösung finden. Schipol kam nicht infrage und auch nicht die anderen niederländischen Flughäfen. Antwerpen! Die Stadt lag knapp hinter der Grenze. Wenn er sich beeilte, könnte er es durch die Grenzkontrollen auf der Autobahn schaffen, bevor die Polizei alles dichtmachte.

Jetzt noch Tina aufsammeln, dann konnte es losgehen.

Zuerst ging er in Tinas Kajüte. Eine gepackte kleine Reisetasche stand dort bereit. Anscheinend für Tinas Flucht. Die Frau hatte es also ernst gemeint, ihm Tina wegnehmen zu wollen. Wut kochte in ihm hoch und mit ihm die Angst. Sandy wollte seine Drohung wahrmachen, ihm alles wegzunehmen. Er erinnerte sich noch an den Satz von Sandy: »Und dann mache ich dich kalt.«

Wieder zurück in der Achterkajüte hörte er hinter dem Tisch Geräusche. Die Frau wachte anscheinend auf. Er trat näher.

»Sie haben keine Chance. Geben Sie auf!« Ihre Stimme klang fest, obwohl sie ihren Oberkörper nur mit Mühe hochstemmen konnte.

»Natürlich habe ich eine Chance!«, erwiderte Henk ohne nachzudenken. *Du bist der Größte. Deine Pläne sind die besten auf der Welt,* dachte er selbstbewusst von sich selbst.

Erst jetzt sah Henk näher auf die Dokumente, die die Frau in den Händen gehalten hatte. Er erschrak, als er sie erkannte. Es waren die Unterlagen aus Santo Domingo. Adressen, Decknamen – alles, was er brauchte, um untertauchen zu können. Er hatte sie hier liegenlassen, weil er Tina endlich in seine Fluchtpläne nach dem Notartermin hatte einweihen wollen.

Sandy kann dich damit ausfindig machen!, schrie es in ihm. *Er will dich fertigmachen und diese Frau hat alles, was er dazu benötigt!*

Niemals wird es dazu kommen!, rief der Wolf. *Ich werde kämpfen!*

Mit der Faust schlug Henk heftig gegen ihre Schläfe. Sie sackte benommen in sich zusammen.

Das reicht nicht, erkannte er voller Schrecken. Wenn sie wieder zu Bewusstsein kam, würde sie sich sicherlich an einige Details der Dokumente erinnern und sie an Sandy weitergeben. *Du musst dafür sorgen, dass diese Informationen niemals in Sandys Hände gelangen.*

Die Kette mit der sich selbst zuziehenden Schlinge, die er für die BDSM-Strappadosession am Vortag genutzt hatte, hing noch dicht über dem Tisch. Er grinste. Das war doch genau das Richtige für jemanden aus dem SM-Studio und Sandys näherer Umgebung. Damit würde er Sandy zeigen, wer der Stärkere war!

Kurzentschlossen legte er die Kettenschlinge um den Hals der Frau.

Tina schrie auf: »Nein, tu das nicht!« Und dann, lauter, verzweifelter: »Henk, lass es!«

Halt die Klappe, knurrte der Wolf.

»Du kannst doch keine Polizistin umbringen. Das ist Naijke West. Sie hat dir nichts getan. «

Polizistin, pah, was wusste Tina schon. Und wenn dieses Killerin von Sandy ihm jetzt noch nichts getan hatte, würde sie das sicher noch. Tina musste still sein, er hatte sich zu konzentrieren.

Henk wandte sich Tina zu, nahm einen BDSM-Knebel und legte ihn ihr kurzentschlossen an. Dann ging er wieder zu der Frau. Der Wolf heulte zufrieden auf, als er den Knopf auf der Fernbedienung drückte. Langsam wurde die Kette nach oben gezogen, straffte sich. Die Kettenschlinge zog sich zu. Quälend langsam wurde die Frau hochgezogen. Tina gab erstickte Laute von sich. Tränen rannen über ihre Wangen.

Eine Minute später hing die Frau knapp unter der Decke. Fasziniert sah Henk zu, wie sie langsam erstickte. Ihr Körper zuckte im Todeskampf.

26. Umbau

»Endlich müssen wir uns nicht mehr verstecken!« Sergio wedelte mit einem Schreiben in der Hand. »Hier ist das offizielle Schreiben, dass der Prozess beendet und alle Fälle abgeschlossen sind. Sie rechnen nicht damit, dass noch irgendeine Gefahr bestehen könnte. Theoretisch dürften wir also unsere alten Namen wieder benutzen und müssen uns auch keineswegs mehr verstecken.«

»Ich bleibe bei Christine«, sagte Christine sofort und bestimmt.

»Ich wechsle zurück zu Pedro. Denn meine Gelder wurden freigegeben und die kann ich nur unter meinem ursprünglichen Namen Pedro Garcia-Alvarez einfordern.«

»Ist das viel?«

Pedro schmunzelte: »Wenn du willst, könnten wir in der Karibik leben. Ich kann den Hof meiner Eltern übernehmen.«

»Hmmm«, machte Christine. »Mir gefällt es hier.«

Pedro küsste sie. »Mir auch!« Er fügte an: »Wir können auf jeden Fall hierbleiben, bis die Zwillinge schulreif sind. Dann können wir überlegen, welches Land für uns beziehungsweise für die Kinder das bessere ist.«

»Einverstanden.« Tina nickte.

»Da ist im Briefkasten noch ein Brief von Ursula – ach, ich darf ja jetzt wieder Birgit sagen – drin gewesen. Sie fragt an, ob sie zu Weihnachten hierher kommen kann?«

»Ach.« Christine zog überrascht die Augenbrauen hoch. Sie hatte Birgit nun schon sieben Jahre nicht mehr gesehen. Auch weil die Staatsanwaltschaft eine Kontaktsperre vorgegeben hatte. Aus ihrer subjektiven Sicht heraus war Birgit immer eine Freundin gewesen und geblieben. Auch wenn sie sich zwischendurch gezankt hatten und nun auch viel Zeit vergangen war. Sie hatte ihr so einiges zu verdanken. Die Freundschaft nach all den Jahren wieder aufzufrischen, war es sicher wert und eine gute Idee.

»Zu viert zu feiern, wird sicher schön«, sagte Pedro und überlegte weiter. »Ich vermute, dass Birgit gerne die Hotelkosten spart. Wie wäre es, wenn wir jetzt schon den Dachboden ausbauen. Oder ich kaufe gleich das ganze Haus.« Pedro lachte. Das war eigentlich am einfachsten, so musste er weder wegen des Besuchs noch wegen des Ausbaus einen Nachbarn oder Vermieter fragen. Und nach dem Umbau konnten sie den Dachboden an ein Au-pair Mädchen vergeben und das Untergeschoss vermieten. Irgendwann konnten seine beiden Mädchen auf dem Dachboden einziehen. Wenn sie erwachsen wurden, konnten sie dann auch das Untergeschoss haben. Irgendwann würden sie alles erben. Pedro plante in Gedanken das Leben seiner Töchter durch, ermahnte sich dann aber, das lieber zu lassen. Die sollten sich später selber entschließen können.

»Die unter uns ziehen sowieso gerade aus«, erklärte Christine.

»Dann will ich gleich mal anrufen und mich nach dem Preis für die Immobilie erkundigen.« Doch bevor er das Telefon aufnehmen konnte, klingelte es!

Sergio hob den Hörer ab und seine Überraschung war direkt an seinem Blick abzulesen. Man hörte ihn nur mehrfach »ja«, »aha« und »hmmm« sagen. Gespannt sah Christine ihn an, als er aufgelegt hatte. Pedro sah etwas irritiert und gleichzeitig schuldbewusst aus.

»Also, ich muss dir etwas erzählen, was ich schon eine Weile mit mir herumtrage«, begann er geheimnisvoll.

»Mach's nicht so spannend!«

»Also, die Journalistin kam mir irgendwie bekannt vor. Das ließ mich nicht mehr los. Ich habe dir doch von dem Kontakt erzählt, den ich seit Jahren habe und der mir immer wertvolle Informationen liefert. Den habe ich darauf angesetzt. Und du glaubst gar nicht, was der herausgefunden hat.«

»Pedro!«

Er lachte. »Die Journalistin heißt Maijke Wielend und die Sozialarbeiterin, die eigentlich Polizistin war und von Henk umgebracht worden ist, hieß Naijke West. Kommen dir die Vornamen nicht auch ein wenig ähnlich vor?«

»Kein Zufall?«

»Nein. Gerade kam die Bestätigung durch meinen Kontakt. So nannten die Eltern West ihre Töchter: Naijke West und Maijke Wielend waren Geschwister!«

»Ach!«, brachte Christine betroffen hervor. Aber es machte Sinn. Die Journalistin hatte ein enormes Interesse an dem Fall gehabt und war ein wenig zu schnell angereist. Sie hatte extrem verschlossen gewirkt und kaum etwas von sich erzählt. Ja, Christine hatte schon vermutet, dass ihr überheblicher Fragestil ein eigenes Trauma verbergen sollte. Aber Maijke hatte erwähnt, dass sie mit einem Deutschen verheiratet sei. Deswegen der andere Nachname.

»Weißt du noch, an jenem gemeinsamen Abend hat sie sogar einen Todesfall in der Familie erwähnt.« Christine erinnerte sich, dass die Journalistin erwähnt hatte, der Geist hätte sich von ihr verabschiedet. Christine legte die Hand auf ihren Hals. Es war, als würde sie wieder spüren, wie Henk sie gewürgt hatte. Sie fühlte wieder ihre Panik, als sie gesehen hatte, was er mit Naijke machte. Ihr Entsetzen, als sie das Blut sah, welches aus ihrer Kopfwunde austrat. Aber sie hatte noch gelebt. Und sie hatte ihr helfen wollen. Henk hatte versprochen zu helfen, doch sie aus dem Weg geschafft. Tina hatte hilflos zusehen müssen, wie er Naijke aufgeknüpft hatte.

Tina hörte ihre stummen Rufe, die durch einen Knebel gedämpft worden waren. Sie hatte die Beine von Naijke in der Luft zappeln sehen, sah voller Entsetzen ihren Todeskampf. Sie hatte nicht gewusst, warum er das tat. Das hatte sie erst viel später erfahren. Aber Naijke war in der Task Force und nie ein Spitzel von Sandy gewesen. Henk hatte sich völlig verrannt gehabt und ausgerechnet die netteste Frau der Welt getötet. Tina hatte Henk nie als Mörder gesehen und dies war auch sicher sein einziger und erster Mord gewesen. Aber hatte es wirklich die freundliche Naijke sein müssen? Christine war lange nicht über dieses Ereignis hinweggekommen.

»Wenn Naijke die Schwester von Maijke Wielend ist, dann muss ich ihr gleich mal einen netten Brief schreiben. Ich habe immer gewartet, dass sie sich meldet. Aber nun bin ich dran. Ihre Reaktion damals war merkwürdig, doch jetzt verständlich. Ich werde ihr mitteilen, dass ich sie jetzt besser verstehe und ihr mein überfälliges Beileid aussprechen. Und ich schreibe auch gleich die Einladung an Birgit.«

Während Pedro zum Telefonhörer griff, ging Christine zu ihrem PC, um eine E-Mail zu schreiben. Aus dem angeregten Vormittag wurde ein geschäftiger Tag und dann eine stressige nächste Zeit.

In den folgenden Tagen tätigte Pedro den Kauf des Hauses in der Camargue, in dem sie bereits seit fünf Jahren lebten. Dann gab er den Ausbau des Dachbodens in Auftrag. Im Verlaufe dessen wurde auch das Untergeschoss frei. Pedro und Christine beschlossen, gleich das ganze Haus zu renovieren, und zogen für eine Weile in ein Strandhotel. Sie planten die Aufteilung des Dachbodens und ließen Wände einziehen. Sie erneuerten den Fußboden und die Leitungen. Sie kauften drei neue Küchen. So entstanden im Laufe der Zeit drei separate Wohnungen. Jeweils mit drei Zimmern, Küche, Bad und Abstellraum. Christine und Pedro suchten gemeinsam die Einrichtung aus, überwachten wechselseitig den Umbau. Dabei lernten sie eine Unmenge neuer Vokabeln und konnten am Ende sogar ordentlich auf Französisch fluchen.

Ein paar schöne Sonnentage gab es im Spätherbst. An einigen dieser Tage an denen es zu heiß zum Arbeiten war und Sergio frei hatte, fuhren die beiden an den äußersten Rand des Strandes »l'Espiguette« an dem es zu jenen Zeiten menschenleer war. Ohne Personen weit und breit, liebten beide die hier erlaubte Freizügigkeit. Sie sprangen nackt ins Wasser, tobten über den Strand und liebten sich ausgiebig auf dem heißen Sand. Aus dem mitgebrachten Picknickkorb fütterten sie einander mit Erdbeeren und Käse. Sie brachten einander zum Lachen, sprachen aber auch über ernste Themen. Zweisamkeit und Intimität pur!

Irgendwann war es aber auch dafür zu kühl. Sehr zufrieden und erschöpft zogen sie Mitte November wieder in ihre nunmehr fertig renovierte Wohnung ein. Ein neuer Mieter für das Untergeschoss war schnell gefunden und die Verträge sollten ab Februar des Folgejahres laufen. Sie konnten also Birgit schreiben, dass sie in diesem Dezember mit ihrer Familie dort kostenlos wohnen konnte. Irgendwann kam eine begeisterte Mail von Birgit zurück. Sie würde mit Ehemann und Baby am 17. Dezember anreisen

27. Die Flucht

Schlagartig wurde Henk mit einer beängstigenden Eindrücklichkeit bewusst: Er hatte getötet. Die Drogen hatten in der Vergangenheit immer Details besonders scharf in seiner Wahrnehmung hervorgehoben. In einer Ironie des Schicksals ließ das Kokain, das gerade in seinem Körper wirkte, Henk jetzt glasklar erkennen: Er hatte eine Grenze überschritten. Er hatte einen Fehler gemacht, der sich nicht mehr korrigieren ließ. Es gab nicht genug Drogen auf der ganzen Welt, um seine Situation schönzufärben. Er hatte nicht nur Sandy als Todfeind, sondern auch noch die Polizei im Nacken.

Was jetzt?

Der große Wolf blieb stumm. Dafür meldete sich die Stimme der kleinen Ratte, die ihm seit seiner Jugend geholfen hatte, sich durch alle Schlamassel und Widrigkeiten durchzuwinden. *Hau ab, lauf weg.*

Henk ging zu Tina und nahm den Knebel wieder aus ihrem Mund. »Du bekommst so viele blaue Pillen, wie du haben willst, wenn du jetzt den Mund hältst.« Er tastete seine Taschen ab. »Hier ist schon mal eine.«

Gehorsam öffnete sie den Mund und schluckte die angebotene Droge.

Zufrieden, dass Tina ihm wieder gehorchte, löste er die Fußfesseln. Er half ihr auf die Beine und warf Tina einen Mantel über, damit niemand sehen konnte, dass ihre Hände noch gefesselt waren.

Er ließ seinen Blick noch einmal durch die Kajüte schweifen. Die Leiche unter der Decke baumelte im Luftzug aus der offenen Tür leicht hin und her. Henk schauderte. Zerstört. Ihr Leben, sein Leben: Alles war zerstört. Sandy hatte doch recht gehabt, als er sagte, dass Henk schon lange die Kontrolle verloren hatte.

Sandy. Der durfte seine geliebte »Petite Péniche« niemals in seine dreckigen Hände bekommen! Lieber versenkte Henk sein Boot. Nur ging das nicht in der flachen Gracht. Irgendwo mussten doch die Flaschen mit dem Spiritus sein, mit denen sie bei den Partys die Grills anzündeten und mit dem die Brenner der Buffetwärmer vom Catering gefüllt wurden. Er fand sie nach kurzem hektischen Suchen in einem Fach unter der Bar. Ohne zu zögern, goss er den Spiritus über die Einrichtung, legte eine Spur über die Treppe vom Ruderhaus mit der Bar und den hochprozentigen Spirituosen hinunter zur Kajüte. Dort leerte er eine weitere Flasche über den Teppich. Anschließend packte er Tina am Arm und schob sie die Treppe zum Ruderhaus hoch. Dort nahm er sein vergoldetes Zippo aus der Tasche, flippte es auf und entzündete es. Er sah kurz in die Flamme. Es tat weh, seinen Traum zu vernichten, aber lieber Zerstörung als seinen Traum jemandem wie Sandy überlassen. Er warf das Zippo in die Spirituslache, die mit einem »Wusch« aufflammte. Das Feuer griff langsam um sich, züngelte an dem Holz der Barverkleidung empor und sprang langsam die ersten Stufen des Niedergangs zur Kajüte hinunter. Jetzt aber schnell!

Er warf sich die Riemen von Tinas Reisetasche über die Schulter. Gleich darauf legte er seinen rechten Arm um sie und hielt sie fest, behielt sie unter Kontrolle. Für einen flüchtigen Beobachter mochte es sogar so aussehen, als wäre ein Pärchen unterwegs. Von der Gangway zum Auto waren es nur wenige Schritte. Henk meinte, einen leisen Knall aus Richtung der »Petite Péniche« zu hören. Er sah genauer hin. Ja, aus dem Ruderhaus stieg eine leichte Rauchfahne auf. *Beeil dich, bevor jemand die Feuerwehr ruft und diese die Straße versperrt,* trieb er sich selbst zur Eile. Ein letzter wehmütiger

Blick. Tina fest im Griff, warf er die Taschen auf die Rücksitzbank und schubste Tina auf den Beifahrersitz. Er löste jetzt auch die Handfesseln, damit sie vernünftig sitzen und er ihr den Sicherheitsgurt anlegen konnte.

Angespannt setzte Henk sich hinter das Lenkrad. Mit quietschenden Reifen fuhr er los. Er musste über die Grenze, bevor diese geschlossen wurde. Eine gute Stunde, so schätzte er, würde die Fahrt dauern.

»Du verdammter Wichser!« Plötzlich begann Tina wie eine Furie zu pöbeln. Dabei hatten sie gerade erst den Stadtrand von Amsterdam erreicht. Das passte ihm ganz und gar nicht.

»Halt die Klappe! Wir kommen da sauber wieder raus. Ich habe einen Plan!«

Tina lachte spöttisch auf, beschimpfte ihn weiter, fing dann auch noch an zu zappeln und ihn zu schubsen. Er verriss das Lenkrad. Nur mit Mühe konnte er den Wagen wieder unter Kontrolle bringen, während Tina einen ununterbrochenen Strom an Unflätigkeiten von sich gab.

Henk sah zu ihr hinüber. Schweiß stand auf ihrer Stirn und ihr ganzer Körper zitterte, als würde sie Fieber haben.

Scheiße, die ist ja mitten auf Entzug, schoss es ihm durch den Kopf. *Und das trotz der Pille, die ich ihr vorhin gegeben habe.*

Oder gerade *weil* er ihr die Droge gegeben hatte? Er konnte sich nicht mehr daran erinnern, wie die Wechselwirkungen von Heroin, Entzug und den diversen Wirkstoffen, die in Sandys Pillen steckten, waren.

Henk war klar, er musste etwas unternehmen, sonst würden sie beide im Graben landen. Er bog in den nächstgelegenen Feldweg ein.

Heroin hatte er keines, würde er auch nie anfassen, aber in seiner Tasche müsste er noch Bronchialpastillen mit Codein haben. Er hatte diese im letzten Winter als Mittel gegen einen hartnäckigen Reizhusten verschrieben bekommen. *Das Codein drin müsste eigentlich auch bei verzögertem Heroinentzug wirken,* sagte er sich in dem Versuch, sich an sein Drogenwissen zu erinnern.

Es bedurfte einiger Überredungskraft, um Tina dazu zu bringen, die Pastillen zu nehmen. Schließlich schluckte Tina die Pastillen. Plötzlich wurde sie aschfahl und sackte in sich zusammen.

Henk fluchte. Tina atmete noch, aber war in eine tiefe Bewusstlosigkeit gefallen. Hier vorne auf dem Beifahrersitz konnte er sie nicht lassen und auch nicht auf der Rückbank. Kurzerhand legte er ihr wieder die Handfesseln an und band ihr vorsichtshalber eines seiner Seidentücher als Knebel um den Kopf. Dass sie beim Grenzübertritt aufwachen und anfangen könnte zu schreien, hätte ihm gerade noch gefehlt.

So gefesselt, hob er die bewusstlose Tina hoch und verfrachtete sie in den Kofferraum. Nur gut, dass der Lincoln Continental ein so großer Wagen war. In einem europäischen Cabrio wie dem Erdbeerkörbchen von einem Golf hätte das nie geklappt.

Henk sah besorgt auf die Uhr. Zehn Minuten hatte er durch Tina verloren! Er musste so schnell wie möglich weiter!

Er kümmerte sich wenig um die Geschwindigkeitsbegrenzung, zügelte sich aber noch so weit, dass es nicht zu auffällig wurde.

Die Autobahn fächerte sich bei den Grenzkontrollen auf. Reger Berufsverkehr sorgte für Warteschlangen. Eben kurz durchrauschen war unmöglich. Während er in der Schlange stand, die sich im Schritttempo vorwärts bewegte, blickte er sich um. Kalter Schweiß brach ihm aus. Mehr und mehr Uniformierte mit umgehängten Maschinenpistolen verteilten sich auf die Grenzschranken.

Henk erinnerte sich an vorherige Fahrten nach Belgien. Es gab eine Alternative zu den schier endlos breit aufgefächerten Fahrspuren und den entsprechenden Kontrollhäuschen.

Ganz außen, auf der linken Seite, gab es ein Toilettengebäude. Und dahinter führte noch eine weitere Fahrspur nach Belgien. Sie war für die Hauptreisezeit im Sommer, wenn die Staus kilometerlang waren. Reisende, die sich erleichtern mussten, konnten schlecht von der Toilettenanlage gegen den Strom wieder zurück zu den Warteschlangen fahren. So hatten sie bei den Toiletten eine zusätzliche Fahrspur samt Kontrollhäuschen gebaut. Er musste es nur geschickt anstellen, dann würde es nicht auffallen, wenn er sich so durchmogelte.

Schnell scherte er aus seiner Reihe aus und lenkte seinen Wagen zu dem kleinen Parkplatz vor den Toiletten. Er stellte den Wagen ab und rannte zum WC, ganz so, wie er es in der Feriensaison beobachtet hatte, wenn gestresste Autofahrer dringendst ihren Harnstau loswerden mussten. Er zählte bis zehn, ging wieder zurück zu seinem Cabriolet. Für jeden, der ihn eventuell beobachtet hätte, musste er wie ein harmloser Fernreisender erscheinen.

Verdammt, jetzt näherten sich bewaffnete Kräfte auch diesem letzten Schlupfloch. Henk rammte den Hebel des Automatikgetriebes in den Rückwärtsgang. Ein lauter Schrei ließ ihn sofort den Fuß auf die Bremse treten. Beinahe hätte er einen Fußgänger überfahren! Laut fluchtend streckte der Mann Henk einen Stinkefinger entgegen.

Henk schimpfte zurück und fluchte. Beinahe hätte er einen Unfall provoziert. Panik machte sich breit, als er sich ausmalte, was alles hätte passieren können. Mit zitternden Händen schaltete er die Automatik in »Drive« und fuhr wieder an. Das Kontrollhäuschen dieser Ausweichspur war nur noch sechs Autos entfernt. Die Kontrolle schien wie üblich lasch. Die Beamten blickten nur nachlässig in die Autos und winkten sie nach einem kurzen Moment durch. Noch zwei Autos vor ihm. Plötzlich hörte er ein dumpfes Pochen von hinten. Im Rückspiegel war nichts zu sehen und es dauerte einen Moment, bis Henk realisierte, dass Tina wieder bei Bewusstsein sein musste und von innen gegen den Kofferraumdeckel trat. Panik machte sich bei ihm breit. Noch ein Auto. Das Klopfen hörte auf. Henk versuchte, ein lockeres Gesicht zu machen, doch der Stress war zu viel. Der Beamte hielt ihn an und beugte sich zum Seitenfenster. Henk sah eine Doppelstreife mit Maschinenpistolen näher kommen. Ihm wurde vor Angst übel. Sollte er einfach Gas geben?

»Guten Tag. Ihre Papiere bitte. Haben Sie etwas zu verzollen?« Der Zöllner sah ihn misstrauisch an. »Warum haben Sie es so eilig?«

»Ich muss die Fähre in Zeebrugge erreichen.« Henk war auf diese spontane Ausrede stolz.

Der Zöllner sah auf die Uhr und gab ihm die Papiere wieder. »Das sollten Sie noch schaffen. Gute Fahrt.«

Henk atmete erleichtert auf und fuhr an. Die Grenzanlagen im Rückspiegel wurden immer kleiner. Trotzdem sah er, wie plötzlich Blinklichter aufleuchteten und Schlagbäume geschlossen wurden. Nur zwei Minuten später und sie hätten ihn gehabt! Doch statt froh über sein Glück zu sein, schnürte Beklemmung seine Brust ein. Wenn jetzt die Grenze geschlossen wurde, waren sie ihm auf den Fersen. Den Flughafen Antwerpen konnte er vergessen. Er bemerkte, wie seine Hände zitterten, obwohl er das Lenkrad fest umklammert hielt.

Den Fährhafen Zeebrugge hatte er dem Grenzer nur als Ausrede für sein gestresstes Verhalten genannt, doch jetzt überlegte Henk ernsthaft, ob das nicht tatsächlich eine Option wäre. Sicherlich, als Passagier an Bord einer Fähre nach Großbritannien zu gehen, kam nicht infrage, die Kontrollen waren zu rigoros. Aber im Hafen gab es noch andere Möglichkeiten. Die Zeit als Jugendlicher in der Hafenkneipe hatte ihn einiges über Seeleute gelehrt. An Bord eines Frachters zu kommen, sich vielleicht nach Südamerika abzusetzen, wäre eine Möglichkeit.

Nur brauchte er dafür einige Stunden in den Hafenspelunken. Am besten nahm er sich ein Zimmer in einem der häufig von Handelsreisenden frequentierten Hotels. Er überlegte, dann fiel ihm ein Motel ein, in dem er schon einmal übernachtet hatte. Er erinnerte sich auch an den Weg dorthin.

Es war 16:30 Uhr, als er seinen Wagen auf dem Motelparkplatz möglichst weit weg von den Straßenlampen abstellte.

Die Rezeption lag fast 100 Meter entfernt. Schnell, aber ohne zu rennen, legte er die Strecke zurück. Henk trat in das schmucklose Gebäude ein und verlangte ein Zimmer für eine Nacht.

Die Frau hinter dem Tresen füllte mit behäbiger Langsamkeit das Meldeformular aus. Henk hätte sie am liebsten angebrüllt oder mit einer Peitsche zur Eile angetrieben, beherrschte sich aber.

»Das macht zweitausend dreihundert Franc«, sagte die Frau schließlich.

Henk wurde blass. »Nehmen Sie auch Gulden?«

Die Frau verneinte. Mist. Ausgerechnet hier waren sie nicht so kulant, die Währung des Nachbarlandes anzunehmen. Da hatte er die Tasche mit zehntausend Gulden prall gefüllt und konnte sich ein Motelzimmer für – er rechnete schnell im Kopf – läppische 125 Gulden nicht leisten. Er brauchte aber ein Zimmer für die Nacht! Und wie sollte er einen Seemann bestechen, wenn die keine Gulden nahmen? Im Safe hatten auch Dollarbündel gelegen, die er eingesteckt hatte. Damit müsste es gehen.

»Wir akzeptieren auch Diners Club, Mastercard und Visa«, versuchte die Rezeptionistin zu helfen.

Mit den Gedanken immer noch bei dem verfluchten Währungsproblem, zückte Henk seine Kreditkarte. Ja, mit ein paar tausend Dollar in bar konnte er sich eine Passage auf einem Frachter sichern. Sicher würde ein Seemann mit einem Pärchen, das vor einem Ekelpaket von einem Vater flüchtete, Mitleid haben.

Quälend langsam kam die Rechnung aus dem ratternden Drucker. Die Rezeptionistin erzählte ihm, wo der Frühstücksraum war und ab wann das Essen serviert wurde. Schließlich nahm er ungeduldig den Zimmerschlüssel entgegen und ging zurück zum Auto. Zufällig stand es bereits direkt vor seinem Zimmer. Endlich klappte mal etwas!

Er öffnete die Tür und sah sich um. Zwei getrennte Betten. Das war gut, da konnte er Tina auf dem vorderen ablegen.

Er öffnete wieder die Zimmertür und sah sich draußen verstohlen um. Niemand zu sehen. Hastig hob er Tina aus dem Kofferraum. Er hatte das Auto vorsichtshalber rückwärts eingeparkt, sodass der Wagen jetzt einen kleinen Sichtschutz bot, obwohl er daran zweifelte, dass irgendjemand in der mittlerweile herrschenden Dämmerung überhaupt etwas erkennen konnte. Er trug Tina ins Zimmer und ließ sie auf das vordere der zwei Betten fallen. Er ging ins Bad und schüttete sich Wasser ins Gesicht. Was für ein verkorkster Tag! Das Gesicht im Spiegel starrte ihn abgekämpft an.

Er sah auf die Uhr: 17:00 Uhr. Er könnte sich eine Stunde oder zwei aufs Ohr legen, bevor er sich auf die Suche nach einem bestechlichen Sailor machte. Aber vorher musste er noch die Taschen aus dem Auto holen.

Er öffnete die Tür und trat hinaus. Er kam gerade zwei Schritte weit, als plötzlich Flutlicht aufflammte.

»Polizei! Legen Sie sich sofort auf den Boden!«, schrie ihn jemand an.

28. Die Weihnachtsfeier

»Mensch, was siehst du toll aus!«, strahlte eine glückliche Birgit ihr entgegen, die gerade aus dem Auto gestiegen war.

Christine konnte das Kompliment nur zurückgeben. Die hübsche Blondine, die ihr entgegenkam, hatte mit der früheren Birgit kaum mehr etwas gemein. Ihre Naturfarbe stand ihr besser als das schwarzgefärbte Haar von damals. Sie war nicht mehr ganz so schlank wie damals, sah dafür aber deutlich gesünder und lebensbejahender aus. Birgit trug ein rosa Kostüm mit kurzem Rock aus Tweed. Der Mann, der auf der anderen Seite ausgestiegen war, war somit ...

»Manuel Valesca«, stellte Birgit ihr ihren Ehemann vor. Der sah seinem Namen getreu ganz wie ein Spanier aus. Dunkle glatte Haare, große braune Augen, ein kleiner Schnauzbart. Sehr adrett in einen edlen Anzug gekleidet, der offensichtlich die lange Fahrt knitterfrei überstanden hatte, überragte er die Damen genau um eine Kopflänge.

Erst dachte Christine, sie hätten eine Gouvernante dabei, denn nun stieg eine ältere Frau mitsamt einem Körbchen aus dem Auto, worin sich dann wohl das Baby von Birgit und Manuel befinden musste. Doch als sie näher hinsah, fiel Christine die Kinnlade herunter. Das war Maijke Wielend!

»Ich habe sie gleich mitgebracht«, sagte Birgit halb entschuldigend, halb lachend. »Ihr habt sicher viel zu besprechen.«

Christine ging auf Maijke zu, die sie überraschenderweise in den Arm nahm. Gleichzeitig hauchten beide: »Entschuldigung, das wusste ich nicht.« Und lachten dann. Obwohl ihnen auch fast die Tränen kamen.

»Wir werden uns ab sofort gut verstehen«, versprach Christine und Maijke sagte: »Und Naijke ist kein Tabu, wir können gerne auch über meine Schwester reden.«

Christine nickte erfreut. Es konnte endlich alles ausgesprochen werden.

Zunächst einmal stellte sich auch Pedro noch Manuel vor, der offensichtlich ausreichend Deutsch verstand und Englisch (aber kein Niederländisch) sprechen konnte. Woraufhin sich alle darauf verständigten, entweder Deutsch oder Englisch zu sprechen und darauf zu achten, dass jeder verstand, was der andere sagte.

Christine zeigte dem Ehepaar nebst Kind das Untergeschoss. Maijke quartierten sie auf dem Dachboden ein, der nun eine gemütliche kleine und komplett ausgestattete Wohnung beherbergte, die über eine separate Wendeltreppe außen am Haus zu betreten war. Christine und Pedro hatten einen Catering-Service beauftragt, ein Buffet zu bringen, welches keine Wünsche übrig ließ.

Am späten Nachmittag bat Christine alle in ihre Wohnung. Dort beluden sie ihre Teller und setzten sich dann in die neue große Sitzgruppe am Fenster im Wohnzimmer.

»Warum hast du denn Christine nicht erzählt, wer du bist?« Birgit wandte sich neugierig an Maijke, die seltsam gelöst und friedlich erschien.

»Ich wollte einfach kein Mitleid. Und ich wollte, dass Christine ihre ehrliche Meinung über meine Schwester sagen konnte, ohne meinetwegen politisch korrekt zu sein.«

Christine war sich ziemlich sicher, nur Gutes über Naijke gesagt zu haben. »Naijke hat sich mir gegenüber immer als Sozialarbeiterin ausgegeben. In Wahrheit ermittelte sie undercover für die Task Force. Sie hat sich mein Vertrauen redlich erarbeitet. Ich war ein harter Knochen geworden. Naijke war sehr effektiv in dem, was sie tat. Sie verschaffte sich auch bei schwierigen Fällen Zugang und Beweise. Und sie konnte gut mit Menschen und diese genau da abholen, wo sie standen.«

»Mir ist Naijke West nie über den Weg gelaufen, warum aber Henk?«, fragte Birgit.

»Henk sah sie mehrfach,« mischte sich Pedro erklärend ein. »Und das nur bei Sandy, wo sie undercover ermittelte. So glaubte Henk später offensichtlich, Naijke würde für Sandy arbeiten. Er erklärte im Prozess, sie habe wie eine Auftragskillerin ausgesehen, wie eine Filmfigur. Der hatte sich da in eine Fiktion hineingesteigert … Paranoid war er zum Schluss sicher, aber eine Psychose konnte ihm in der Verhandlung niemand bestätigen.«

»Wieso ist Naijke überhaupt alleine auf das Schiff gegangen?«, wollte Christine wissen, der dieser Umstand nie ganz klar geworden war.

»Es war eigentlich ganz einfach«, meinte Pedro und klang sarkastisch. »Alle dachten, Henk wäre bei der Pokerrunde. Also fuhr die Task Force direkt dorthin, um die gesamte Runde gleich mit zu verhaften. Nur standen die zunächst vor verschlossener Tür und danach im Stau. In diesem Stau steckten auch die Kollegen von Naijke. Doch das Zeitfenster schloss sich. Auf dem Boot sollte ja schließlich nur Tina sein. Also entschloss sich Naijke spontan, alleine zu gehen. Sie hätte ja nur Tina von Bord holen und gleich wieder gehen sollen. Wie hätte sie wissen können, dass Henk sie dort antreffen würde.«

Eine dramatische Pause entstand und alle schwiegen eine Weile.

Dann hob Pedro erneut an: »Was ich bis jetzt noch keinem erzählt habe: Ich hatte mitbekommen, dass ein Einsatz geplant war und Tina wahrscheinlich auf dem Partyschiff sein sollte. Ich kam an und sah als erstes Rauch aus dem Schiff aufsteigen. Stellt euch meine Panik vor. Ich dachte, Tina wäre vielleicht noch da drin. In der Ferne hörte ich schon die Sirenen. Ich rannte los, ohne weiter nachzudenken. Ich sprang auf das Schiff und riss den Feuerlöscher aus der Verankerung hinter dem Tresen. Dann arbeitete ich mich zum Steuerhaus vor. Die Feuerwehr zog mich förmlich von Bord, als sie zu löschen begannen. Und ein übereifriger Polizist verhaftete mich sogleich. Als ob der Feuerteufel sein eigenes Feuer hätte löschen wollen.« Alle schauten Pedro gebannt und fasziniert an. »Ich gebärdete mich wie irre, als sie meldeten, eine Frauenleiche entdeckt zu haben. Aber schnell wurde klar, dass es nicht Tina war. Der Schock löste sich und es machte sich wieder Sorge breit. Die Task Force holte mich aus dem Gefängnis allerdings schnell wieder raus.«

Ja, für mich ist es schlussendlich besser ausgegangen als für die Familie West, dachte Christine.

»Seltsam, dass Sandy dachte, ein Imperium aufzubauen, während die Staatsanwaltschaft schon gegen ihn ermittelte«, sagte Maijke.

Pedro ergänzte: »Und dass Henk dachte, Sandy würde ihn kaltstellen. Doch die meisten Kontakte brachen aufgrund der Ermittlungen der Task Force ein, nicht durch Sandys Intrigen.«

»Der eine hat sich erhängt«, meinte Christine trocken, »der andere sitzt nun lebenslänglich.«

»Und obwohl Sandy wohl häufiger mit seinen Ketten gerasselt und wahrscheinlich auch getötet hat, ging Henk als der ›Ketten-Killer‹ in die Annalen ein«, ergänzte Maijke.

»Ziemlich skurril«, sagte Manuel, der der Einzige war, der die Situation einigermaßen unbeeinflusst betrachten konnte.

Pedro wandte sich an Birgit: »Wie ist es dir dann so ergangen? Ich habe dich bei Sandy noch gesehen und später zweimal bei der Task Force. Dann sind wir gemeinsam ein paarmal in Henks Penthouse gewesen, um Tina zu besuchen. Doch plötzlich warst du weg. Irgendwo verlor ich deine Spur und habe dich seitdem nicht wieder gesehen.«

»Nachdem die Beweise bei der Staatsanwaltschaft vorlagen, schickte man mich sofort nach Deutschland zurück. Dort habe ich meinen Eltern vieles gebeichtet und die waren sofort bereit, mich in eine gute geschlossene Einrichtung zu schicken, wo ich einen Drogenentzug machen konnte. Anschließend wurde ich rund um die Uhr überwacht, damit ich nicht rückfällig werden konnte. Meine Eltern hatten auch meinen Pass eingezogen, ohne den ich ja nicht nach Holland fahren konnte. Aber sie haben sich auch aufopfernd um mich gekümmert und Freunde mobilisiert, die mir Halt gaben. Nach ein paar Wochen war ich stark genug, aus eigenem Antrieb zu den Anonymen Alkoholikern zu gehen. Dann habe ich sogar geschafft, mir eine Lehrstelle in einem Friseurgeschäft zu ergattern. Die wollte ich auf keinen Fall verlieren. Und blieb sauber.

Manuel hier ist ein Freund der Familie. Er ist Therapeut ... Nein, nicht wie ihr denkt, mein Psychotherapeut«, beeilte Birgit sich lachend zu sagen und schnell anzufügen: »Er ist Physiotherapeut und Heilpraktiker.«

Manuel nickte und ergänzte: »Ich habe meine eigene Praxis und drei Angestellte.«

Dieser Mann machte einen bodenständigen Eindruck, dachte sich Christine und freute sich für Birgit.

»Wie seid ihr beiden nun zusammengekommen?«, fragte Birgit Pedro. »Ich weiß, ihr hattet damals schon eine Affäre, aber – sorry Tina … ähm Christine – du hattest damals viele.«

»Ja«, lachte Pedro. »Genau wie du.« Zu Maijke und Manuel gewandt sagte er: »Henk, Sandy und ich – wir waren alle drei sofort verliebt in Tina.«

Diese errötete charmant und fing an zu erzählen: »Wie lange ich genau im Krankenhaus lag, weiß ich nicht. Ich habe mich förmlich vor der Presse und dem Leben versteckt, das mir damals lästig und peinlich erschien. Aus dem holländischen Krankenhaus ging es direkt in ein deutsches. Zurück in der Heimatstadt wurde schnell klar, dass sich meine Eltern nicht würden kümmern können. Beide lebten in einem Seniorenheim für schwere Demenzfälle. Die erkannten niemanden mehr, nicht mal mehr sich selber. Damals war es gerade in Mode gekommen, Boot Camps für schwierige Teenager aufzubauen. Ich landete auf einem Öko-Bauernhof mitten auf dem Land, weit und breit nur Pferde und Kühe. Das hieß dann: Morgens um sechs Uhr aufstehen, den ganzen Tag schuften und nach einem gemeinsamen Abendessen noch den Haushalt machen. Aber bei der ganzen Plackerei wurde auch sehr viel echtes Familiengefühl vermittelt, Verantwortung und Verständnis.

Ich verliebte mich gleich in ein kleines hinkendes Pony und als es trächtig war, war ich kaum mehr von dem Tier zu trennen. Bei der Geburt des Fohlens war ich dabei und durfte es behalten. Zumindest solange es auf diesem Hof blieb. Aber das war meine Rettung: Die Tiere lenkten mich von meinem eigenen Drama ab, die Arbeit auf dem Hof tat mir gut und stärkte den Körper, die Liebe der Hofbesitzer half mir wieder Vertrauen aufzubauen und das gute und gesunde Essen tat sein übriges.«

»Genau dieser Hof wollte nun ein Landhaus bauen, ein kleines Hotel. Sie gaben eine Ausschreibung heraus, wie die Zimmer anzuordnen seien, wie man ein Hotel bestmöglich in ein typisches Haus dieser Region einbauen könnte. Diese Ausschreibung habe ich per Zufall gesehen, mich beworben und gewonnen.« Verschmitzt lächelnd fügte Pedro an: »Okay, so zufällig natürlich auch wieder nicht. Ich habe einen wichtigen Kontaktmann, der mich immer schon mit guten Informationen versorgt hat.« Pedro blickte augenzwinkernd in die Runde: »Nein, weder Name noch Nummer dieses Kontaktes gebe ich preis.« Die anderen schmunzelten erwartungsgemäß.

»Na, jedenfalls: Den hatte ich gebeten, Tina stets im Auge zu behalten und mir alles mitzuteilen, was passierte.«

Ab hier übernahm Christine wieder: »Pedro tauchte also eines Tages auf dem Hof auf.«

»Und ich achtete darauf, möglichst oft in deiner Nähe zu arbeiten«, ergänzte Pedro schmunzelnd.

»Ich war schon sehr erstaunt aber auch mehr als erfreut, als du so unvermutet vor mir gestanden hast.« Zu den Gästen gewandt führte sie weiter aus: »Wir unterhielten uns von da an zu jeder freien Minute. Die innige Freundschaft war sofort wieder da. Aber auch die enorme Anziehungskraft. Ich muss wohl damals blind gewesen sein, nicht gleich den richtigen Mann für mich zu wählen. Ich war wirklich ein Dummkopf.«

»Sei nicht zu streng zu dir. In der Jugend haben wir wohl alle Fehler gemacht, die wir uns später – mit einem nüchternen Blick darauf – verzeihen sollten.« Pedro sah Christine verliebt an.

Christine stand auf und umarmte ihn. Innig küssten sie sich.

»Wir flogen beide vom Hof, als man uns im Heu erwischte«, erklärte Christine und alle konnten sich die erneuerte heiße Affäre lebhaft vorstellen.

»Da wir beide im Zeugenschutzprogramm waren, schickte man uns dann hierher nach Südfrankreich«, schloss Christine die Erzählung ab.

Das Weihnachtsfest verging wie im Fluge. Alle verstanden sich prächtig, es wurde viel geredet, viel erklärt und noch mehr aufgearbeitet. Christine und Pedro war es natürlich auch ein Anliegen, ihren Gästen die schöne Camargue zu zeigen. Alle waren erschöpft, aber überglücklich, als der Urlaub vorbeiging. Und sie versprachen sich, sich ab sofort öfter zu sehen.

29. Prozess

Geblendet vom plötzlichen Flutlicht kniff Henk die Augen zusammen. Die Worte gellten in seinen Ohren: »Polizei! Legen Sie sich sofort auf den Boden!«

Verwirrt tat Henk ohne Widerstand, wie ihm befohlen wurde. Die Handschellen klickten, als sie um seine Gelenke geschlossen wurde. »Henk van Mechelen, sie sind hiermit wegen Mordverdacht festgenommen«, sagte der Polizist.

Begriffsstutzig sah Henk sich um und erkannte im Schatten hinter den Flutlichtern vage vier Einsatzwagen. Ein belgisches Sondereinsatzkommando. Wo waren die hergekommen? Und wie hatten sie ihn so schnell finden können?

Dann fiel bei ihm der Groschen. Die verdammte Kreditkarte!

Henk sah, wie ein Polizist ins Motelzimmer rannte. Gleich darauf hörte er einen Aufschrei. Ein Mann rief: »Hier ist noch jemand!«

Ein weiterer Polizist trat ebenfalls ins Zimmer und rief dann: »Ach du Schreck! Ruft sofort einen Krankenwagen!«

Noch während er zum Streifenwagen abgeführt wurde, die Hände auf dem Rücken mit Handschellen gefesselt, hörte Henk auch schon die Sirenen herbeirasen. Er realisierte, dass alles vorbei war. In diesem Moment fühlte er sich leer, vollkommen leer.

Der Gerichtssaal war voll mit Reportern und Schaulustigen. Obwohl seine Anwälte Henk darauf vorbereitet hatten, dass es mit zur Anklageschrift gehören würde, wäre er dem Staatsanwalt bei den Worten »Mehrfacher Mord« am liebsten wütend an die Gurgel gesprungen. Er hatte nur einmal getötet! Ihm noch weitere Morde unterschieben zu wollen, war eine Unverschämtheit.

»... schwere Körperverletzung, Brandstiftung, Bestechung, Erpressung, Drogenhandel, Zuhälterei, Insolvenzverschleppung, Steuerbetrug ...«

Ohne auf die weiteren Worte zu achten, dachte Henk nach. Er verdächtigte Sandy, für das Verschwinden und den Tod der anderen Personen verantwortlich zu sein. Das würde zu Sandy passen. Es würde auch erklären, warum Sandy sich im Studio selber erhängt hatte, nachdem der Bericht über Henks Flucht und die erste Verhaftungswelle durch die Task Force das Hauptthema in den Nachrichten gewesen war.

Henk wusste von den Anklagen gegen eine Reihe der anderen Clubbesitzer und die Hintermänner, da er bei deren Verfahren als Zeuge aussagen sollte. Aber sein Pflichtverteidiger verhinderte dies, denn Henk hätte sich mit seinen Zeugenaussagen selber beschuldigt.

Überhaupt, die Anwälte ... Henk wunderte sich, dass in dem Verfahren so viel über Pedros und sein Vermögen diskutiert wurde und sein Verteidiger durch weitere Anwälte unterstützt wurde. Wer bezahlte sie? Henk selber war pleite. Selbst wenn er noch Geld besessen hätte: Das würde das Gericht doch sicherlich einziehen, oder? Die Anwälte klärten Henk darüber auf, dass nur Immobilien und Werte, die eindeutig mit Geldern angeschafft worden waren, die aus Straftaten stammten, beschlagnahmt werden konnten. Die Staatsanwaltschaft musste erst einmal beweisen, dass zum Beispiel die Péniche mit illegalem Geld erworben worden war.

Die Anwälte benutzten Begriffe wie »verurteilungsunabhängige Vermögenseinziehung« und »strafrechtliche Vermögensabschöpfung«, was Henk nur noch mehr verwirrte.

Dann sprach sein Verteidiger Klartext. Es ging weder um Henk noch Pedro. Die ganzen juristischen Gefechte in Henks

Prozess waren nur der Auftakt zu einem wesentlich größeren Schauspiel. Es ging um das Exempel, das die Staatsanwaltschaft statuieren wollte. Die Personen, die so richtig Geld mit ihren Ränkespielen gescheffelt hatten – Henk dachte daran, wie hoch alleine seine Schutzgeldzahlungen gewesen waren –, wollten verhindern, dass mit Henks Verurteilung ein Beispiel geschaffen wurde. Die Männer im Hintergrund hatten Sorge um ihre eigenen Villen, Limousinen und den Diamantschmuck ihrer Frauen und Mätressen. Henks Verfahren stellte einen Musterprozess dar. Wenn im Laufe der nächsten Monate und Jahre die anderen auf die Anklagebank kamen, standen ganz andere Werte als die von Pedro und ihm auf dem Spiel.

Zu sehen und zu hören, wie Pedro im Zeugenstand vollständig und in allen Details aussagte, tat Henk weh. Von seinem Freund dermaßen verraten zu werden, war ein Schock für Henk. Eine kleine Stimme meinte zwar, er hätte an Pedros Stelle wahrscheinlich das Gleiche getan. Gleich darauf knurrte jedoch der Wolf in ihm wütend. Nein, er war anders. Er hatte noch Ganovenehre. Redete er sich ein. Er wollte auf Pedro wütend sein. Denn der hatte ihm schlussendlich Tina weggenommen.

Tina. Es gab nur eines, was Henk die gesamte Prozessdauer über fürchtete: die Konfrontation mit ihr. Doch zu seiner Erleichterung blieb ein Wiedersehen mit ihr aus. Tina war im Krankenhaus vernommen worden und die Bilder ihres misshandelten Körpers sprachen mehr gegen Henk als jedes Wort im Zeugenstand.

Mit jedem Verhandlungstag kam mehr und mehr zum Vorschein. Mit Pedro und Birgit hatte die Staatsanwaltschaft wichtige Kronzeugen, die das Ganze ins Rollen brachten. Je länger der Prozess dauerte und das Zeugenschutzprogramm offensichtlich funktionierte, desto eher waren andere aus dem

Milieu bereit, als Zeugen auszusagen. Auch die Erpressungsopfer von Henk sagten aus, nachdem sie gesehen hatten, dass ihre Vergehen, mit denen Henk sie erpresst hatte, von der Staatsanwaltschaft wie Bagatellen behandelt wurden. Aufgrund von deren Insiderberichten folgten erneute Beweisaufnahmen, neue Zeugen wurden gerufen, neue Dokumente entdeckt.

Im Lauf der Gerichtsverhandlung erfuhr Henk auch, dass der internationale Haftbefehl in der Tat in dem Moment bei der Grenzpolizei eingetroffen war, als er die Landesgrenze überschritten hatte. Als er das Motel bezahlt hatte, waren alle Kreditkartenanstalten bereits längst in Alarmbereitschaft gewesen. Die Transaktion hatte eine automatische Meldung ausgelöst und die alarmierte belgische Polizei war aus der für den Hafen zuständigen Station ausgerückt.

Sieben Jahre zog sich der Prozess hin. Als dann das finale Urteil gesprochen wurde, war es alles andere als überraschend für Henk: Lebenslänglich mit der Bescheinigung einer besonderen Schwere der Schuld. Der Wolf in ihm heulte frustriert. Er würde den Knast nie wieder verlassen.

30. Der Antrag

»Ich finde es wirklich schön hier. Wollen wir hier dauerhaft bleiben?«

Christine schaute Pedro an und versuchte herauszufinden, was genau er damit sagen wollte. Er hörte sich so seltsam anders an als sonst. Seine Stimme klang heiser und er räusperte sich.

»Du meinst, du willst nicht zurück nach Amsterdam?«, scherzte sie, um die Situation aufzulockern.

»Auf keinen Fall. Dort habe ich schon vor Jahren alles verkauft. Und in der Dominikanischen Republik wohnen zwar noch meine Eltern und Geschwister, aber mein Platz ist dort auch nicht. Hier ist es super. Klima, Landschaft ...«

Christine nickte. »Ich mag auch nicht mehr zurück nach Deutschland. Hier gefällt es mir um Längen besser.«

Pedro blickte sie ernst an. »Ich habe das Angebot vorliegen, Geschäftsführer des Hotelresorts zu werden, in dem ich nun schon länger arbeite. Das hieße regelmäßigere Arbeitszeiten und, wenn ich gut verhandle, auch mehr Zeit für die Familie. Das wäre allerdings ein Vertrag über die nächsten vier Jahre.«

»Herzlichen Glückwunsch. Ich freue mich für dich!« Christine drückte ihm einen innigen Kuss auf die Lippen, den er erwiderte. »Natürlich, wir bleiben hier!«

»Es gibt einen Empfang in dem Hotel am ersten Arbeitstag im Mai. Sie werden mich dann offiziell als neuen Vorgesetzten vorstellen. Du bist eingeladen!«

Das alte Jahr verflog sehr schnell. Silvester musste Pedro arbeiten und daher buchte sich Christine einfach einen schönen Tisch in dem Restaurant von seinem Hotel und sie stießen um

Mitternacht zusammen an. Weil Pedro dann Feierabend hatte, konnten sie gemeinsam nach Hause fahren.

Am ersten Januar 2002 zogen die neuen Mieter im Untergeschoß des Wohnhauses ein. Es war eine sehr nette Familie mit zwei kleinen Mädchen, mit denen sie sich sofort gut verstanden. Fortan würden sie abwechselnd auf die Kinder und das Haus aufpassen.

Schneller als sie gedacht hatte, kam das Frühjahr. Am Tag des Empfangs waren beide sehr aufgeregt. Christine hatte Pedro noch nie so nervös gesehen. Er war ansonsten immer die Ruhe selbst. Sie gönnten sich ein Taxi und fuhren nach Saintes-Maries-de-la-Mer. Um 15:00 Uhr hatte man alle Bediensteten des Hotelresorts gebeten, sich auf der Hotelterrasse einzufinden. Als sie eintrafen, war bereits Sekt ausgeschenkt worden und die Leute standen in Gruppen über die gesamte Terrasse verteilt. Auch Hotelgäste waren unter den Anwesenden. Pedros Chef hatte ein Podium errichten lassen und ging ans Mikro, als er ihn eintreffen sah. Was er sagte, klang nach einem wohlverdienten Ruhestand und einem würdigen Nachfolger. Pedro war unmerklich errötet, als er seine Rede in Englisch hielt. Christine freute sich sehr für ihn. Doch dann stockte ihr plötzlich der Atem, als sie ihren Namen hörte.

Erschrocken blickte sie sich um, ob vielleicht jemand anders gemeint war, bemerkte aber, dass sich viele zu ihr umgedreht hatten. Jetzt errötete Christine, als sie langsam in Richtung Podium ging, auf dem Pedro ihr entgegensah und die Hand einladend ausstreckte. Wahrscheinlich, so sagte sie sich, wollte er sie gleich auch vorstellen. Doch als sie fast dort war, trat Pedro vom Pult herunter. Und als Christine bei ihm angekommen war, bemerkte sie, wie die Leute richtiggehend einen Halbkreis um sie bildeten. Die ganze Atmosphäre war voller Spannung und die Zeit schien stillzustehen. Fassungslos starrte Christine Pedro an, der nun vor ihr auf die Knie ging. Erst dann dämmerte ihr, was er wohl vorhatte. Ja, deshalb war er heute so nervös gewesen! Jetzt errötete Christine zur Gänze und Schweiß trat auf ihre Stirn. Gleichzeitig konnte sie ihr Grinsen nicht mehr unterdrücken. Und tatsächlich, vor allen Menschen wollte er ihr einen Antrag machen.

Pedro zog ein kleines schwarzes Kästchen aus dem Jackett und öffnete es. Christine blickte starr auf den Ring und langsam stiegen ihr Tränen der Freude in die Augen.

»Vom ersten Augenblick an, als ich dich sah, habe ich mich in dich verliebt. Ich schätze mich sehr glücklich, dich, liebe Christine Fabor, an meiner Seite zu haben. Ich kann mir ein Leben ohne dich nicht mehr vorstellen. Für den Rest meines Lebens möchte ich dich neben mir. Willst du mich heiraten?« Christine nickte unter Tränen und beide küssten sich lange. Die umstehenden Menschen jubelten und gratulierten.

»Geliebter Terrorist« von Stefanie Willers

Bei einer Foto-Reportage in Mexiko verschwindet die junge, amerikanische Journalistin Elisabeth V. E. Ferris spurlos. Nachforschungen ergeben, dass sie aus dem Hotel mit einem Jeep in die Berge gefahren ist, um einen Artikel über die Gründe eines Großfeuers zu schreiben. Doch jede weitere Recherche bleibt ergebnislos. Danach werden ihrem Vater, einem einflußreichen Waffen-Lobbyisten, immer wieder Fotos zugeschickt, die ihn vor Wut fast platzen und dennoch hoffen lassen. Denn die Gestalten auf den Bildern sind stets maskiert oder verschleiert. Er sorgt dafür, dass der Fall nie geschlossen wird, obwohl keine eindeutigen Beweise vorliegen, dass seine Tochter noch lebt. Es dauert insgesamt neun Jahre, bis ein Lebenszeichen die Behörden in höchste Alarmbereitschaft versetzt. Eine terroristische Splittergruppe, die sich zu der Zeit in Nicaragua befindet, fordert Lösegeld. Es beginnt eine Rettungsaktion, bei der das Opfer zum Täter wird. Denn Elisabeth hat sich verliebt und den charismatischen Anführer der „Nueva Fuerza por Gandhi (NFGI)" längst geheiratet.

Erotischer Roman, Taschenbuch, ca. 270 Seiten
ISBN: 978-3-948464-13-4

»Fremdes Verlangen« von Stefanie Willers

Ester und Toby kennen sich kaum und mögen sich nicht. Bei einem Geschäftsessen stürzen beide jedoch spontan ins Untergeschoß, um es dort wild zu treiben. Völlig verwirrt und peinlich berührt trennen sie sich wieder. Doch das fremde Verlangen zu immer wilderen Bondage Spielen will nicht weichen und langsam ergeben sich beide ihren dunklen Sehnsüchten. Und machen das Hobby zum Beruf. Doch neue Investoren gestalten ihre Unternehmung gefährlich. Entkommen Sie den Schatten der Vergangenheit?

Erotischer Roman, Taschenbuch, ca. 270 Seiten
ISBN: 978-3-948464-19-9

Weitere bei Literaturprojekte veröffentlichte Bücher

»Federgrüße aus dem Himmel«
20 Kurzgeschichten nach wahren Begebenheiten von Gisela Rösch
Taschenbuch, 236 Seiten, ISBN: 978-3-948464-01-1

»Lila Märchen gegen den Blues«
22 Märchen im neuen Gewand von Christine Keller
Taschenbuch, 152 Seiten, ISBN: 978-3-948464-03-5

»Zarte Liebeskugeln«
Erotik-Roman von Ann-Julie Sinn
Taschenbuch, 158 Seiten, ISBN: 978-3-948464-05-9

**»Von der Idee zum eigenen Buch –
Ein kreatives Ausfüllheft für Autoren«**
Taschenbuch A5, 75 Listen zum Ausfüllen
ISBN: 978-3-948464-09-7

**»Von der Idee zum Buch –
Ein kreatives Ausfüllheft für Autoren von Liebesromanen«**
Taschenbuch A5, 75 Listen zum Ausfüllen
ISBN: 978-3-948464-17-2

»Glück, das kann ich selber«
Ratgeber von Liane Bamminger
Hardcover A5, 132 Seiten, ISBN: 978-3-948464-11-0